«Cervantes estaría orgulloso de que su ... 400 años, ayude a estos niños extraordi... maestro a dar sentido a sus vidas, afronta... sus historias con valentía e imaginación».

—Salman Rushdie, autor de *Quijote*

«Haff ofrece una imagen de lo que la educación en los EE. UU. podría, y quizás debería, ser. Su historia no parte de ideas preconcebidas; es fervientemente honesta y está cargada de optimismo. Su estilo es conciso, claro y convincente».

—Andrew Solomon, ganador del National Book Award
por *El demonio de la depresión: un atlas de la enfermedad*

«Durante mis años de experiencia como escritora y profesora de universidad, nunca he visto nada parecido: ese amor por el lenguaje, esa pasión por el diálogo, esa lucidez intelectual y humildad de corazón. Stephen Haff sueña con proyectos imposibles y luego los hace posibles».

—Valeria Luiselli, autora de *Los niños perdidos:
un ensayo en cuarenta preguntas*

«La historia de los Kid Quixotes es valiente y conmovedora; nos inspira. Es un recordatorio eficaz de la fuerza de la bondad y de la importancia de la atención sincera y respetuosa. Es urgente recordar ambas en estos momentos. Stephen Haff es un gran maestro que ha sabido dejarse enseñar. Este hermoso libro le muestra al lector, entre otras cosas, cómo aprender y seguir aprendiendo prestando atención cuidadosa y amable a las personas, las palabras y las ideas».

—Mary Gaitskill, autora de *Mal comportamiento*

«*Los Kid Quixotes de Brooklyn* rebosa humor y dolor. Sirve para recordarnos la capacidad de recuperación de los niños ante la adversidad. Goliat bien puede haberse hecho soberano de la tierra diseminando odio hacia los inmigrantes, pero, fieles a su héroe homónimo, los Kid Quixotes se niegan a mantenerse pasivos ante la injusticia. Sus historias se entrelazan con canciones impactantes que desbordan optimismo y determinación y reflejan un amor que se niega a ser silenciado».

—María Venegas, autora de *Chaleco antibalas*

«Detrás de un ventanal en Bushwick, Stephen Haff obra como un ángel. Ya de por sí, la historia de cómo ha llegado a ser un maestro de enorme influencia en las vidas y la educación de los jóvenes inmigrantes es inspiradora, y las historias de los niños conforman un tapiz fascinante. Pero el mensaje que recibimos a lo largo de libro —que nos escuchemos los unos a los otros, que respetemos el estudio y la expresión— sobrepasa todo lo demás. Todo sistema educativo debería incorporarlo. Es imposible leer este libro sin sentirse profundamente inspirado en cada página».

—Susan Minot, autora de *Monos*

«En una aula detrás de un ventanal en Bushwick, Stephen Haff y sus Kid Quixotes, la mayoría de los cuales son inmigrantes, han creado una comunidad de aprendizaje jubiloso, de resistencia, valentía, asombrosa creatividad, generosidad y amor. Haff es un genio humilde, un visionario, y este libro nos sitúa en esa aula mágica y verdaderamente revolucionaria».

—Francisco Goldman, autor de *Di su nombre*

«Una muestra impresionante de los verdaderos milagros que se pueden lograr sin más recursos que el empeño de un individuo y la comunidad que se moviliza para apoyarlo. Es el libro más inspirador que he leído en muchísimo tiempo».

—Michael Cunningham, autor de *Las horas*, ganador del premio Pulitzer

«*Los Kid Quixotes de Brooklyn* representa una aventura del espíritu humano, un atisbo a la genialidad de los niños inmigrantes que superan circunstancias que pocos lectores podrían imaginarse con valentía, heroísmo, y el amor y dedicación de un maestro visionario... Es una oda cautivadora, inspiradora, y, en última instancia, triunfante al poder de la educación y la indomabilidad de la imaginación».

—William Egginton, Johns Hopkins University autor de *El hombre que inventó la ficción: cómo Cervantes abrió la puerta al mundo moderno*

«*Los Kid Quixotes de Brooklyn* es uno de los libros más intensamente conmovedores y verdaderamente inspiradores que he leído. Stephen Haff hace un llamamiento a la diversidad y la inclusividad, el énfasis que pone en escucharnos con empatía, y su insistencia en que la literatura clásica puede ser especialmente relevante en la vida actual, su pedagogía no tiene par. La historia de sus estudiantes valientes, creativos y resistentes te conmoverá. La historia de su escuela debería impulsar reformas en nuestro sistema político y educativo y recordarnos a todos que la educación auténtica se funda sobre el amor».

—Priscilla Gilman, autora de *The Anti-Romantic Child: A Memoir of Unexpected Joy*

«La única regla en Still Waters in a Storm, la hermosa escuela que está en el núcleo de este hermoso libro, es: "Todos nos escuchamos los unos a los otros". Yo escuché las múltiples voces que cuentan esta historia necesaria, y quedé conmovido y transformado».

—Jonathan Safran Foer, autor de *Todo está iluminado*

«En *Los Kid Quixotes de Brooklyn,* los hijos de inmigrantes latinos en Bushwick, Brooklyn, continúan la misión de don Quijote de hacer vivir la literatura y a la vez rescatar el mundo. Stephen Haff revela el poder de las palabras para sanarnos, y la situación de un país formado por inmigrantes y simultáneamente sospechoso de ellos. Cervantes no podría sentirse más orgulloso».

—Rogelio Miñana, autor de *La verosimilitud en el Siglo de Oro,* director del departamento de Global Studies and Modern Languages de Drexel University

«Un antídoto necesario ante el desánimo y un recordatorio de la inmensidad de lo que puede lograrse en un solo barrio, en una sola aula, y de cómo puede favorecernos a todos».

—Phil Klay, ganador del National Book Award por
*Nuevo destino*

«Mediante diálogos a la vez cómicos y desgarradores, y con una multiplicidad de voces narrativas, *Los Kid Quixotes de Brooklyn* permite a sus personajes contar sus propias historias profundamente conmovedoras. Este es un libro que escucha».

—George F. Walker, autor de *Love and Anger*, ganador del
Governor General's Award for Drama

«Lloré y aplaudí a lo largo de este libro extraordinario. Hay magia en estas páginas, de la misma manera en que Stephen Haff y sus estudiantes prueban que hay magia en el acto de contar y, muy importante, en el acto de escuchar. Todo el mundo, dondequiera que esté, debería leer este libro».

—Cristina Henríquez, autora de
*El libro de los americanos sin nombre*

# Los Kid Quixotes de Brooklyn

La historia de un grupo de estudiantes,
su maestro y la escuela en la que todo es posible

## Stephen Haff

*Traducción del inglés de Diana Conchado*

HarperCollins *Español*

Los libros de HarperCollins Español pueden ser adquiridos para propósitos educativos, empresariales o promocionales. Para más información, envíe un correo electrónico a SPsales@harpercollins.com.

Título original: *Kid Quixotes*

Publicado en inglés por HarperOne en 2020

PRIMERA EDICIÓN

Copyright de la traducción de HarperCollins Publishers

Traducción del inglés: Diana Conchado

Este libro ha sido debidamente catalogado en la Biblioteca del Congreso de los Estados Unidos.

ISBN 978-0-06-293410-9

22 23 24 25 26 LSC 10 9 8 7 6 5 4 3 2 1

Para Bushwick

La historia de nuestra bondad es lo único que hace que este mundo resulte tolerable. Si no fuera por ella, por el efecto de palabras, miradas y cartas bondadosas que se reproducen y se expanden, haciéndonos felices a través de los otros y cosechando beneficios que se multiplican por treinta, por cincuenta o por mil, caería en la tentación de pensar que nuestra vida es una broma pesada concebida con la peor intención.

—Robert Louis Stevenson, *Cartas*

# Contenido

# Los Kid Quixotes de Brooklyn

# Introducción

—¡Qué libro más grande! —dice Felicity. Tiene una mirada asombrosamente amplia, con la que capta todo lo que la rodea.

—Sí —le respondo.

—¿Y vamos a leerlo? —pregunta. Tiene ocho años, y, con la excepción de la Biblia en la iglesia, nunca ha visto un libro tan grande. Es diminuta; sentada a mi lado, apenas me llega al codo.

—Sí, y lo vamos a traducir entero. Nos tomará cinco años.

—¡Guau!

—Ábranlo.

Todos los niños abren sus ejemplares. Hay veinticinco estudiantes sentados alrededor de la mesa, frente a frente. Tienen entre seis y quince años.

—¿Qué son estas palabras? —pregunta Felicity—. ¿Esto es español?

—Sí. Es el español que se hablaba hace cuatrocientos años.

—No sé leer en español.

—¿Cuántos saben leer en español? —le pregunto al grupo.

Más o menos la mitad de los niños levanta la mano; casi todos los adolescentes. Percy, de apenas siete años, también levanta la mano, como lo hace también Rebecca, que tiene once.

—¿Lo ves, Felicity? No te preocupes. Todos ellos pueden ayudarte. Además, en casa, con tu familia, hablas y entiendes español, como todos los que están aquí, menos yo. Tienes una gran ventaja.

—¿Tú sabes leer en español? —me pregunta.

—Bueno, entiendo las palabras que los padres de ustedes me enseñan, y utilizo mi conocimiento del latín para adivinar qué significan las palabras que no entiendo. Porque, como saben, el latín es la madre del español. Y me hace ilusión aprender más aquí con ustedes.

—¿Por qué vamos a hacer esto? —pregunta Rebecca con cierto recelo.

—Por puro placer —les digo—. Para llenar nuestras vidas de belleza y aventura. Y porque es un libro muy cómico.

Cada niño tiene su propio ejemplar de *Don Quijote de la Mancha* de Miguel de Cervantes. Las casi mil páginas llevan una portada roja con la imagen de un yelmo del que brota una maraña de pequeñas espirales infinitas e intrincadas: un delirio imaginativo desbocado.

—Pueden escribir su nombre; los libros son suyos.

Todos escriben el nombre en su ejemplar.

—¿De qué se trata? —pregunta Rebecca.

Percy ya ha leído las diez primeras páginas; las acaba de leer ahora mismo, durante la clase.

—Se trata de un viejito en España que se pasa todo el día

y toda la noche leyendo hasta que empieza a creer que los cuentos de aventuras son de verdad. Entonces se vuelve loco y cree que es un caballero como los de los libros, y decide salir a rescatar a la gente.

—Gracias, Percy. Has hecho un muy buen resumen. Es también la historia de dos personas opuestas que se hacen amigos. El hombre que lee es don Quijote, y el vecino que lo acompaña en sus aventuras, y que no sabe leer, es un labrador llamado Sancho Panza.

El apellido provoca risa entre los niños.

Sin embargo, una niña no se ríe. Su nombre es Talia y tiene seis años. Su cara anuncia que está al borde del llanto.

—¿Qué ocurre, Talia? —le pregunto. Está sentada justo enfrente de mí.

—No sé leer —responde, con una voz en la que se detecta el esfuerzo para no llorar.

—Está bien —le digo.

—No, no está bien —responde.

—Quizás tú podrías encargarte de ir leyendo la traducción en inglés por si tropezamos con algo que no entendemos.

—Es que no sé leer… en general.

Le brotan lágrimas de los ojos y sus manitas no pueden detenerlas.

Lily y Alex, dos chicas adolescentes, se levantan, se acercan a Talia y la abrazan. Todos esperamos mientras solloza.

Por fin, el llanto cede y Talia empieza a respirar normalmente. Rebecca le trae un vaso de agua.

—Vamos a leer este libro todos juntos —le digo a la clase.

Yo leeré en voz alta mientras ustedes siguen la lectura. En cualquier momento me pueden ayudar a pronunciar bien el español, y los que saben leer en español pueden relevarme cuando se sientan listos.

Joshua, nuestro único chico adolescente, está sentado al lado de Talia.

—Talia —le dice dulcemente—, puedo ir señalándote las palabras que están leyendo para que veas cómo son y cómo suenan.

—Eres muy amable, Joshua —digo—, y muy inteligente también. Leer es parecido a identificar los nombres y las caras de la gente. Ya lo verán.

Cubro una hoja con el brazo para que no vean y escribo ocho letras escogidas al azar. Luego les digo a los niños:

—En esta hoja hay ocho letras. Voy a mostrársela durante dos segundos y después probaré a ver cuántas de ellas recuerdan.

—¡Por favor no nos pongas a prueba! —suplica Felicity—. ¡Es demasiado estresante!

—No es como las pruebas que toman en la escuela. Es un experimento científico.

Después de haberles mostrado la hoja durante dos segundos, los niños empiezan a gritar las letras que recuerdan. Nadie recuerda más de cuatro.

—Ahora —les digo— voy a escribir once letras, enseñarles la hoja durante sólo un segundo, y les apuesto a que las recordarán todas.

Los niños hacen ruidos que delatan su duda y asombro.

Escribo, de nuevo cubriendo la hoja con los brazos. Luego la levanto y la muestro durante un segundo antes de darle la vuelta.

—¡*New York City*! —gritan al unísono, con sonrisas enormes a las que se suma la de Talia.

Han reconocido cada una de las once letras sin ninguna dificultad.

—¿Por qué? —les pregunto—. ¿Cómo es que recuerdan las once letras cuando antes sólo podían recordar cuatro de las ocho letras?

—Porque son palabras —responde Talia.

—¡Sí! —digo—. ¡Muy bien, Talia! ¡Tienen estructura! ¡Las letras están organizadas en palabras! Cuantas más palabras ven, más palabras reconocen, y más fácil se hace leer. Es igual a reconocer a la gente en este salón y saber sus nombres. Joshua te ayudará con eso.

—Gracias, Joshua —dice Talia. Respira profundo y su cara se relaja.

Dylan, uno de los futbolistas del grupo, me muestra una tarjeta amarilla.

—¿Una tarjeta amarilla? ¿Para mí? Pero ¿yo qué he hecho?

—Es porque hiciste llorar a Talia.

—No, no me hizo llorar —dice Talia—. Es que en la escuela me meto en problemas porque no sé leer.

—Claro que sabes —le digo—. Estás aprendiendo. Siempre estás aprendiendo.

—Pero, espera un momento —dice Felicity, cambiando de tema—. ¿Qué tiene que ver con nosotros un viejito?

5

—Mucho. Ya verán.

No todos hablan durante esa primera clase sobre *Don Quijote*, ni tienen por qué hacerlo hasta sentirse preparados.

Wendy, de ocho años, tiene la sonrisa de alguien a quien la vida le sienta bien. Nunca la he visto enojada o preocupada o molesta. Ruth, su hermana adolescente, se sienta a su lado, paralizada por la ansiedad. Es su estado habitual. Ninguna de las dos dice nada.

Sarah, una niña que llegó a la escuela («la escuelita», como la llaman las familias) en primavera, tiene ahora siete años. Está callada, como siempre; sus ojos registran todo lo que sucede en el salón aunque su cara no revela nada de lo que piensa. Dibuja con lápiz en su ejemplar de *Don Quijote*. Estoy a punto de decirle que no lo haga, pero me detengo. El libro es suyo.

—¡Muy bien! —digo—. ¡Vamos a leer!

---

*Los Kid Quixotes de Brooklyn* entreteje tres historias principales: la de Sarah, una tímida niña mexicana, y su familia, que viven en Bushwick, Brooklyn; la de Stephen (yo), un antiguo maestro de escuela pública en plena recuperación de una depresión bipolar; y la de Still Waters in a Storm, una escuela de un solo salón, donde Sarah, sus compañeros y yo traducimos *Don Quijote*, y lo convertimos en obra bilingüe de teatro musical, mientras, de paso, nos rescatamos los unos a los otros. A lo largo de este tejido también va hilándose el mundo secreto de la imaginación de Sarah, el que dibuja en los márgenes de la novela, donde ella es un superhéroe que lucha contra monstruos y defiende a los indefensos.

La historia de Sarah y de sus compañeros, y también la mía, es esencialmente una historia de autodescubrimiento, de abandonar el escondite. Y la historia de Still Waters es la historia del santuario que compartimos, un lugar en el que todos nos sentimos a salvo. Nuestra obra, *Las aventuras ambulantes y seriadas de Kid Quixote*, nos lleva intencionalmente de viaje, más allá de la seguridad de nuestra escuelita.

Los niños y yo nos reunimos en Bushwick, nuestro barrio en Brooklyn, cinco veces por semana: de lunes a jueves después de la escuela regular, y los sábados. Todas las clases son gratis, y siempre hay algo de comer (proporcionado por las familias o por mí). No hay proceso de admisión: el que llega forma parte del grupo. El nombre Still Waters in a Storm (Aguas calmas en la tormenta) fue idea de uno de mis estudiantes en Bushwick High School, un joven poeta llamado Angelo, que ha pasado varios años en la cárcel antes y después de ponerle el nombre a la escuelita. Dijo que el grupo, dondequiera que nos reuniéramos, era un lugar de paz en su vida atormentada.

La única regla en Still Waters es «Todos nos escuchamos los unos a los otros». Es una máxima sencilla que produce resultados bellos y complejos.

Todo lo que hacemos, sea en español, en inglés, en latín o con la música, se funda sobre el mismo ritual: leemos un texto, lo comentamos y escribimos una reflexión que luego compartimos con el resto del grupo. No hay exámenes, ni tarea, ni calificaciones; no hay castigos ni premios. Nos dedicamos únicamente a escucharnos respetuosamente unos a otros.

Esta manera de prestarnos atención recíprocamente que practicamos en Still Waters se inspira en Alcohólicos Anónimos, los grupos de oración cuáqueros y la psicoterapia, y crea una profunda confianza entre todos los miembros del grupo sin importar sus edades. Hace años, cuando sufrí una crisis nerviosa, no sabía lo que sé ahora: que este grupo intergeneracional, esta familia hecha al azar, era justo lo que me hacía falta.

---

Descubrí la pedagogía de la atención empleada en Still Waters, en parte, gracias a Denise, una de mis estudiantes de secundaria, que era alcohólica. Por lo menos dos veces por semana bebía hasta perder el conocimiento. Con frecuencia, despertaba en la cárcel (una vez por atacar a un policía). Cuando no estaba ebria, era una poeta brillante.

Denise me llamaba a menudo por teléfono para leerme algún poema nuevo, y siempre terminábamos hablando sobre el alcohol. Más de una vez logré convencerla de que vaciara una botella de vodka (su bebida preferida por ser difícil de detectar en el aliento) desde la ventana de su apartamento, que estaba en un tercer piso. Incluso sacaba el teléfono por la ventana para que yo pudiera oír cómo el líquido venenoso salpicaba sobre la acera.

Yo me crie en Canadá, donde aprendí que, si jugábamos al hockey en un lago congelado y alguien se caía a través de un agujero en el hielo, de ninguna manera debíamos acercarnos para ayudarlo: el hielo es más delgado al borde del agujero, por lo que también nos caeríamos. Debíamos ir a la orilla y, desde tierra firme, lanzar una cuerda o extender una rama para que la persona sumergida pudiera agarrarla.

De igual forma, como no podía continuar la operación de rescatar a Denise en solitario, decidí acompañarla a su primera reunión de Alcohólicos Anónimos. Era muy sencillo: cada uno de los presentes tomaba la palabra mientras el resto del grupo escuchaba. Ese ritual básico proporcionaba un fundamento sólido para establecer relaciones que podían salvar a quienes se estaban ahogando. Yo no entendía por qué aquella práctica se reservaba sólo para los alcohólicos.

Por esos días, después de leer sobre La Sociedad Religiosa de Amigos, los cuáqueros, visité su sede en Brooklyn para experimentar el ritual que ellos practicaban. La sala de reunión, sencilla y sin adornos, estaba llena de luz. No había orden de culto. Los asistentes estaban sentados en silencio, cabizbajos, hasta que una persona se puso de pie y habló. Cuando un Amigo se sentía llamado a hablar, cantar o recitar poesía, los demás lo escuchaban. Pasó tiempo antes de que hablara otro, aunque nadie estaba obligado a decir nada. Existen variantes de este ritual, pero su esencia consiste en el silencio, el hablar esporádico, el escuchar continuo y el concepto de que toda persona puede contribuir ideas para que el grupo las considere, porque todo individuo es divino.

El salón de Still Waters tiene un ventanal grande y transparente y una puerta de vidrio. Quienes están dentro pueden ver pasar a las personas del barrio y éstas pueden ver lo que ocurre dentro. Es nuestro barrio dentro del barrio. Con frecuencia, las sirenas de ambulancias, bomberos y policías, el estruendo de música que llega desde otros edificios y los gritos y risas de los transeúntes hacen que el salón sea ruidoso.

El interior no tiene nada de especial, hay mesas y sillas de madera ordinarias y, arrimados contra las paredes, diversos libreros de diferentes tamaños, todos repletos. Tenemos un piano y un sofá y media docena de lámparas. Una de las paredes es un pizarrón en el que se puede ver el grafiti de los niños y la conjugación del verbo latín *amare* (amar). Durante todo el año una sarta de luces navideñas multicolores adorna dos de las paredes. Un mapa a escala de Bushwick dibujado a mano cubre la otra pared. Sobre él, los niños han marcado las calles donde viven.

Sin embargo, quienes nos visitan por primera vez a menudo sonríen asombrados mientras contemplan el salón lentamente. Esperan encontrar un salón de clase con escritorios indestructibles organizados en filas y lámparas fluorescentes zumbando en el techo, y lo que ven —una sala, un hogar— los sorprende. Se sienten acogidos, como en casa.

Aunque el verdadero milagro (del latín «objeto de admiración») son los niños. La gente sonríe al entrar y ver el salón, pero cuando se va, sale impresionada por los niños y las relaciones entre ellos.

Mi trabajo es garantizar que el escucharnos recíprocamente se practique con devoción. A menudo les recuerdo a todos que la mayoría de nosotros no tiene un lugar adonde ir en el que la gente escuche nuestras historias y nos acepte. Si queremos hablarle al grupo, tenemos que levantar la mano para que los demás puedan ver que queremos participar. Así evitamos que la conversación quede dominada por el más rápido o el que habla con voz más alta.

Tengo cierta experiencia y conocimientos de literatura y teatro, pero los niños también tienen su propia experiencia y conocimiento. Todos somos expertos en nuestros pensamientos y emociones. Nadie, por muy joven que sea, es una vasija vacía; nadie sabe mejor que nosotros mismos qué albergan nuestras mentes y nuestros corazones. Cuando nos escuchamos, igual que los cuáqueros en sus reuniones, no necesitamos la mediación de una autoridad. Nuestra reverencia es recíproca.

Nos escuchamos unos a otros en un silencio sagrado, aun cuando las calles de Bushwick rugen a nuestro alrededor.

———

La psicoterapia me enseñó que escucharnos mutuamente y con dedicación puede salvarnos de la desesperanza. Después de diagnosticarme depresión bipolar, la psiquiatra me dijo que con el tiempo me recuperaría gracias a una combinación de medicamentos y «hablar». Pensé que se refería a que alguien me hablaría sobre lo que tenía que hacer. Pero resultó ser un proceso de narración y revisión. La psiquiatra me pedía que le contara la historia de mi sufrimiento, y me respondía reflejando lo que había escuchado. A menudo, la historia y el reflejo parecían diferentes. Había un desfase entre lo que yo decía y lo que ella recibía, y, durante años, me esforcé por expresar mis pensamientos hasta eliminar aquel desfase, hasta entenderme a mí mismo y ser entendido por los demás.

———

También practicamos la disciplina de leer y escribir. Una influencia importante con respecto a esta área académica fue el taller de escritura al que asistí durante mis tres años en la Escuela de Artes Dramáticas de la Universidad de Yale. Cada semana, uno de los escritores del pequeño grupo normalmente constituido por un profesor y cinco estudiantes entregaba a los demás un ensayo para leer. En la clase, el profesor leía el ensayo en voz alta mientras los estudiantes leían sus copias en silencio. Al acabar, el profesor empezaba a leer de nuevo desde el principio, y esta vez al grupo se le permitía hablar para analizar y criticar la redacción, frase por frase.

El proceso, en el que se desarmaba despiadadamente cada frase en un tono que indicaba que se debía avergonzar al autor por no haberlo hecho mejor, me arrebató toda confianza en mi capacidad para escribir y, por tanto, me arrebató también la confianza en mí mismo y el valor de lo que tenía que decir.

Mis compañeros sufrieron el mismo abuso y, más tarde, todos confesamos que después de la primera o segunda sesión todos corrimos al baño a llorar.

Aquella actividad indudablemente tenía un propósito explícito, aunque a menudo no se cumplía. Los profesores sostenían que el objetivo de escribir era expresarse con precisión y el de leer los ensayos era identificar toda falta de precisión. No querían que resumiéramos ideas ajenas, que citáramos a otro escritor o que nos desviáramos del tema principal. Querían que expresáramos nuestras ideas con nuestras propias palabras exactas. El nivel era alto, y toda desviación de la norma era objeto de desdén. Sin embargo, después de sobrevivir críticas durísimas, ahora me siento agradecido por haber adquirido la valentía y la determinación de abogar por mí mismo.

En Still Waters, queremos oír lo que cada uno verdaderamente piensa, pero lo hacemos sin la amenaza de la vergüenza. En vez de aplicar reglas que controlan la expresión, hacemos preguntas bienintencionadas para entender mejor lo que el escritor quiere decir.

---

Still Waters in a Storm empezó en la primavera de 2008 como una pequeña reunión los sábados por la tarde en mi apartamento. Era una oportunidad de mantener contacto con mis estudiantes después de haber renunciado a mi puesto de maestro adscrito al Departamento de Educación de Nueva York. A pesar de la violencia y la desesperación general de Bushwick

High, la escuela secundaria del barrio, quería mucho a los chicos y tenía la intención de seguir enseñando, pero quería hacerlo en un ambiente que fomentara la empatía y el aprendizaje.

La clave, según aprendería más adelante, era que todos los miembros del grupo, sin importar sus edades, se escucharan recíprocamente.

Como maestro en la secundaria, yo representaba el poder institucional contra el que mis estudiantes se rebelaban. Su presencia en el aula era obligatoria, y tenían que obedecer mis órdenes. Competían por la atención del único representante de sus padres: yo. Intentaba convencerlos de que me importaban como individuos, a pesar de la inviable proporción de ciento cincuenta estudiantes (divididos entre mis cinco clases) a un maestro. Escribían diarios, y yo les respondía individualmente todas las noches, sin calificar lo que habían escrito. Sin embargo, no fue hasta Still Waters que descubrí que no tenía que ser yo quien siempre y exclusivamente satisficiera su necesidad de atención. El grupo podía cuidar de sus propios miembros.

Después de descubrir esto, manejar el aula me resultó mucho más fácil.

En Bushwick High, donde primero oí el término «manejo de aula» (una aptitud muy diferente a la de enseñar) con frecuencia perdía los estribos, alzaba la voz y hasta llegué a lanzar tiza contra la pizarra, donde estallaba en una pequeña nube polvorienta. Un día arrojé un libro al cielo raso del aula (y nunca cayó de vuelta) y volqué una silla vacía. Amenazaba con dar calificaciones bajas, o llamaba por teléfono a los padres que luego empleaban su propia forma de disciplina en casa. Esta llamada era lo que los chicos más temían.

—————

El grupo iba creciendo —de dos a seis, de seis a doce, de doce a quince, y luego los chicos trajeron a sus propios hijos, hermanos, primos y amigos— y después de dos años nos mudamos de mi sala a una pizzería cercana, y luego a nuestro propio salón de gran ventanal aquí en nuestro barrio. Unos benefactores que creían en nuestro trabajo lo alquilaron para nosotros. Amigos, familia y asistencia pública me proveían comida y alojamiento hasta que empecé a solicitar y recibir subvenciones.

En primavera de 2010 empezamos a reunirnos en nuestro nuevo salón los días de semana, además del sábado. Cuando algunos padres de familia que pasaban por la calle veían niños dentro del salón, y preguntaban qué se hacía ahí, yo les explicaba que hacíamos prácticas de lectura y escritura. Preguntaban si podía ayudar a sus hijos con la tarea y les decía «¡Claro!» y abría la puerta para que entraran.

Algunos de mis antiguos alumnos de la secundaria —los que ya estaban en la universidad— se convirtieron en los tutores voluntarios de los más jóvenes. No sólo los ayudaban con la tarea, sino que también les leían, les hablaban sobre la lectura y les preguntaban a qué les recordaba y cómo los hacía sentir. El nivel de lectura de los niños empezó a mejorar rápidamente, y sus madres empezaron a comentar a otras madres lo que estaba sucediendo. Hice correr la voz, entre los amigos que había hecho durante mis treinta años en Nueva York, y entre estudiantes universitarios por medio de amigos profesores, de que estos niños en Bushwick necesitaban ayuda con la tarea, y llegaron muchas personas a ejercer de voluntarios.

Ay, pero ayudar con la tarea en días de semana empezó a abrumarme. Los sábados todavía estaban reservados para el ritual de leer, escribir y escuchar, pero entresemana me sentía como si estuviera de vuelta en el sistema de educación pública. El problema era que la ayuda con la tarea era lo que los padres más valoraban, y por eso el salón se llenaba de niños.

Así que en 2011, por puro placer, empecé a dar clases todos los días entre lunes y jueves, después de la hora designada para la tarea. Los lunes y martes leíamos literatura, el miércoles nos dedicábamos al latín y los jueves ofrecíamos tutorías en pequeños grupos. Los voluntarios que ayudaban con la tarea también se quedaban para trabajar con los niños durante las clases. Aproximadamente veinticinco niños asistían con regularidad a las clases de entresemana, junto con un equipo de cinco o más voluntarios. Los sábados contábamos con un promedio de quince voluntarios y más de cincuenta niños. Yo seguía diciendo «¡Sí!» a quien pedía entrar.

Los lunes y los martes leíamos en voz alta, comentábamos y escribíamos sobre obras clásicas de la literatura infantil, entre ellas *La llamada de la selva*, *El libro de la selva*, *Una arruga en el tiempo* y *Alicia en el país de las maravillas*, un libro por año, demorándonos para así entender cada frase. No había fechas límites; nuestras vidas ya estaban lo suficientemente ocupadas y estructuradas. Esta lectura la hacíamos por placer. En 2015 nos embarcamos en la lectura de *El paraíso perdido* de John Milton, el poema épico inglés del siglo XVII que tanto frustra a los estudiantes universitarios. Hicimos una traducción colectiva del alambicado verso original en inglés antiguo a nuestro vernáculo actual, escribiendo y comentando aspectos que siguen siendo relevantes en nuestras vidas.

Los miércoles, trabajábamos con el Instituto Paideia, una organización sin fines de lucro que aboga por el estudio y uso conversacional del latín. Un grupo de cincuenta apasionados latinistas, entre ellos estudiantes de secundaria, universidad y postgrado, maestros y profesores, se turnaban para servir de voluntarios.

Los jueves había hasta veinte grupos de tutoría, cada uno compuesto por dos o tres niños, y los dirigían voluntarios de todas las profesiones y condiciones. Había profesores de universidad con sus estudiantes de Escritura, Ciencias, Matemáticas, Economía, Literatura, Religión, Lengua e Historia. Y había voluntarios de oficios variados: un electricista, una enfermera, un médico, un detective, un abogado, un político, un arquitecto, un trabajador social, artistas visuales, actores, músicos, compositores y fotógrafos. Mis antiguos alumnos de secundaria, orgullosos de la responsabilidad que se les había otorgado, se mostraban especialmente atentos con los pequeños. Muchos voluntarios se enteraron de Still Waters por las redes sociales o por amigos y conocidos. Leían, escribían y hablaban de su día a día con los niños de Still Waters a la vez que les proveían ejemplos de las múltiples posibilidades que la vida podría ofrecerles.

Los sábados por la tarde invitábamos a autores reconocidos, que leían y luego participaban en nuestro ritual escuchando a los niños leer, a su vez, sus propios textos. Este intercambio empezó cuando un buen amigo mío, un escritor de renombre mundial, nos visitó un sábado durante los primeros tiempos de Still Waters y se emocionó con la reciprocidad experimentada. Estaba acostumbrado a leer su obra frente a un público adulto, acompañado por un moderador que presentaba la lectura, conversaba con él y, quizá, permitía dos o tres preguntas del público, que había asistido porque conocía ya su obra. Sin embargo, los niños de Still Waters, no tenían la más mínima idea de quién era, aparte de saber que era el autor del libro que les había leído. Fueron muy respetuosos, pero no se quedaron boquiabiertos. Sus reacciones a la obra, leídas en voz alta, establecieron una especie de equilibrio con respecto a la lectura del autor, y se generó un ambiente amistoso y recíproco que aquel escritor jamás había experimentado en su larga e ilustre carrera. Aquí las voces de los niños importaban tanto como la suya.

Inmediatamente después, y durante muchos años, mi amigo animó a sus amigos a visitar Still Waters, diciéndoles que pasar un día con los niños les «elevaría el espíritu». «Serás amado» escribió, «en lugar de admirado». Los escritores acudieron y, a su vez, reclutaron a sus propios amigos con la misma promesa que se les había hecho a ellos antes de su primera visita.

Este proceso irradió rápidamente, y pronto contábamos con más de cien amigos autores. Cada vez que estos escritores les brindaban a los niños su atención plena y respetuosa, les daban a entender que sus palabras importaban no sólo dentro del salón sino más allá de él, en un mundo en el que un día podrían encontrar su lugar.

———

Tan importante como practicar el hábito de escucharse recíprocamente es escoger el reto apropiado para el grupo. A los niños de Still Waters les encanta el reto de la traducción del latín y el reto de leer *El paraíso perdido*. Aquí no hacen falta estrategias para el manejo del aula. Aquí el reto es a la vez la estrategia, el currículo y la meta.

El proyecto de *The Traveling Serialized Adventures of Kid Quixote* (*Las aventuras ambulantes y seriadas de Kid Quixote*) empezó en Still Waters en otoño de 2016, durante el noveno año de la escuela, y apenas dos meses antes de las elecciones que desembocarían una plaga de terror entre los más vulnerables, y las personas necesitadas de asilo y una segunda oportunidad.

Para nuestra lectura, escogí *Don Quijote de la Mancha* de Miguel de Cervantes (publicado originalmente en dos partes en 1605 y 1615), porque es un libro muy humano —contiene lo cómico y lo trágico, lo hermoso y lo mundano, y lo grosero y lo necio— y porque fue escrito en español, la lengua materna de mis estudiantes y sus familias. Esta vez no nos limitaríamos a leer juntos el texto en voz alta, sino que también haríamos una traducción colectiva de la novela del español al inglés, a través de la conversación y la escritura, y trabajaríamos en ella no durante un año, sino cinco. Más adelante decidiríamos adaptar nuestra traducción a una serie de musicales bilingües, «obras de aventura», en las que reinventaríamos la historia de un anciano delirante en la España de principios del siglo XVII y la convertiríamos en la historia de un grupo de niños inmigrantes de habla hispana que viven en el Brooklyn de hoy.

Al leer un libro a lo largo de cinco años, los Kid Quixotes —así se llaman a sí mismos— afirman la práctica paciente de la lectura. La obra comienza con Sarah, haciendo el papel protagonista, sentada en el piso leyendo en silencio, y termina con las palabras «¡Vamos a leer!» entonadas por todo el grupo. Durante estos tres años, el grupo ha leído sólo los primeros veintidós capítulos de *Don Quijote* (234 páginas), un promedio de siete capítulos (78 páginas) por año.

Al leer despacio, nos aseguramos de que todos entienden bien la trama. Además, el pensar es muy placentero, y no queremos apurar el placer. Cuando leemos en voz alta, a menudo nos detenemos para hablar, y debatimos nuestras opciones de traducción, para relacionar la lectura con nuestras vidas. Así es como empieza la adaptación de la obra. Estas conversaciones nos ayudan a conocernos los unos a los otros y a nosotros mismos, además de revelar puntos de confluencia entre Cervantes y nuestro grupo. Es un proceso que toma tiempo y que no se puede forzar, como tampoco se consigue que una flor brote más rápido tirándola del tallo o gritándole.

Al detenernos nos estamos rebelando. En sus escuelas, los estudiantes tienen que cumplir con fechas límites para la tarea y los exámenes. Si no entienden la materia que han estado estudiando cuando llega la fecha límite, se considera que han reprobado. Dedicar cinco años para leer un libro afirma que la experiencia de la lectura, y no el marco temporal, es lo más importante.

⎯⎯⎯

—¿Qué título le ponemos a nuestra obra? —pregunto al grupo mientras ensayamos la víspera de nuestra primera función en un hogar privado en Manhattan—. La gente querrá saber cómo se llama.

Nadie responde. Todos están pensando.

—Bueno, ¿cuáles son las palabras más relevantes para describir la obra, para que la gente se haga una idea de lo que va a ver? —pregunto.

—Quijote —dice Felicity, que al final no participaría de la gira porque ella y su madre temían lo que le podría pasar lejos de casa—. Y niños.

—¡Aventura! —grita Percy, vibrando con expectativa.

—Algo cómico —dice Sarah.

—También triste —añade Rebecca.

—¿Qué les parece «La triste y cómica aventura de Don Quijote, escrita por los niños»? —pregunto.

Lily, con dieciséis años entonces, no está de acuerdo:

—Creo que tenemos que dejar que el público decida si es cómico o triste. No podemos decirle lo que debe pensar ni sentir.

Todos asienten con un gesto de la cabeza y dicen que sí, tiene razón, hay que respetar al público.

Reviso mi título:

—«Las aventuras de don Quijote, escrita por los niños».

—No es sólo que esté escrita por niños, sino que se trata de niños. —Es Joshua el que habla—. ¿Qué les parece «La aventura de los niños Quijote»?

—Hay más de una aventura en la obra —dice Rebecca—. Podríamos llamarla: «Las aventuras de los niños Quijote».

—Pero como don Quijote en el libro —dice Lily— nosotros mismos tenemos aventuras por el camino cuando representamos la obra en lugares diferentes. Es una obra que viaja de un sitio a otro, como las atracciones de feria. Tenemos que indicarlo.

—¿«Las aventuras ambulantes de los niños Quijote»? —pregunta Ruth.

—¡Sí! —dice Lily, con una expresión de duda introspectiva.

—Pero eso suena a que hay más de un Quijote —dice Rebecca, la hermana menor de Lily; es la hija del medio y más tenaz que un tejón—. O a que don Quijote es nuestro padre y nosotros somos sus bebés.

El grupo se ríe ante semejante idea.

—En cierto sentido —digo—, todos ustedes son Quijotes. Cada uno de ustedes va valientemente por el mundo con su propia historia.

—Pero la gente se confundirá porque en la obra hay sólo un Quijote —dice la pequeña Talia, la que hace dos años había llorado porque no sabía leer.

Alex, nuestra querida adolescente misteriosa, levanta la mano. Todos se callan. Esto es lo que siempre hace Alex: espera, escucha y luego lo integra todo.

—*The Traveling Adventures of Kid Quixote* («Las aventuras ambulantes de Kid Quixote»).

—¡Me encanta! —dice Joshua—. Parece el nombre de un superhéroe: ¡Kid Quixote! Sarah, ¡necesitas una capa!

Todos se ríen.

—Me gustaría añadir una palabra —digo—: *Serialized* (seriadas).

—Suena a «cereales» —dice Percy—. Me hace pensar en Corn Flakes.

Todos los niños se ríen.

—Significa «en serie» —explico—. Como una serie de televisión, en la que se van sumando historias. Es lo que nosotros hacemos, y cuando la gente lea esa palabra, sabrá que habrá más aventuras en el futuro.

—Hasta la próxima —dice Percy, con la aprobación entusiasta de su público ferviente.

—Entonces —dice Lily— proponemos *The Traveling Serialized Adventures of Kid Quixote* («Las aventuras ambulantes y seriadas de Kid Quixote»). Levanten la mano si están de acuerdo.

El acuerdo es unánime.

Las familias de Still Waters in a Storm han dejado sus tierras nativas en busca de paz y prosperidad y se han topado con la dura realidad del barrio de Bushwick. Así también deja su aldea don Quijote para vivir su fantasía heroica antes de descubrir que el camino puede resultar muy inhóspito para sus sueños. Su persistencia, a pesar de los grandes obstáculos a los que se enfrenta, es comparable a la de estas familias, a los padres que han arriesgado todo para venir a este país. Y es ahora también comparable a la de estos niños, que están reinventando la literatura clásica española para convertirla en un crisol bilingüe de sus propias historias, las de su gente, y las historias de viajar juntos desafiando prejuicios.

El verbo *traducir* proviene del latín, y significa «llevar de un lado a otro». La traducción entre idiomas y fronteras, culturas, identidades y generaciones es una parte de la experiencia fundamental de estos niños y sus familias. Viven en dos mundos, y tienen que navegar entre ellos. Los niños con frecuencia ayudan a sus padres, para quienes la dualidad de la vida de inmigrante es especialmente difícil, sirviendo de intérpretes entre el español y el inglés en la escuela, el consultorio médico o el tribunal. Además de las fronteras entre idiomas, «Las aventuras ambulantes y seriadas de Kid Quixote» cruza las fronteras de las artes, la historia, la geografía, los géneros, la ficción y la realidad, y de esa forma amplía el concepto mismo de la traducción.

Después de tres de los cinco años que pensamos dedicarle a este proyecto, los niños siguen atravesando estas fronteras —y enseñándome a hablar español— como grupo, negociando cada palabra en el diálogo, cada letra y cada nota musical hasta alcanzar el consenso. Además, representan la obra en ambientes no teatrales, como hogares de ricos y pobres, aulas universitarias y oficinas gubernamentales (incluido el Ayuntamiento de la ciudad de Nueva York), lugares a donde nos han invitado los amigos de Still Waters.

Esta obra es su respuesta pública y valiente ante una política nacional que persigue y convierte en chivos expiatorios a su gente, una política alimentada por un gobierno que trafica con xenofobia y odio. Los niños han logrado crear un sentimiento de pertenencia cooperativo. Al sentarnos un grupo de personas de distintas edades alrededor de la mesa, recreamos nuestra tribu ancestral, una gran familia en la que los grandes cuidan a los pequeños y los pequeños, a su vez, con su agradecimiento inocente y jocoso, alegran los corazones. Al vernos a través de los ojos de otros, nos beneficiamos de múltiples perspectivas y de una diversidad de verdades que aumentan nuestra comprensión del mundo; todos nos sentimos amados y necesarios.

Los cuentos colectivos y el canto coral son maneras de crear una comunidad en la clase, en los ensayos y —con la complicidad del público— en las funciones. Estas composiciones y presentaciones son, a la vez, arte emotivo e imaginativo y acción social deliberada. Con ellas, los niños afirman su pertenencia al grupo, al español y al inglés, a todos los barrios y a los mundos de la literatura, la educación superior y el poder cívico.

Estos niños pertenecen aquí, en este país, y este proyecto continuará —más allá de los cinco años si fuera necesario— hasta que todo el país esté de acuerdo.

# - 1 -

# La canción del rescate

Nace una niña. Una niña dulce y muy payasa.

Nació para lanzar rayos contra quienes desprecien la ternura.

Aprende a hablar español e inglés.

Contiene multitudes.

Esta niña vive en un barrio de Brooklyn, donde su padre le enseña a defenderse en las calles, y lleva dentro su México, el campo en donde su madre, de niña, sacaba papas de la tierra y cosechaba maíz —maíz azul, rojo, blanco y amarillo—. Molía el maíz entre dos piedras para hacer la harina de las tortillas que allá se preparaban en una piedra chata sobre una hoguera. Cuando oscurecía, los nueve hijos y sus padres dormían en el suelo de tierra de la única habitación de una choza de madera. No había electricidad y raras veces tenían una vela. En los campos, los niños ataban una cuerda a la rama de un árbol para hacer un columpio y jugaban a que las piedras eran automóviles. Eran pobres, y casi siempre dos tortillas era lo que le tocaba a cada uno para comer por día, pero nadie se enfermaba nunca.

La niña lleva dentro la violencia del padre de su madre, un hombre que bebía alcohol y azotaba a su mujer e hija con una cuerda o con ramas caídas de los árboles. El hombre les decía que no podían ir a la escuela porque no tenían para comprar un lápiz, y porque era una pérdida de tiempo mientras hubiera alimentos que cosechar en los campos. Un día, su mujer encontró un lápiz perdido en la calle y lo escondió en la casa para que su hija pudiera aprender a escribir en secreto.

Aquella hija, la madre de la niña, con el tiempo caminaría más de dos semanas atravesando la arena ardiente del desierto, evitando serpientes, pasando sed, sin llevar nada consigo, todo para escalar un muro y llegar a la tierra prometida.

La madre de la niña ha frenado el legado de violencia. Jamás ha levantado la mano con ira, salvo una vez, cuando regañó a sus hijos desobedientes al mostrarles una correa y la niña le preguntó: «¿Vas a hacer con nosotros lo que tu papá hizo contigo?».

La niña nunca le dice una palabra cruel a nadie. Cuando le preguntan qué les diría a los agentes del Servicio de Inmigración y Control de Aduanas (ICE, por sus siglas en inglés), dice: «Por favor, dejen de hacer lo que están haciendo». No los insultaría, pero les sugeriría que pasaran un tiempo en una jaula, o que atravesaran el desierto, no como venganza o castigo, sino para entender mejor lo que sufren los migrantes. La empatía es fuente de comprensión y conocimiento.

—Sus corazones necesitan crecer como flores —dice—. Las flores necesitan agua y tierra y sol para crecer. Los corazones de ICE necesitan amor; necesitan disfrutar de algo, o pasarla bien con los amigos; necesitan celebrarse a sí mismos, celebrar la belleza y la naturaleza.

La bondad es su rayo.

La niña ha aprendido de su madre, quien, a su vez, aprendió de su madre a decir siempre «por favor» y «gracias». No son modales superficiales. Es respetuosa y agradecida con todos.

Según su madre, el corazón de la niña late dos veces más rápido de lo normal para niños de su edad.

Su nombre es Sarah, tiene siete años y ella es Kid Quixote.

---

En Still Waters in a Storm, el día después de las elecciones estadounidenses de 2016, una docena de mis estudiantes y yo estamos sentados alrededor de la mesa (se trata, en realidad, de cuatro mesas juntas, rodeadas de sillas) listos para continuar nuestra traducción colectiva de *Don Quijote* del español al inglés. Hay pilas de libros sobre la mesa: ejemplares de la novela en español, diccionarios bilingües, un diccionario de latín, un diccionario etimológico del inglés, diccionarios de sinónimos en español e inglés y una taza grande llena de lápices afilados.

Pero no podemos empezar porque nadie logra decir nada. El silencio cobra vida, y es monstruoso. Goliat ha sido elegido soberano tras alentar una oleada de odio racista contra los inmigrantes, un fuego exterminador que arde sin brindar luz. Las vidas de mis estudiantes y sus familias han tenido que afrontar un nuevo terror. Empleamos los nombres «Goliat» y «soberano» para recordarnos que estos horrores han ocurrido antes, y que podemos encontrar consuelo y determinación en los ejemplos proporcionados por los mitos y la historia. Los gigantes van y vienen.

En los primeros meses de 2017, después de la investidura del nuevo soberano, la Legal Aid Society (una organización que provee orientación y ayuda legal a personas de bajos ingresos) distribuye una hoja, en español e inglés, a escuelas y centros comunitarios en Nueva York, en la que aconseja a los migrantes, en letras mayúsculas y en negrita, a no abrir la puerta. Los agentes de ICE están cazando migrantes y, aunque Nueva York es oficialmente «ciudad santuario» y se supone que protege el estatus migratorio de sus habitantes, ya no hay nada sagrado. Cuelgo la hoja en nuestro tablero de anuncios y reparto copias a las familias con las que trabajo. Ponen la seguridad de sus hijos en mis manos todos los días de entresemana después de la escuela y los sábados por la tarde.

En clase, hablamos de los peligros reales que amenazan a los niños, como la posibilidad de ser separados de sus padres. Hablamos de las «hieleras», las celdas gélidas donde los agentes de ICE encierran a los refugiados, a quienes dan de comer sándwiches congelados de mantequilla de maní.

Los niños atemorizados me recuerdan a los gorriones antes de una tormenta, piando en grupo en los arbustos. Los gorriones parecen incapaces de descansar. Aun cuando no están volando o desplazándose, mueven sus cabezas sin cesar, girándolas velozmente en varias direcciones en un staccato de pánico, escudriñando el cielo en busca de señales de un destino aciago.

—¿Por qué nos odian? —pregunta Miriam, una niña reservada de once años que tiene pájaros de mascota; los trae a clase en una caja con la tapa perforada y los deja volar libres en el baño—. ¡Si ellos ni nos conocen!

—Es por eso mismo —dice Joshua, la persona más alta del salón, un adolescente dulce a quien los más jóvenes adoran por su bondad y paciencia. Todos los días viste un chaleco negro con un clavel rojo en el ojal. Y todos los días los demás le toman el pelo cuando entra por la puerta: «¡Ay, no!», y se sonríe, porque sabe que lo quieren. Joshua tiene catorce años y lleva asistiendo a la escuelita desde que tenía siete, la mitad de su vida.

—¿Y qué podemos hacer? —pregunta Felicity, a quien le costaba mucho leer hasta descubrir que necesitaba anteojos; ahora puede ver las palabras.

—¿Recuerdas lo que dijiste en septiembre —le pregunto—, cuando te di el ejemplar de *Don Quijote* y te dije que lo íbamos a traducir?

—Sí, dije «es imposible, ese libro es demasiado grande y pesado».

—Eso es lo que hacemos aquí —le digo—. Hacemos lo imposible.

—¿Por qué imposible?

—Estamos practicando matar al gigante, destruir la idea de lo imposible para que cuando llegue el momento, podamos vencer a cualquier Goliat.

—¿Con un libro? —pregunta, incrédula.

Percy, el próximo niño en hablar, tiene ojos tan vivos y luminosos que me recuerdan a los de una cachorrita coyote que vi una vez en un centro de rehabilitación de animales. Herida y abandonada, la cachorrita se había encariñado tanto con los humanos que trabajaban en el centro que éstos ya no podían devolverla a su hábitat natural. Nunca había visto unos ojos tan llenos de vida.

Percy lleva unos anteojos azules de plástico, irrompibles, de esos que parecen gafas protectoras; son los que las escuelas proveen para los niños cuyas familias no pueden costeárselos. Siempre está leyendo, incluso durante nuestras clases, aunque no siempre lee el libro que debería. Le encantan los cómics de *Calvin y Hobbes*, historias ilustradas de las aventuras de un niño y su tigre (que puede o no existir de verdad), y tiene un tomo sobre el regazo, justo debajo del borde de la mesa. Percy tiene arrebatos con frecuencia. Todos los niños se emocionan e impacientan esperando su turno para hablar, pero Percy parece incapaz de cumplir con las reglas de nuestro sistema igualitario.

Esta vez grita: «¡Podemos pegarle en la cabeza con el libro y derribarlo!». Todos se ríen.

—Hacer lo imposible no es suficiente —dice Rebecca, una chica de once años con un intelecto centelleante. Solía caminar con pasos pesados, como si la gravedad se fijara en ella de manera especial. Desde que tomó clases de baile, ha aprendido a caminar con delicadeza, como si lo hiciera sobre nubes.

—Fuera de este salón, nadie sabe lo que hacemos. Es un secreto.

—Bueno, entonces, ¿qué más podemos hacer? —pregunto.

Alex, de catorce años, es una chica que casi nunca habla, y cuando dice algo, todos tenemos que inclinarnos hacia ella para poder oír su voz, delicada como un suspiro. Ahora dice:

—Tenemos que cantarle a la gente.

Sarah abre los ojos y la boca en un gesto de tira cómica, pero su sorpresa es auténtica.

El salón se queda callado.

Tras enseñar durante más de tres décadas en Nueva York, Vermont y Canadá en los niveles primarios, secundarios y universitarios, sé que hay dos cosas que, frente a los demás, la mayoría de los estudiantes dirá que no sabe hacer: dibujar y cantar. Pueden dibujar y cantar en privado, o quizás con un amigo íntimo, pero hacerlo públicamente los hace sentirse demasiado vulnerables; para ellos es como enamorarse. Uno muestra el dibujo, entona la canción o dice «te amo» y, con el corazón latiendo fuerte y la vista distorsionada, pide ser aceptado.

Sé que los niños tienen miedo de cantar.

—Si quieren cantar, lo podemos hacer juntos —les digo—. No estarán solos.

—¿Por qué escogiste este libro en particular? —pregunta Felicity, que siempre pregunta lo que quiere saber, sin importarle lo que se esté comentando en ese momento.

—Escogí este libro porque es nuestra historia. El viejo loco podría ser yo, que intento ayudar a la gente, pero también podría ser ustedes: tiene el corazón de un niño y cree todo lo que le muestra la imaginación, como los niños. Lo apalean y derriban, pero siempre termina de pie, como hacen ustedes y sus familias. No se dan por vencidos nunca. ¡Escuchen lo que están diciendo ahora mismo! Están preguntando qué podemos hacer contra el mal que nos acecha. ¡Quieren luchar!

—¡Es una guerra civil! —dice Felicity.

—¡Sí! —grito, levantándome de un salto—. ¡Está claro, es una guerra civil! ¡Y tenemos que ganar nosotros!

Años antes, en Bushwick High School, había intentado disuadir a Lucy, una de mis alumnas, de pelear después de la escuela. La vi preparándose en el pasillo: se ató el pelo, se quitó los aretes, se puso vaselina en la cara para que su adversaria no pudiera agarrarla. Lucy era bajita y de tez oscura; el blanco de los ojos le iluminaba la cara como el sol perfora las copas de los árboles en un bosque lluvioso.

—Ignórala. No te metas —le dije—. Ven a ensayar; tengo sándwiches.

La comida siempre servía para atraer a mis estudiantes a los ensayos.

—Míster Haff —dijo—. Usted no entiende cómo funcionan las cosas. Si no me enfrento a esta cabrona ahora mismo, me hará la vida imposible. No puedo echarme atrás.

Me faltaba mucho por aprender sobre la realidad del barrio.

Lucy era una guerrera: se enfrentaba a los acosadores en la calle y en el comedor de la secundaria, y juró seguir luchando después de que su hermana Beatriz murió de asma, a pesar de que a diario, llena de dolor y rabia, maldecía a Dios.

Una vez me preguntó: «¿Si Dios es bueno, por qué permitió que Beatriz muriera de esa manera? Ella nunca le hizo daño a nadie; era amable hasta con todos los chicos que la acosaban y ellos no se lo merecían. No hay Dios. ¿Quiere usted la prueba?». Miró al cielo, enmarcó su entrepierna con las manos y gritó: «¡Chúpame ésta, hijo de puta!». Luego, sonriendo, me dijo: «¿Lo ve?».

—¿Cómo ganamos? —pregunta Dylan, de ocho años. Le encanta el sistema de transporte del metro de Nueva York; se conoce todas las líneas y estaciones y sabe cuando hay retrasos por culpa de accidentes o reparaciones. Cuando los niños juegan al fútbol en la acera delante de Still Waters, Dylan es el árbitro. Hace sonar un silbato y saca tarjetas rojas o amarillas de una cartera oficial de árbitro.

—Ganamos si hacemos que la gente nos conozca, y lo haremos leyéndoles este libro—responde Felicity.

—Pero ¿cómo sabrán que es nuestra historia? —pregunta Dylan.

Alex levanta la mano y le doy la palabra. Nos inclinamos, escuchándola con atención.

—Podríamos representarla —dice—. Y cantarla. Entonces todos sabrían que es nuestra historia porque nos verían ahí mismo, frente a ellos.

—¡Este libro es un barco que remamos hacia la guerra! —grita Percy.

—Pero no quiero actuar —dice Felicity—. Tengo miedo. ¿Está bien si sólo hago la parte de escribirlo?

———

Al traducir una escena del español original al inglés, el grupo discute, durante casi una hora el significado del verbo antiguo «desfacer». El verbo no estaba en nuestro diccionario bilingüe, y tuvimos que llamar por teléfono a un amigo, un profesor de literatura española, para que nos explicara la definición.

Don Quijote, un anciano que se cree caballero andante con la misión de rescatar a los menesterosos y defender a los indefensos, oye los gritos de un muchacho. El joven es pastor, y su amo, un labrador terrateniente (que los niños, basándose en su propia experiencia, traducen como «casero» o «propietario») lo azota, castigándolo por haber perdido unas ovejas. Don Quijote, montado a caballo y blandiendo una lanza, obliga al amo a soltar al muchacho, y le ordena pagarle el sueldo que le había negado como parte del castigo. El héroe se va, confiado de haber rescatado al pastor y de haber remediado una gran injusticia, pero el amo ata de nuevo al joven y lo azota hasta dejarlo por muerto.

Cuando el amo retoma el castigo después de que don Quijote se haya ido, dice: «Llamad... al desfacedor de agravios; veréis como no desface aquéste». Algunos niños optan por traducir «no desface» como «no deshará»; otros abogan por «no podrá deshacer».

—«*Won't*» —dice Lily—, implica una falta de voluntad por parte de don Quijote, es decir, opta por no ayudarlo.

—¡Buena idea! —exclama Joshua—. El terrateniente quiere que el niño pierda toda la esperanza y se sienta desamparado.

—Pero mi personaje jamás creería que don Quijote no fuese a ayudarlo —opina Rebecca—. Sabría que es mentira.

—¡Exactamente! —grita Lily y luego, modulando la voz dice— «*Can't undo*» es más exacto; decir que don Quijote no puede ayudarlo significa que la injusticia está más allá de su capacidad de remediarla.

—Sin importar sus intenciones —concuerda Joshua, asintiendo mientras completa la idea.

Rebecca sigue la lógica y concluye:

—Y eso sería verdaderamente desesperanzador.

—No sé —dice Joshua—. Quizás le estamos poniendo demasiada importancia a lo que sugiere «*won't*» con respecto a la voluntad humana. Quizás sea más bien una cuestión de la gramática inglesa.

—«*Won't*» también puede significar que don Quijote no logra hacer justicia por alguna otra razón —digo—. Puede distraerse o perderse por el camino. Pero eso no significaría que es impotente, sino que el acontecimiento no tendrá lugar.

Nos obligamos mutuamente a examinar todas las posibilidades que encierran estas dos palabras.

Esta escena formará parte de nuestra obra. La trama se

detiene mientras el grupo recrea el debate, improvisándolo siempre. Al final, todos (incluyendo el público) votan. La mayoría decide si se dice «*won't*» o «*can't*», y luego se retoma la escena desde la segunda serie de azotes, revisada ahora según lo acordado.

No hay respuesta correcta ni incorrecta, sólo una elección entre opciones.

En la clase, le digo al grupo:

—Hagámonos una pregunta: ¿Tenemos la voluntad de remediar la injusticia?

El grupo entero grita:

—¡Sí!

—¿Creen que de verdad podemos remediar la injusticia?

Se quedan pensando.

La semana siguiente, empezamos a trabajar con la compositora Kim Sherman, a quien conozco desde que estudiamos juntos en la Escuela de Artes Dramáticas de Yale desde principios hasta mediados de la década de los noventa. El grupo está empezando a escribir la letra de la primera canción de nuestras *Aventuras ambulantes*, «La canción del rescate», basada en dos pasajes de *Don Quijote*. El primero es la escena en que el terrateniente azota al pastor. Los niños deciden que el pastor debe cantar inmediatamente después de que el amo ordena al muchacho a que se calle.

Para determinar cuáles aventuras se incluirán en nuestra obra musical, los niños se preguntan si lo que han leído les ha provocado emociones que ameritan una canción. Kim nos ha enseñado que las canciones nacen cuando las palabras por sí solas no bastan, cuando los sentimientos son tan fuertes que surge una necesidad imperante de expresarlos de manera profunda y trascendente.

—¿Por qué el niño tiene que cantar aquí? ¿Qué es lo que quiere? —pregunta Kim al grupo.

—Para que lo entiendan —responde Lily, la hermana de Rebecca. Dentro de dos años será la primera de este grupo (y la primera de su familia) en graduarse de la secundaria y asistir a la universidad.

—El terrateniente le pide al niño que no hable —continúa Lily—, y entonces el niño canta. Es su manera de rebelarse contra el poder del amo. Si el público oye la canción y entiende al muchacho, a lo mejor querrá ayudarlo.

—¿Cómo empieza? ¿Qué es lo primero que dice para que le presten atención? —pregunto.

—¿«Por favor, entiéndanme»? —sugiere Lily, la cara, como siempre, delatando duda inmediatamente después de hablar.

—Tiene que sonar más desesperado —dice Joshua—. Él intenta salvarse.

—«Ruego que me entiendan» —dice Rebecca, mirando por la ventana hacia la calle. Casi nunca establece contacto visual con el grupo. Y añade—: «Por favor, escuchen mi voz».

De pronto me mira con ojos llenos de intención y pregunta:

—¿Puedo hacer el papel del muchacho?

———

«La canción del rescate» es el título escogido por los niños por la desesperación del momento histórico en el que la componemos. Como dice Rebecca: «Todos necesitamos ser rescatados». El primer paso para escribir la canción es hacer una lista de a quién y qué queremos rescatar.

Sarah escribe: «Los pobres, los inmigrantes, los niños en jaulas, los niños que han llegado aquí solos, las niñas, la gente con hambre, las víctimas de los acosadores, la gente humilde, mi barrio, mi familia y la Tierra». Aunque no lo dice explícitamente, parece que intenta rescatarse a sí misma, mirando tanto hacia fuera como hacia adentro.

Lily, con dieciséis años, casi en el umbral de la adultez, dice: «¡Tenemos que rescatar nuestra niñez!». Esta idea se incorporará a la letra al final de la canción: «Toma mi mano, por favor, y rescata mi niñez».

El grupo luego habla de lo que significa rescatar la niñez y la palabra seguridad (*safety*, en inglés) se menciona repetidas veces. Las palabras inglesas *save* (salvar) y *safe* (a salvo, seguro) tienen la misma raíz latina que el verbo «salvar», que significa «librar de un peligro».

Me doy cuenta de que, en mi infancia, la seguridad era algo que se daba por hecho, y no algo por lo que había que rogar.

Los niños leen en voz alta sus listas de palabras relacionadas con la idea de rescatar la niñez: piden ser protegidos de las drogas, del alcohol, de la violencia y de las «malas palabras», que reconocen como una forma de violencia verbal. Dennos calles seguras, escuelas y hogares seguros, escriben. Devuélvannos al paraíso, a la naturaleza, a la hierba, a los árboles, al aire limpio y al agua limpia y hágannos sitio para jugar e imaginar. Hacia el final de la canción, se hace eco de esta conversación:

Vámonos juntos a jugar,
imaginemos que somos héroes
que estamos aquí para rescatar al mundo.

Algunos de los niños conocen de primera mano lo que es el abuso, y todos se sienten victimizados por la brutal retórica antiinmigrante que oyen por la televisión.

Un día durante un ensayo, Rebecca, que hace el papel del muchacho pastor tal como lo había pedido, dice: «Esta escena es demasiado deprimente. Me dan ganas de tirarme de un puente».

Su hermana Lily asiente, quizás buscando protegerla. «El gran poder de los niños es que les encanta reírse. Siempre encuentran lo cómico en la situación más deprimente. Una vez, cuando era más joven, tuve que irme de un funeral porque no podía dejar de reírme. Ni sé lo que me parecía tan chistoso».

(Dos años después, en el periódico, hay un artículo sobre niños encarcelados en lo que había sido una tienda Walmart. Los habían separado de sus padres en la frontera entre México y los Estados Unidos. Los niños, por supuesto, están deprimidos y asustados, pero de noche, después de que los han obligado a acostarse, un niño empieza a mugir como una vaca. El sonido lo repite otro niño, y luego otro y otro hasta que la cárcel provisional retumba con voces bovinas).

Les cuento a los niños que un escritor llamado Nabokov dijo que para derribar a un tirano había que hacerlo parecer ridículo.

—¿Cómo podemos hacer que el terrateniente parezca ridículo? —les pregunto.

—Tú podrías hacer el papel de terrateniente —dice Joshua.

—¡Oye, muchas gracias!

—¡Espera, déjame explicarme! Tú no eres ridículo, pero eres un hombre blanco, y en este país los hombres blancos tienen el poder. Los hombres blancos abusan de los niños de color. Y no les pagan a los inmigrantes debidamente por el trabajo que hacen cuidando de la propiedad de los hombres blancos.

—Tienes razón. Seré el terrateniente. Pero ¿y el humor? ¿Qué tengo yo que provoque risa?

—Tu manera de hablar español —dice Percy.

No estudié español en la escuela, pero sí francés, su lengua hermana, y latín, la lengua madre de ambas, así que tengo un fundamento lingüístico que me sirve cuando leo *Don Quijote* y cuando los niños y sus padres me ayudan, con infinita paciencia, a comunicarme con ellos. Siempre utilizo lo que sé para adivinar lo que no sé. Quiero enseñarles a los niños tanto mi deseo de aprender como mi disposición a cometer errores y pedir ayuda; quiero ser valiente para ellos. Cuando empecé a enseñar en Bushwick High School en 1998, creía que tenía que saberlo todo y evitaba lo que no sabía para poder afirmar mi autoridad en el aula. Esta lucha de poder era estresante y me desalentaba; acababa recurriendo a gritar y a tirar objetos. Desde entonces, he ido entregándome paulatinamente a aceptar lo mucho que no sé.

—Está bien —asiento— al terrateniente le cuesta hablar español. ¿En qué momento lo intenta?

—Quiere aparentar humildad ante don Quijote, como si lo respetara —dice Lily.

—Y mi personaje te podría ayudar —me dice Rebecca—. Es lo que hacemos.

Sentados alrededor de la mesa, improvisamos y nuestro guión se va desarrollando. Mi personaje, tratando de justificar su abuso del muchacho ante don Quijote, confunde «oveja» con «abeja». Esto no sucede, claro está, en la novela original. Los niños están imitando mis esfuerzos diarios por recordar las palabras en español. El personaje de Rebecca, obviamente frustrado pero sin darse por vencido, levanta el dibujo de una oveja, alternándolo con el dibujo de una abeja (en la obra, ambos animales serán finalmente representados por peluches), y me pide que repita «oveja» y «abeja» una y otra vez. Cuando, después de muchas repeticiones, sigo sin entender, se rinde, desesperada, golpeándose la frente con la palma de la mano.

El diálogo sigue el ritmo típico de mis intercambios con los niños y sus padres en los que intento hablar español:

TERRATENIENTE: Señor, ¿*cowboy*?
MUCHACHO: Caballero.
TERRATENIENTE: Caballero. ¡Gracias! Este…¿*boy*-muchacho? ¿*Careless?*

MUCHACHO: Descuidado.

TERRATENIENTE: Muchacho descuidado, a quien castigo, él es uno de mis, ¿*trabajos*?

MUCHACHO: Trabajadores.

TERRATENIENTE: Trabajadores. Su trabajo es proteger un rebaño de, ¿*abejas*? y pero él, ¡no es *responsible*!

MUCHACHO: Responsable.

TERRATENIENTE: Responsable.

MUCHACHO: Y la palabra es ovejas, no abejas.

Los niños se ríen del diálogo mientras escriben lo que Rebecca se va inventando. El joven pastor, víctima del abuso, ahora dirige la escena.

Sin embargo, cuando los azotes cesan y Rebecca se queda sola, la escena sigue pareciéndonos muy deprimente; no ofrece ninguna esperanza. El abusador gana.

Los niños no tienen la intención de permitirlo:

— Tenemos que convertirla en una escena también cómica —dice Rebecca.

—Pero el abuso no es cómico —protesta Lily—. Tenemos que respetar eso.

—¿Respetar el abuso? ¡Nunca!

—No, respetar el sufrimiento. El sufrimiento sí es real; no es una broma.

—Tienes razón, ¡vivimos con miedo! —dice Joshua.

Una vez más, nos esforzamos por oír a Alex, que dice:

—¡Pero no queremos vivir con miedo!

—¡Un momento! —digo—. «No queremos vivir con

miedo» suena genial como letra para «La canción del rescate»! ¡Voy a apuntarlo ahora mismo!

—De todas maneras —continúa Alex, ahora con una voz un poco más alta—. ¡Tenemos que luchar! No tenemos dinero ni podemos votar, pero no podemos permitir que nos gane la desesperación. No podemos darnos por vencidos.

—Bueno, entonces está tirada en el suelo y tiene mucho dolor —digo—. Tiene que levantarse. Quedarse ahí tirada significa darse por vencida.

Rebecca dice que tiene que agonizar antes de resucitar:

—Si me levanto enseguida, daré la impresión de que la paliza no fue de verdad.

—Podría fingir que no le duele —dice Percy, como si lo sugiriera por experiencia.

—Podría decirle que no le duele y que él nunca podrá romperle el corazón —dice Miriam. Su padre sólo aparece una vez al mes para darle la pensión mensual. Miriam nunca quiere encontrarse con él, pero lo hace por su madre.

—¿A eso lo llama paliza? —grita Rebecca, asumiendo su papel—. ¡Me pareció más bien el aletazo de una mariposa!

Todos se ríen.

—¿Puede levantarse ahora? —pregunta Felicity.

—Todavía no, un chiste no es suficiente —dice Percy, conocedor y coleccionista de chistes.

—El público no sabrá lo fuerte que es hasta ver cómo lucha por ponerse de pie —digo.

—Podría llorar —sugiere Rebecca.

—Y podrías bajar la cabeza —añade su hermana—. Así tendrías que levantar la cabeza antes de ponerte de pie.

—¿Qué le hará levantar la cabeza? —pregunto.

—¿Un amigo, quizás? —dice Felicity, dudando.

—No tiene amigos. Fue secuestrada por el terrateniente. Ya no tiene familia.

Rebecca conoce muy bien su papel.

—¡Pero tiene ovejas! —grita Percy, con perfecto oportunismo cómico.

Todos se ríen.

—¡Una oveja podría contarle chistes! —dice Felicity, emocionada ante la idea.

—¿Alguno de ustedes conoce chistes de ovejas? —pregunto.

Nadie responde.

—Ya es la hora. Vayan a casa y pónganse a investigar. Mañana quiero que cada uno llegue con un chiste en el que figure una oveja.

———

Ya se han ido todos los niños; sólo queda Sarah. Su madre suele llegar a recogerla con media hora de retraso. Sarah dibuja con lápiz en su ejemplar de *Don Quijote*, como ha estado haciendo todo el día.

Me acerco y pregunto:

—¿Puedo ver?

Asiente.

Todos los días, durante la clase entera, Sarah está callada.

Se fija en todos los que hablan con unos ojos tan oscuros como el origen del tiempo. Lleva su largo cabello negro en dos trenzas francesas bien apretadas, una en cada lado de la cabeza. Hay ideas en esos ojos, e historias en las trenzas.

Me siento a su lado. En los márgenes del libro veo dibujos de figuras cuadradas y abultadas.

—¿Quiénes son? —pregunto.

—La gente de ICE —responde.

—¿Son cubos de hielo? —pregunto. Las siglas ICE se refieren al Servicio de Inmigración y Control de Aduanas, pero en inglés la palabra *ice* significa hielo.

Asiente.

—No parecen tener ojos.

—Están ciegos.

—¿Son muy grandes?

—Tan grandes como una casa.

—¿Cómo van vestidos?

— Sólo llevan ropa interior.

Me río.

—¿Qué idioma hablan?

—Se golpean el pecho como los gorilas.

Llega Magui (Magdalena), la madre de Sarah. Se disculpa por haber llegado tarde.

—No hay problema —respondo, con una frase que empleo mucho, ya que los padres agradecidos siempre están disculpándose por una cosa u otra.

—¡Gracias! —dice, y le da un leve codazo a su hija.

—Gracias —dice Sarah.

—¡Con gusto! —respondo. Desde que oí a una de las madres usar esta frase la he preferido a «de nada».

—Por cierto, Sarah, puedes seguir dibujando en clase. Me gustaría saber más.

Me mira y asiente.

Al día siguiente en clase, tenemos más chistes de ovejas de los que necesitamos. Dos de los preferidos, por consenso general, son:

> «¿Cómo se llama un cruce entre una vaca deprimida y una oveja enojada?».
> «¡Un animal con el ánimo muuuuuuuuy baaaaaaaaaaajo!».

Y éste:

> «¿Qué cantan las ovejas hispanoparlantes en Navidad?».
> «¡*Fleece* Navidad!» (*fleece* en inglés es la lana de la oveja).

Este último chiste terminará convirtiéndose en la famosa canción «Feliz [ahora *Fleece*] Navidad», entonada por los demás niños, quienes llevan capuchas de lana y representan tanto el rebaño de ovejas como la solidaridad compasiva entre los jóvenes. En la puesta en escena de la obra, formarán un círculo alrededor de Rebecca, la levantarán y bailarán con ella.

Tras las risas, se discute quién contará los chistes. ¿Será un niño fingiendo ser oveja, a gatas sobre el piso? Lo intentamos en medio del salón, pero no resulta lo suficientemente claro que Dylan, el niño que finge ser oveja, realmente representa una oveja. ¿Y si alguien mueve la oveja de peluche que usamos antes para que parezca que cuenta los chistes? Esto lo intentamos también, usando el peluche que había tomado prestado de mis hijas la noche anterior. No convence a nadie.

—Parece que Dylan está agitando un muñeco al que no se le mueve la boca —dice Felicity.

—La oveja debe ser un títere —dice Percy, sin levantar la vista de su *Calvin y Hobbes*. Para que entendamos bien, y mientras sigue leyendo, levanta la mano como si fuera un títere y le hace decir «¡Hola!» a la clase. Todos nos reímos.

Al oír a Percy decir «títere», siento que vuelvo a mediados de la década de los noventa cuando escribía sobre el teatro para el periódico *The Village Voice*. Me habían pedido un reportaje sobre el Festival Internacional de Títeres en el Public Theater de Nueva York.

En el festival vi actuar la compañía Stuffed Puppet Theater de los Países Bajos. Un hombre corpulento adiestraba un títere de mano, un perro débil y melancólico, a saltar por una argolla. El hombre era cruel; azotaba al perro con un cinturón de cuero hasta hacerlo saltar. El público expresaba su compasión por el perro, gemía y exclamaba al unísono con cada golpe y hasta gritaba: «¡Pare!». El perro, tembloroso, miraba al hombre con odio hasta que, alentado por la gente, se negó a saltar más. El público lo aclamó.

Entonces el hombre intentó hacer que el perro agarrara una pelota en la boca y se la devolviera al momento. El perro lo hizo un par de veces antes de parar, lanzarle una mirada llena de odio y escupir la pelota al suelo. Los dos se miraron fijamente. Al final, el hombre se dobló y recogió la pelota. El público de nuevo estalló en vivas.

Les cuento esta anécdota a los niños y les pregunto:

—¿Quién ganó la batalla?

—¡El PERRO! —gritan.

—Pero, un momento —dice Lily—. El perro está en la mano del adiestrador. Sólo así puede vivir el títere.

—Pero la gente cree en el perro —dice Joshua—. Es eso lo que importa.

De pronto, a Percy le da uno de sus arrebatos y grita:

—¡Es lo que pasa en *Calvin y Hobbes*! ¡Calvin cree que Hobbes es un tigre de verdad, entonces es realmente de verdad!

—Como Dios —dice Miriam—. Lo único que importa es lo que crees.

—Pero ¿qué pasa si crees algo y los demás no? ¿Quién tiene la razón? —pregunta Lily.

—¿Qué quieres decir con «la razón»? —pregunto.

—Quiero decir, ¿qué es o no es real?

—La realidad existe en tu cerebro —le digo—. Los ojos sólo dejan entrar la luz, el cerebro crea las imágenes.

Lily no se conforma con esta respuesta. Es más, el grupo espera que Lily cuestione las explicaciones que recibe.

—¿Por qué creemos algo aun cuando sabemos que es falso, como el títere? Vemos que es sólo un títere, ¡y hasta podemos ver el brazo del hombre que lo lleva puesto!

—Tal vez lo creemos porque queremos creerlo —dice Alex, casi inaudible.

Joshua, fingiendo angustia extrema, deja caer la cabeza encima de la mesa con un ruido sordo.

—Bien —dice Rebecca—. Entonces, si el pastor lleva, o si yo llevo, porque soy yo, el títere de la oveja en la mano, ¿qué queremos decir con eso?

—¡Estamos diciendo que tiene la habilidad de alegrarse a sí misma! —dice Felicity—. ¡Los niños tienen el poder de la risa!

—¡Y el poder de la imaginación! —añade Dylan.

—¿Sólo los niños lo tienen? —pregunto.

—Sí. Los adultos saben lo que de verdad es real y por eso están tristes. —Esto lo dice Percy, dejándonos a todos atónitos ante la verdad.

Quiero dar cabida a otras respuestas posibles, y digo:

—No creo que estemos afirmando nada, necesariamente. Creo que estamos más bien cuestionando qué es real. Y, ¿quién tiene más poder, el terrateniente abusivo o la niña risueña?

Todos se quedan callados, pensativos.

---

Hoy, como ayer, después de clase, Sarah está dibujando con lápiz en su ejemplar de *Don Quijote*. Le pregunto si puedo ver lo que ha dibujado.

—¿Son puertas? —pregunto

—Sí, el desierto está lleno de puertas —responde.

—¿Puertas que llevan adónde?

—A ningún sitio.

—¿Están en la arena?

—Sí.

—¿Por qué hay puertas en el desierto? —pregunto.

—Son trampas. Abres la puerta y los de ICE te agarran desde abajo. Te jalan a su inframundo.

—¿Por qué viven debajo del desierto?

—Porque si no, se derretirían. Su mundo es una hielera, una hielera gigante tan grande como el desierto, debajo del desierto. Ahí es donde meten a los niños.

Señalo un rectángulo grande.

—¿Y esta es la hielera?

—Sí.

Silencio.

—Estuve ahí —me dice.

—¿En la hielera gigante?

—Sí.

—¿Cuándo?

—Anoche.

—¿Cómo?

—Puedo viajar si me pongo a orar.

—¿Y cómo funciona eso?

—Le pongo una vela a la Virgen de Guadalupe, me arrodi-
llo y le digo: «Gracias por darnos comida y clases para aprender, porque en el futuro va a ser difícil y puede que haya gente
que quiera conquistar nuestro mundo y por eso tenemos que
estar preparados. Y por favor permite que mi mami se quede
conmigo. Y siempre quiero ser joven, aun cuando sea vieja,
por favor». Luego le digo: «Oro para poder ir a algún lugar», y
allí voy. Fui a Belén y vi al bebé llamado Jesús en un granero.
También me encogí y les hablé a los insectos. Anoche, Guadalupe me dejó visitar a los niños en la hielera gigante debajo
del desierto.

—¡Anda! ¿Y qué pasó?

Llega Magui.

—Mañana te cuento —dice Sarah, despidiéndose con la
mano.

«La canción del rescate» también se basa en una escena de
los primeros capítulos de la novela en la que don Quijote,
apaleado por un viajero malintencionado, yace molido sobre
el polvoriento camino, incapaz de ponerse de pie. Pasa un
labrador vecino y se detiene a ayudarlo. Después de limpiarle
el rostro a don Quijote, el labrador lleva al anciano a casa,
no sin antes esperar la oscuridad de la noche para proteger al
héroe maltrecho de los ojos poco caritativos de sus chismosos
vecinos.

Los niños admiran este acto de bondad anónimo, incondi-
cional y sin recompensa.

—Es como mi mamá —dice Percy—. Tiene paciencia cuando tengo un berrinche y siempre me trae libros.

Para escribir la letra de la canción, todos nos ponemos a escribir, en silencio, por quince minutos, contando historias de nuestras vidas relacionadas con el buen vecino de la escena. Luego nos turnamos leyendo nuestras historias en voz alta mientras los otros escuchan. Todos los niños escriben sobre sus madres. Sus madres los bañan, les cocinan, los acuestan con una mano suave y voz dulce. Cuando están enfermos ellas se quedan en vela, les ponen un paño frío sobre la frente febril y susurran «shhh», el primer sonido que el niño oye dentro del cuerpo de su mamá, el sonido del cálido líquido amniótico en los oídos. Y las madres abrazan y abrazan y abrazan, y logran que se disipe el miedo, la ira y la desilusión. A ninguna madre le pagan por hacer todas esas cosas; ninguna madre es famosa por ser madre.

La única que no comparte lo que ha escrito es Sarah. Durante los primeros dos meses del proyecto de *Las aventuras ambulantes*, ha estado callada durante la clase. Cuando se le ha pedido leer, ha negado con la cabeza. Ha asistido a las clases de escritura los sábados en Still Waters desde la primavera, pero todavía no ha leído su propio trabajo en voz alta; siempre le pide a uno de los voluntarios o a otro niño que lo lea y que proteja su privacidad al no revelar su nombre. El grupo de *Don Quijote* tiene aproximadamente la mitad del número de participantes que la clase de escritura grande. Como aquí ya no se puede esconder, simplemente se niega a leer.

Un día, durante un descanso, y en privado, Sarah me

cuenta que en su escuela «son un poco duros con la gente. Todo lo que uno dice o está bien o está mal». Me dice que se queda sentada en su pupitre, nunca se mueve y nunca dice nada. La escuela mandó a una trabajadora social para inspeccionar la casa y entrevistar a sus padres. Preguntó si había violencia en el hogar, pero no la hay. Lo que sucede es que Sarah se esconde; al estar con personas que no conoce, se aferra a la pierna de su madre, o al pupitre si está en clase. En la escuela, no sabe a qué atenerse. No se permite jugar, y una difusa amenaza de castigo llena el aire como la humedad. Es inocente, y tiene miedo.

¿Cómo puedo ayudar a Sarah a ser valiente? No la quiero forzar a leer al grupo por miedo de traumatizarla.

Recuerdo algo que mi abuelo paterno me contó una vez. Es una historia que me ha servido de guía en mi docencia y ayuda a dilucidar este problema. En 1917, cuando tenía diez años, había ganado una caña de pescar de bambú en una rifa en un pueblito en las montañas norteñas del estado de Idaho. Su padre le dijo que tenía que envolver la caña con cordel para reforzarla, un proceso complicado que requería mucha paciencia. Y añadió que él también tenía que envolver su caña de nuevo. Se sentaron uno al lado del otro en el porche y envolvieron con cordel sus cañas. Al final de la historia mi abuelo dijo que, pensándolo bien, sospechaba que a su padre en realidad no le hacía falta envolver su propia caña.

Hoy recuerdo la educación «codo a codo» de mi abuelo, y la costumbre de mi padre de leer cualquier libro que yo estuviera leyendo para que pudiéramos pensar uno al lado del otro. Me siento al lado de Sarah mientras escribimos y, cuando me toca a mí, le leo al grupo; al volverme vulnerable, le abro el camino a ella.

—Hubo un tiempo —digo, mirando mi hoja— en que pensaba que nadie me quería. Llamé al número de asistencia de la ciudad para la gente deprimida. Contestó una mujer y dijo que se llamaba Sarah.

Nuestra Sarah de Still Waters levanta la cabeza y de pronto reaparece aquella carita, con ojos y boca abiertos ante la coincidencia de nombres.

—Me preguntó cómo me podía ayudar y empecé a llorar. Mi madre me había enseñado que podía llorar cuando lo necesitara y por el tiempo que fuera necesario, hasta que las lágrimas se llevaran lo que me estaba frustrando. Lloré sin parar mucho, mucho tiempo. Lloré tanto que me ahogué y tosí y me salieron mocos de la nariz [la palabra «mocos» hace reír a los niños], pero Sarah no colgó el teléfono. Yo le repetía una y otra vez: «Nadie me quiere». Después de dos horas conversando, después de decirle a la Sarah adulta que no había salido de mi apartamento por días, que había comido sólo huevos hervidos, galletas saladas y lo que habían dejado en mi puerta amigos a los que no permitía entrar, accedí a ir al hospital. En el hospital, la psiquiatra, Heather, después de escucharme por un rato largo [no les menciono a los niños la venda que llevaba en la muñeca], me dijo que preferiría tener dos piernas fracturadas a lo que yo tenía dentro de mí. Me prometió que me sentiría mejor, pero que tendría que trabajar muy duro por mucho tiempo, con la ayuda de una psicóloga, para entender mi historia. Y tenía razón. Mientras más contaba mi historia, más me entendía a mí mismo y más paz sentía en el corazón.

Quiero que los niños (y especialmente la Sarah reticente sentada a mi lado) sepan que aquí, en este salón, en nuestro santuario, podemos ser vulnerables (del latín «capaz de ser herido») porque aquí nadie nos hará daño. Aquí puedes respirar tranquilamente. Nadie caerá del cielo y te atrapará para llevarte a otro lugar.

Tras negarse a leer, y escuchar y observar durante semanas con aquellos ojos negros insondables cómo los demás niños y adultos leían sus historias, en este día de vulnerabilidad, Sarah, arriesgándose al máximo, levanta la mano, recibe la palabra y empieza a leer: «Mi mami cruzó el desierto montada sobre el lomo de un tigre. Así es que llegó aquí desde México».

Al principio, nadie habla. Pero después no pueden dejar de hacerle preguntas. No porque tienen dudas, sino porque adoran la aventura.

—¿En serio?

—Sí, de verdad. Me lo contó en español a la hora de acostarme.

—¿Cuánto tiempo le tomó atravesar el desierto?

—Dos semanas.

—¿Cómo cruzaron la frontera?

—Llegaron a una muralla muy alta. Era tan larga que no se veía dónde acababa. El tigre dijo: «No puedo saltar la muralla. Tendrás que hacer el resto del viaje sola». Mi mami dijo: «Sé que lo puedes hacer. Tienes patas muy fuertes». Mi mami se agarró de la piel del pescuezo del tigre, que movía la cabeza para arriba y para abajo, se agazapaba y meneaba el trasero.

—Los chicos se ríen, como hacen cada vez que oyen la palabra «trasero»—. Luego, el tigre saltó por encima de la muralla. Mi mami casi tocó la luna. El tigre exclamó: «¡Lo logré!». Mi mami dijo: «¡Sí, y de qué manera!».

—Mi gata mueve la cabeza para arriba y para abajo antes de saltar encima del refrigerador —digo.

—¡Anda! —dice Sarah— ¡eso es muy alto!

Los niños tienen más preguntas. El salón está animadísimo.

—¿Qué comían?

—El tigre sabía encontrar agua y conejos y fruta del cactus y sabía evitar las serpientes escondidas debajo de la arena.

—¿Cómo llegaron a Brooklyn?

—Hicieron todo el camino a Brooklyn a pie, a través del desierto y el bosque y los campos y los pueblos fantasmas y los pantanos.

A medida que Sarah avanza en su narración, habla más rápido y más alto, soltando una avalancha de palabras.

—¿Nadie intentó pararlos?

—No. Cuando llegaron a Nueva York, caminaron por calles oscuras en donde casi no había gente. Las sombras los protegían.

—¿Nadie vio al tigre?

—Sí, algunos desconocidos vieron al tigre y le tuvieron miedo; llamaron al Centro de Control de Animales. El tigre se defendió —dice, levantándose un poco de la silla— con sus patas poderosas y sus dientes largos y afilados, pero había demasiados humanos del Centro de Control de Animales con redes y cuerdas y un dardo con el que adormecieron al tigre. Mi mami le dijo «Adiós», y lloró. Las lágrimas trazaron líneas en su rostro polvoriento.

Sarah está hablando en lenguas, poseída y transportada por las visiones heredades de su madre.

—Mi mami estaba triste por el tigre y por sí misma. Extrañaba los campos de México. Extrañaba sentir la tierra entre los dedos de sus pies y los cielos amplios donde hay más estrellas que oscuridad. Aquí en Brooklyn, los edificios tapaban casi todo el cielo, las luces eléctricas borraban las estrellas, y sus pies todavía descalzos sufrían el castigo del asfalto implacable. El tigre también lloraba, suavemente, mientras se dormía, y le dijo: «Adiós». Los del Centro de Control de Animales lo enjaularon y se lo llevaron en un camión.

Un silencio nacido del asombro llena el salón.

—¿Qué idioma hablaba el tigre? —pregunta Lily.

—Español. Mi mamá no hablaba inglés en ese entonces.

—Ya se nos acabó el tiempo —digo—. Gracias, Sarah. Bien hecho, chicos. Hasta la próxima.

Los niños salen por la puerta atónitos, como si hubieran visto a Dios.

El grupo podría escoger a un adolescente para el papel de Kid Quixote, porque le sería más fácil manejar el lenguaje a menudo sofisticado, y a veces arcaico, de Cervantes.

—No estoy de acuerdo —dice Lily el día que empezamos a comentar el tema, más de un año después de iniciar el proyecto—. Los adolescentes son demasiado irónicos.

—¿Qué significa irónico? —pregunta Felicity.

—Significa comportarte como si fueras *cool* —dice Lily—. Y don Quijote no intenta ser *cool*.

—Tú podrías hacerlo —dice Felicity, mirándome a mí.

—Pero ya soy el terrateniente.

—Podrías cambiar de papel.

—¿Por qué?

—Porque eres de su misma edad y te gusta ayudar a la gente. Además, tienes problemas mentales.

—Todo eso es verdad —digo.

Sufro de depresión bipolar y he experimentado tanto episodios de grandiosidad delirante —durante los cuales pensaba, desde la cima de una montaña o incluso desde la luna, que estaba destinado a rescatar a todos los necesitados de ayuda— como los periodos de profundo abatimiento que solían venir a continuación.

—Aunque me encantaría recibir ese tipo de atención —dice Joshua, provocando una risa general— creo que nuestro Quijote tiene que ser uno de los pequeños.

Lily está de acuerdo:

—Don Quijote es inocente. Tiene corazón de niño.

—Y —añade Alex, con palabras que nos impulsan hasta nuestro destino— cree que las historias que lee son verdaderas, de la misma manera que los niños creen en Papá Noel y el conejito de Pascua.

—¿Qué quieres decir? —pregunta Sarah, sobresaltada.

—Es justo lo que estoy diciendo —dice Alex—. Al crecer, la gente deja de creer.

Rebecca declara:

—Sarah lo haría perfectamente.

Le pregunto por qué.

—Porque es pequeña, y sería gracioso que me rescatara de las manos de un adulto.

La imagen de la diminuta Sarah interponiéndose entre Rebecca y yo para frenar los azotes, mirándome a mí, el malo, y doblegándome con su audacia, es insólita y muy valiente. Es una especie de ícono que nos une y que se inspira en la valentía que ha mostrado Sarah al salirse de su escondite y leer la historia a la clase.

—También he notado —digo—, que en clase Sarah escucha atentamente. Nunca interrumpe a nadie y su mirada se fija en el que habla. La expresión de su rostro cambia de acuerdo con lo que dice la persona, y esto me indica que está prestando mucha atención. Cuando actúas, es muy importante escuchar a los compañeros de escena.

—Además —dice Rebecca, con su acostumbrada firmeza—, es una chica. ¡*Girl power*!

Hay otra razón por la que Sarah interpreta a Kid Quixote y es nuestra líder. Un día, en el segundo año del proyecto, los niños se turnaban leyendo en voz alta lo que habían escrito sobre lo que es bello y lo que es difícil de ser niña. Cuando le tocó a Sarah, leyó un pasaje breve en el que hablaba de lo mucho que le fastidia ponerse vestidos. Luego

Miriam, una niña de once años que estaba sentada al lado de ella y que suele ser amable y protectora, le dijo a la clase que Sarah también había escrito otra historia. Sarah no quería leer esta historia al grupo. Rebecca, comportándose de manera impropia, agarró el texto no leído y estaba a punto de leerlo al grupo cuando la detuve y le dije que le devolviera la hoja a Sarah y que le pidiera disculpas. Cada una de las chicas le dijo: «Lo siento, Sarah».

Sarah permaneció quieta y callada. Estaba dolida y no sabía adónde mirar. Los demás bajaron la cabeza.

La vulnerabilidad de Sarah, su fe en la bondad intrínseca de la gente y su confianza en los vecinos hacen de ella una gran líder, nuestra Kid Quixote. Nunca le diría a nadie qué tiene que hacer, pero guía al resto del grupo con humildad. Yo les había leído a los niños lo que Lao Tzu escribió hace dos mil quinientos años, en el verso 66 del *Tao Te Ching*: «La razón por la cual el mar puede gobernar cien ríos es porque se mantiene más abajo». Sin importar la edad, niños y adultos fluyen hacia Sarah como los ríos al mar.

Sarah hace el papel de Kid Quixote, un personaje obsesionado con la novela de Cervantes que se cree una heroína destinada a rescatar a las víctimas de la injusticia y defender a los indefensos. Se cae repetidas veces, y siempre se levanta. Es sólo una niña, pero nunca se da por vencida. Debido a la inocencia de Sarah, esto resulta cómico. Esa manera de ser quien es, la fe inquebrantable en su misión («Rescatar al mundo», como dice en la primera escena), a pesar de las enormes dificultades, así como su amor por la aventura y por el bien, encantan al público, cuya risa la anima a continuar.

Así comienza la revolución.

———

Los padres de mis estudiantes creen que lo que sus hijos hacen en Still Waters puede ayudarlos en la escuela y mejorar sus posibilidades de asistir a la universidad, la mayor garantía de éxito. Muchos niños, después de unas cuantas semanas en el grupo, ya leen en un nivel mucho más avanzado. Sus padres están agradecidísimos por el mejor rendimiento académico. Eso inspiró, en muchos casos, su arduo viaje a un país donde la educación puede llevar a la prosperidad.

Pero el éxito académico es sólo uno de los derivados de lo que sucede en nuestro salón. Los niños vienen los días de entresemana después de pasar entre seis a ocho horas en sus escuelas y hacer una o dos horas más de tarea, y las tardes del sábado. Y lo hacen, no por sus estudios, sino por los otros niños. En una ocasión, un muchacho llamado Terangel, que significa «ángel terrenal», de sólo ocho años, enfrentó una tempestad terrible que le rompió y luego arrebató el paraguas para venir a Still Waters, sin acompañante, a pesar de las razonables protestas de su madre. Sarah lloró un día que faltó a clase porque el auto de la familia se averió. Muchos de los niños han insistido en venir, incluso con fiebre. La regla «aquí todos nos escuchamos los unos a los otros» nos proporciona una manera específica de practicar el amor al prójimo. Los niños sienten el amor, y yo también.

---

En Bushwick High School, donde enseñé durante siete años antes de fundar Still Waters, los altavoces del sistema de megafonía estaban justo debajo del reloj y encima de la pizarra, y nos volvían locos a los estudiantes y a mí. Estábamos intentando practicar lo que retomaría años después en Still Waters: escucharnos recíprocamente. Los anuncios del director, en los que pedía a los maestros que no permitiéramos el acceso a los baños, que confiscáramos gorros o que enseñáramos de «campana a campana» (sin un descanso para los estudiantes) interrumpían a menudo nuestras clases. El mensaje era clarísimo: la autoridad del director importaba más que nuestras propias relaciones y, sobre todo, había que controlar a los estudiantes.

Un día, mientras escribíamos en clase, oí al director anunciar algo, pero el sonido llegaba del altavoz del pasillo, no del de nuestra aula. Abrí la puerta por si se trataba de algo importante. Cuando el director dejó de hablar, me dirigí a los estudiantes.

—Qué raro —dije—. ¿Qué le habrá pasado a nuestro altavoz?

Los chicos me miraban fijamente con una quietud inusitada.

—Aquí nadie sabe nada —dijo un muchacho llamado Jason—. Nadie.

Informé al jefe de mantenimiento del edificio y reparó el altavoz. Me gusta pensar que aquel sabotaje, que sigo sin saber cómo lo lograron, fue su manera de tomar control de su propia educación.

Era un edificio enorme de ladrillo rojo con jaulas en las ventanas que, desde fuera, parecía una cárcel, una fortaleza o un hospital psiquiátrico. Los pupitres, fijados al piso con pernos, estaban organizados en filas orientadas hacia el frente del salón. Opté por enseñar allí porque durante mi entrevista pude observar algunas clases y me encantó la forma en que los estudiantes empleaban el humor para rebelarse ante las restricciones sistémicas impuestas sobre su pensamiento y comportamiento. En un salón, mientras el maestro escribía las pautas para un ensayo en la pizarra, dos chicos emprendieron una batalla de chistes sobre «tu mamá» a sus espaldas.

—¡Tu mamá es tan gorda que pegó un salto y se quedó atascada en el aire!

—¿Sí? Pues tu mamá es tan flaca que tiene que dar vueltas en la ducha para mojarse.

La clase entera gritaba y aplaudía mientras se atacaban ronda tras ronda.

Poco después de empezar a enseñar en Bushwick High, descubrí que había peleas físicas a diario. Varias veces tuve que usar mi cuerpo como barricada para prevenir que los chicos salieran al pasillo para meterse en una pelea. Una vez, dentro de mi propia aula, dos muchachas se arañaron las caras y se arrancaron el pelo mutuamente. Tuve que llamar a la policía de la escuela debido a que, por razones de responsabilidad legal, a los maestros se les prohibía intervenir en las peleas entre estudiantes.

Un día, mientras pasaba por la cafetería, oí gritos como nunca había oído en mi vida. Docenas de muchachos se habían congregado en un delirio ruidoso alrededor de dos chicas, una de ellas era mi querida Lucy, que estaba golpeando el piso con la cabeza sangrienta de la otra. Poco después, el grupo le cayó encima a la derrotada para terminar la pelea con un diluvio de puñetazos y patadas, que únicamente se interrumpió con la llegada de los policías que atravesaron la muchedumbre a empujones, agarraron a Lucy y la separaron. La otra muchacha tenía fama de acosadora.

A menudo, cuando los pasillos estaban llenos de muchachos yendo de un aula a otra, alguien prendía fuego a los tableros de anuncios.

A la violencia física se sumaba la agresión emocional y psicológica. Los chicos tenían que pasar por detectores de metal y escáneres de rayos X para entrar al edificio y por los pasillos patrullaban guardas de seguridad armados que llevaban chalecos antibalas. Varias veces al día el director anunciaba por los altavoces que los oficiales iban a llevar a cabo una «barrida».

—¡¿Qué es lo que barren —preguntó uno de mis alumnos— sino basura?!

La historia de cómo escapó la madre de Sarah montada sobre el tigre tiene la sencillez de una parábola, incluye un componente sobrenatural, como vemos en *Las mil y una noches*, y se presta a la interpretación moral.

Yo hablé con Magui y sé que no hubo tal tigre. Cruzó el desierto con la ayuda de traficantes de seres humanos, también llamados «coyotes». Convertir a los traficantes en un tigre diluye la ansiedad tóxica de tener que vivir sin fe en los seres humanos y la transforma en una historia de magia y valentía, un cuento de hadas en el que un animal parlante, cuya ferocidad es mítica, se convierte en amigo. Los dos personajes, Magui y el tigre, se pueden interpretar como un ser a la vez feroz y bondadoso, atributos que Sarah necesitará en su trayectoria de niña a adulta. La imagen de su madre montada sobre el lomo del tigre, saltando la muralla imposible, es un regalo que Sarah lleva consigo dondequiera que vaya.

El momento decisivo para la pareja llega con la duda que siente ante la muralla. El tigre dice que no puede saltar, y la futura madre insiste en que sí puede. El éxito del salto es la respuesta que se comunica de una generación a otra, es la fe ante la duda: «Sí puedes».

Al sobrepasar la muralla Magui con el tigre, Magui casi toca la luna. Podría decir que la tocó, pero el anhelo implícito en «casi» deja un legado importante, un proceso, una aspiración, como la aguja de una catedral que se extiende al cielo, o el camino del Tao que no necesita llegar al destino.

Inicialmente, el grupo quería incluir al tigre en «La canción del rescate», pero Kim, nuestra compositora, nos persuadió que haría falta añadir mucha información de contexto para que el público lo entendiera. Tenemos que enfocarnos en la historia que contamos, lo que es difícil, nos dice, porque esta historia contiene varias historias.

Los elementos de la narración del tigre que quedaron incorporadas en la letra de la canción son los siguientes:

Vine buscando protección
Viajé por la noche
Adiós, preciosa patria
Me encontré bajo una luz ardiente
Luz de desierto que ardía, ardía.

Aunque no se menciona el animal, cada vez que los niños entonan la canción, sea durante los ensayos o en una función, recuerdan al tigre y su salto de fe.

Al componer «La canción del rescate», el grupo de *Las aventuras ambulantes* necesita algo que rime con la frase «*Ignorance built this wall*» (La ignorancia construyó esta muralla), fundamentada por el comentario que Percy hizo durante una sesión de lluvia de ideas: «Esta muralla es estúpida e ignorante». Se refiere no sólo al a la muralla en la frontera entre los Estados Unidos y México (la parte de la muralla que ya existe y la proyectada que se extenderá a lo largo de la frontera), sino también, según Percy, a cualquier obstáculo erigido por la ignorancia. En esta canción, la muralla representa todo aquello que impide la comprensión mutua entre inmigrantes y ciudadanos, y la canción intenta destruirla o saltar por encima de ella.

—La rima —le digo al grupo— tiene el poder de unir lo que ha sido separado.

A los niños les encanta buscar en nuestros diccionarios de rima y hacer listas de palabras rimadas que podamos emplear en las canciones. Riman *wall* (muralla) con *tall* (alto), *small* (pequeña) con *ball* (pelota), *hall* (pasillo) con *call* (llamar o llamada), *sprawl* (extenderse) con *stall* (detener), *fall* (caer) con *all* (todo) en inglés con «igual», que dejan en español. El reto consiste en construir una frase que termine con una de estas palabras y que además fluya lógicamente del verso anterior: «No quiero vivir con miedo», que sigue al verso «La ignorancia construyó esta muralla», que, a su vez, sigue a «Por favor, entiéndanme». Los chicos sugieren: «Es imposiblemente alto, y yo soy imposiblemente pequeño», «Tengo el paso cerrado como un pasillo sin salida», «Lo veo extenderse hacia el infinito», «Somos todos iguales» y «Espero no caerme si llego hasta a la cima».

Entonces Sarah, con siete años en este momento, lee: «*My family is my best of all*» (Mi familia es lo mejor de mi todo).

El silencio súbito en el salón indica la importancia de lo que acaba de suceder. La frase rima según el patrón establecido, identifica el «miedo» al que se refiere el verso anterior —el miedo ante la separación de una familia si los padres son deportados— y se articula en la voz de una niña, «lo mejor de mi todo». La imagen es vívida: una niña a un lado de la muralla, sus padres al otro. Todos cantan, y la rima los une.

—Un momento —dice Lily—. Si cambiamos «*My family*» a «Mi familia», en español, entonces lo abarcamos todo. Se unen los dos idiomas, como sucede en nuestras familias. Los niños hablan inglés y español y los padres hablan español. Nosotros traducimos para ellos, así como la letra de la canción viaja del español al inglés. Nuestros padres cruzaron la frontera por nosotros, o por la idea de nosotros, y nosotros los trasladamos a nuestros padres de un idioma a otro.

Todos están de acuerdo.

———

—¿Qué es esto? —pregunto al ver los nuevos dibujos en el ejemplar de *Don Quijote* de Sarah. Acabamos de pasar un sábado entero componiendo «La canción del rescate». Sarah continúa la narración del viaje, el fruto de sus rezos, a visitar a los niños en la hielera gigante debajo del desierto. Ella señala los dibujos y me cuenta:

—Llevé conmigo diez maletas llenas de cosas suaves y cómodas y calientes. La gente de ICE se las quitaron a los niños. Luego la gente de ICE nos repartió sándwiches congelados de mantequilla de maní y agua fría con una capa de hielo encima. Los niños no hacían más que llorar y sus lágrimas se congelaron, formando una máscara brillante en sus rostros. La gente de ICE los castigaba por llorar con latigazos de viento frío. Pero no tuvo ningún efecto. Los niños no dejaban de llorar.

»A la hora de dormir, la gente de ICE les contó a los niños un cuento de terror que los otros niños pensaban era verdad. Se trataba de un niño, que, con su familia, iba recogiendo bayas en el bosque. La familia le dijo que no se apartara de los demás porque el bosque estaba embrujado, pero el niño no creía lo que le decían y siguió recogiendo bayas. De pronto, su hermana desapareció. Luego su papá desapareció. El niño tenía miedo. Se acercó a su mami y a su hermanito, pero el hermanito, pensando haber visto al papá, se fue donde él; pero era un árbol y, de pronto, el hermanito desapareció. El niño oyó un ruido en los arbustos. Era la medianoche e intentó volver a casa, pero su mami también desapareció. El niño fue corriendo por el bosque oscuro hasta que un hombre lo agarró y lo metió en una jaula con el resto de su familia. El hombre los llevó a su casa, los puso a todos en un horno enorme para cocinarlos y se los comió.

»Los niños de verdad estaban muy asustados. Les dije que lo que les estaba contando la gente de ICE no era verdad. «No se preocupen», dije: «Yo los voy a salvar». Los niños confiaban en mí. Les enseñé Matemáticas e Historia e Inglés y sobre el «ahora mismo», la verdad sobre lo que pasa fuera de la hielera. Entonces, los que aprendieron de mí les enseñaron a los otros niños, y éstos a otros, y así, a más y más niños. A los niños no se les permitía tocarse unos a otros; ni siquiera podían abrazar a una niña temerosa que extrañaba a su mami.

»Entonces la gente de ICE metió a los niños en la cama, los tapó con mantas de nieve y les dio a todos un abrazo de buenas noches. El abrazo era tan frío que congeló a los niños y no se podían mover. Estar congelado no es igual a estar dormido.

La interrumpo:

—Si la gente de ICE se comunica golpeándose el pecho, ¿cómo pudieron los niños entender el cuento?

—A los niños se les hace fácil entender. A mí me gusta repetir lo que dicen los desconocidos en otros idiomas.

—¡A mí también me gusta hacer eso! Cuéntame más, por favor.

—Cuando me desperté, miré todo a mi alrededor. Observé y chequeé el lugar. Las paredes, el piso y el techo eran blancos y estaban cubiertos de escarcha brillosa. Era difícil ver dónde estaban las esquinas. El techo era muy, muy alto para que sólo pudieran llegar a las trampillas la gente de ICE.

»Un niñito me dijo que la gente de ICE usa los pies para detectar dónde están los niños en la hielera. La escarcha es su sistema nervioso y cuando alguien da un paso sobre ella, lo sienten.

»Me di cuenta de que la escarcha debajo de mi cuerpo se había derretido por haber dormido sobre ella. Me paré en el área derretida; ninguno de los de ICE se fijó. Después de unos segundos, la forma de mi cuerpo se convirtió de nuevo en escarcha y no se podía distinguir del resto del piso. Se me ocurrió una idea. Sería peligroso, pero ¡podría funcionar!

Llega Magui.

—¡Gracias! —dice Sarah mientras sale por la puerta.

—¡Gracias! —dice Magui, siguiendo a su hija.

—¡Con gusto! —digo. Apago las luces y me voy a casa. Llevo el cuento dentro de mí: quiero saber lo que pasa después.

---

Para los jóvenes que están en escuelas públicas sobrepobladas, como la de Bushwick, la falta de atención individual es un problema constante. Un maestro delante de treinta estudiantes, cinco veces al día, cinco días a la semana, no puede brindarle a cada uno la atención suficiente para que se sientan verdaderamente queridos y atendidos por él. Los chicos entonces compiten entre sí por cumplir con sus necesidades. Y, como están físicamente segregados por edad, en salones con sus contemporáneos, compiten por la atención, tan crucial para su desarrollo, de un solo «padre». Los maestros son responsables por los chicos *in loco parentis* («en el lugar del padre», en latín). «Veme, escúchame, aliméntame, protégeme, conóceme» es la súplica tácita a la que generalmente nunca respondemos.

En Bushwick High, intenté subsanar este problema mediante lo que llamaba nuestra «Correspondencia en curso». Todos los días, mis estudiantes me podían escribir sus temores, o lo que no llegaban a decir en clase. En el salón, no podían ser abiertos y vulnerables. Por eso fracasó mi intento de enseñarles a meditar: quise ayudarlos a centrar su atención en su respiración, ayudándolos a enfocarse en el aire que entraba y salía de sus fosas nasales, fresco al entrar, tibio al salir, un descanso del ruido y caos de los pasillos. Pero los chicos tenían miedo de que les podrían robar o hacer daño mientras tuvieran los ojos cerrados o incluso entreabiertos, o mientras se centraban en su respiración. En invierno, incluso llevaban los abrigos puestos, por miedo a que sus compañeros se los robaran.

Los estudiantes de Bushwick High siempre tenían que aparentar ser autosuficientes, a pesar de que en realidad eran niños por dentro. Les preguntaba: «¿Quiénes de ustedes son independientes?» La mayoría levantaba la mano. Le preguntaba a uno de ellos: «Me gustan esos tenis, ¿los compraste tú?».

Si el muchacho decía «Sí», le preguntaba: «¿De dónde sacaste el dinero?». Si me decía que se había ganado el dinero trabajando, le decía que entonces dependía del sueldo que le pagaba el jefe. Si no había jefe, le preguntaba si había fabricado él mismo los zapatos. Siempre había un ejemplo de dependencia en cada historia.

A veces, en la Correspondencia en curso, los estudiantes escribían cosas que me asustaban: «Míster Haff: mi padre me odia. No le importa si estoy vivo o muerto». «Sólo comemos tostadas con kétchup, pero aun así mi madre tiene dinero para drogarse». «Creo que soy gay, pero si se lo digo a mis padres me darán una paliza».

A mediados del año escolar, una muchacha llamada Lydia, que me había dicho que formaba parte de una pandilla, escribió en su diario: «Míster Haff, ¿puedo llamarlo "papá"?».

Le escribí: «Sí, sería un honor. Pero no sé si estaré a la altura de lo que esperas».

«Está bien», dijo. «Tenerlo a usted es mejor que no tener a nadie».

En la primavera de ese mismo año, había regresado de visitar a mi abuelo Lent, el que había aprendido de su padre cómo envolver con cordel la caña de pescar en las montañas de Idaho. Tenía noventa y cinco años y se estaba muriendo en un hospital en San Francisco. Mi padre sufría mucho, y mi dolor debió de estar a flor de piel.

Escribió Lydia: «Querido Míster Haff: por favor, intente ser feliz porque usted es mi felicidad aquí en la escuela. A pesar de que siempre está sonriendo, puedo verlo. Sé lo que es perder a alguien. Un día están ahí, y después ya no. Mi tía murió y vuelve por las noches a fastidiarme, pero no me molesta. Por favor, siéntase mejor. ¡Coma más fruta!».

Lo único que pude contestar fue «Gracias, Lydia», una respuesta penosamente deficiente.

Otros chicos ocultaban sus historias detrás de pistas, de la misma manera que convertían sus caras en máscaras frías y amenazantes para tapar un «yo» que era, en secreto, dulce.

«Hola, Míster Haff», escribió un muchacho llamado Sebastián: «Lo único que me importa son los animé, los dibujos animados japoneses. Sólo eso. No tengo nada más que decir».

Sebastián era alto, ancho y pesado. Miraba con ojos rasgados para aparentar ser un soldado curtido, un veterano de guerra de mirada milenaria. Le escribí de vuelta: «Me interesaría aprender más sobre los animé. ¿Tienes un personaje favorito?».

«Sí, se llama Goku», escribió debajo de mi pregunta.

«No lo conozco. ¿Me lo podrías describir, por favor?».

«Claro. Su pelo es fuego y tiene una cola».

«¿Tiene poderes especiales?».

«¡Sí, los tiene! Tiene fuerza sobrehumana porque nació en otro planeta y proviene de una estirpe de guerreros. Protege a su nuevo hogar, la Tierra, más que nada con ataques de energía. Puede emitir ráfagas de energía azul de sus manos que pueden asolar a la gente, pero también tiene un corazón bondadoso y perdona a sus enemigos».

«Yo también tengo un personaje favorito. Se llama Bob Esponja. ¿Lo conoces?».

«Sí, lo conozco, pero no es animé. Es para los niños pequeños. Y me molesta porque siempre está hiperactivo».

«Sí, puede ser, pero tiene un poder que lo hace invencible.
¿Sabes cuál es?».

«No, porque Bob Esponja no tiene poderes. Es sólo una
esponja».

«Sí, pero ¿qué pueden hacer las esponjas?».

«Pueden absorber el agua».

«¡Exactamente! Bob Esponja es una esponja ¡y las esponjas
ABSORBEN! No lo olvides. Todo lo que le hace Goku a
Bob Esponja, puede ser absorbido por Bob Esponja. En este
sentido, él puede vencer a Goku».

Esta correspondencia se desarrolló a lo largo de varias semanas, a menudo en la clase, durante los periodos de estudio,
y también después de las clases, en casa, cuando me pasaba las
noches respondiendo a lo que habían escrito. Sebastián finalmente compuso un ensayo comprensivo en donde defendió
con lógica y pasión la superioridad de Goku sobre Bob Esponja. El ensayo estaba bien escrito, argumentado con rigor
y apoyado con evidencia amplia y relevante; lo felicité por la
redacción y por sus ideas. Y luego, al final del comentario,
escribí: «Pero recuerda que Bob Esponja es una esponja, y las
esponjas ABSORBEN». A medida que se desarrollaba este
intercambio, los ojos de Sebastián empezaron a relajarse. Empezó a sonreír e incluso empezó a perder peso. Años después,
se integraría a Still Waters como tutor; los niños pequeños
confiaban en él y él los escuchaba.

Durante las clases y después, en casa, todas las noches le

escribía a cada uno de mis estudiantes de Bushwick High, un total de ciento cincuenta chicos por día, sólo para decirles, de distintas maneras, «Te escucho». Esto fue antes de desmoronarme por completo, antes de tener mis propios hijos.

La dinámica de Still Waters permite que los niños reciban este mismo mensaje. La atención recíproca hace que los niños participen en la enseñanza; no soy el único responsable en darle a cada uno de ellos lo que necesita, lo que sería imposible. Son apoyados por sus pares de todas las edades, por su barrio, por su tribu. Ellos les aseguran que son comprendidos y necesarios. «Te escuchamos», se dicen los unos a los otros, y a mí.

Para darles un ejemplo de nuestra práctica en el contexto de la naturaleza, a menudo les cuento a los niños de Still Waters sobre un viaje familiar que hice a Nuevo México cuando estaba en la secundaria. Fuimos a ver petroglifos, símbolos tallados en piedras en medio del desierto. Me fascinaba esta escritura antigua cuyos mensajes no entendía, y pasaba los dedos por las ralladuras para ver si podía sentir algo a través del tiempo y del lenguaje.

Al bajar el sol, los coyotes empezaron a cantar. No los podía ver, pero sus aullidos rebotaban sobre la tierra árida de un lado del valle al otro. Parecía que un grupo gritara: «Estamos aquí», y el otro respondiera: «Ustedes están allí, y nosotros aquí». Finalmente se callaron, y me esforcé por lanzar mi mejor aullido de coyote al silencio. Esperé, y después de unos segundos de mi llamado, o por lo menos así lo quiero creer, recibí respuesta: «Tú también estás allí», cantaron.

Después de contarles esta historia, les pido a los niños que
se aúllen unos a los otros reproduciendo la canción nocturna
de los coyotes. A los chiquitos en especial les encanta esto, y
los adolescentes participan para complacerlos. «Esto es lo que
hacemos aquí, nos reconocemos los unos a los otros. Recuerden a los coyotes al escribir y hablar y escuchar».

---

Una de mis prácticas predilectas, tanto en casa como en la
escuela, es leerles en voz alta a los niños. En casa, esta lectura
es un ritual; para mis hijas, supone la transición de las múltiples exigencias del día a un estado de paz y reposo, como el
hechizo de Scheherazade en *Las mil y una noches* al rescatarse
mediante la narración de cuentos noche tras noche.

Antes de que nacieran mis hijas, empleaba en mi salón de
clases en Bushwick High School la lectura en voz alta para
mantener el orden. Había leído que uno de los predictores
más importantes del buen rendimiento escolar es la lectura
de padres a hijos. Descubrí, por medio de una encuesta que
hice en mi clase de noveno grado, que a aproximadamente
el setenta y cinco por ciento de mis estudiantes nunca se les
había leído en casa.

Para mí, leer en voz alta tenía el propósito de emular el
misterioso proceso intelectual de la lectura en sí. No siempre
le resulta obvio al lector principiante lo que acontece cuando
leemos. Yo cambiaba de voz al representar los distintos personajes, movía el cuerpo interpretando escenas, me paraba en
el escritorio para ser un gigante, me sentaba en el suelo para

ser un niño. Los estudiantes en salones al otro extremo del piso, y en otros pisos más arriba o abajo, decían que podían oír mis retumbantes vocalizaciones. Al final de la lectura, estaba sudoroso y sin aliento; había trabajado arduamente para comunicar la idea de que los libros están vivos.

A menudo me detenía para contar algo relevante a la historia, o les pedía a mis estudiantes que lo hicieran. El libro que más les gustaba era *Matilda* de Roald Dahl, sobre una niña tímida a la que le encanta leer y cuya extraordinaria capacidad mental derrumba a adultos tiranos, como su padre, que rechaza sus lecturas a favor de la televisión, y la directora de su escuela, que opina que la escuela perfecta no tiene niños.

—Cuando la directora dice eso —dije, haciendo una pausa— recuerdo las «barridas» que hacen nuestros guardias de seguridad para sacar a los muchachos de los pasillos.

—Sí —dijo Sebastián—, para hacernos desaparecer.

—Es porque no nos quieren en los pasillos —protestó Elijah, un estudiante responsable que siempre se esforzaba por no tener problemas con la ley—. No significa que quieran que desparezcamos.

—Pero nos quieren controlar —respondió Sebastián, emocionado al articular ideas peligrosas—. Y el control máximo es desterrarnos. Si no hay chicos, no hay problemas.

Otro muchacho, Angelo, dijo:

—Sin chicos, no tienen escuela. Tenemos más poder de lo que ustedes creen.

Una muchacha llamada Clara, que se movía y hablaba con

tranquila elegancia, como si el bullicio y los conflictos dentro del edificio no pudieran perturbarla, dijo:

—En casa me siento como Matilda. Tenemos una televisión en cada habitación; siempre están prendidas con el volumen muy alto. Como no puedo ni pensar, salgo a la escalera de emergencia y cierro la ventana.

—El ruido es el enemigo del pensamiento —dijo Hércules, quien, más tarde, tendría una carrera exitosa como compositor de rap—. El ruido es desordenado.

Al compartir su manera de relacionarse con el libro que estábamos leyendo, los estudiantes aprendieron que la lectura es una actividad social, como lo sería también más tarde en Still Waters, un intercambio de una historia por otra. La lectura y la conversación en grupo sobre la lectura constituían, para ellos, el mejor momento del día. Todos los días, al final de la media hora que le dedicábamos a esta práctica, me pedían que les leyera una página más.

Un día, Hércules defendió algo que le importaba. Solía ser muy callado, pero siempre participaba con la mirada; sus ojos me seguían mientras pisoteaba y saltaba por el salón, gritando o susurrando al contar una historia, y se fijaban en los compañeros de clase cuando hablaban. Los padres de Hércules fueron asesinados estando él en la primaria. Lo rodeaba cierta aura, un espíritu de integridad absoluta, de madurez, y todos lo respetaban. Ninguno de los muchachos se atrevía a meterse con él. Se sentaba en el centro de la primera fila.

Demetrius, otro chico de la clase, se sentaba atrás, en una esquina, y se lo pasaba hablando sin cesar y haciendo comentarios tontos. Dijo, por ejemplo, que el dibujo de Miss Honey, la maestra bondadosa de Matilda, era sexi, un comentario que no le resultó gracioso a nadie. Día tras día, el bocón de Demetrius hablaba incesantemente.

Sin embargo, un día, mientras Demetrius hacía el ruido acostumbrado, Hércules se puso de pie, empujó su silla, se dio vuelta y, rompiendo el silencio que se había apoderado del salón, dijo con voz baja y firme:

—Cállate de una puta vez. Aquí intentamos aprender algo.

Demetrius estuvo callado el resto del año escolar.

Años después de renunciar a mi puesto en la secundaria, me encontré con Hércules en la avenida Knickerbocker en Bushwick, y le di las gracias por lo que hizo ese día hace mucho tiempo. Me dijo que mediante nuestra Correspondencia en curso, fui el primer maestro en escucharlo de verdad, y a su vez me dio las gracias a mí.

—Oye, por cierto, ¿qué habrá sido de Demetrius? —pregunté.

—Le pegaron un tiro en la cabeza.

—Dios mío.

— Por andar boconeando por el barrio.

Angelo, que les había dicho a sus compañeros de clase que tenían poder, con el tiempo formó parte de un grupo de teatro que organizamos en Bushwick High. Era igual de flaco que una camisa colgada en un gancho. Sus ojos amplios parecían observar desde ambos lados de su cabeza como un ciervo ansioso en busca de depredadores. Era también un genio con las palabras. Se paraba en la esquina con sus amigos y componía rimas espontáneas; se le daba como respirar. Había dos Angelos: el que yo conocía, el que, según él, se deshacía por dentro al enfrentar el sufrimiento ajeno, como si no tuviera piel, ni barreras, como si todo lo que le hiciera daño al prójimo le hiciera daño a él también, y el ladrón, al que sólo conocía por lo que él y otros me contaban.

Mientras caminábamos por el barrio, cosa que hacíamos con frecuencia antes y después de mi regreso a Bushwick luego de haberme recuperado en Canadá, componía rima tras rima sobre lo que veía y lo que significaba para él. Componía versos sobre un hombre esquelético a quien llamaba su «demonio» el que, desesperado, se ofrecía a probar la calidad de la cocaína vendida en la calle. Componía versos sobre las calles en donde le estaba vedado el paso por los males cometidos ahí, como robarle la novia a otro muchacho o robar joyas de un hogar en donde le habían dado la bienvenida como amigo: «Robando hielo que no se derrite / como un corazón que nunca ha sentido / el amor verdadero».

Fundé el Real People Theater (El teatro de la gente común y corriente) al darme cuenta de que no les estaba dando lo merecido a mis alumnos al enseñarles a Shakespeare como me lo habían enseñado a mí: leyendo la obra de principio a fin, comentando las imágenes y aprendiendo los soliloquios de memoria. Quería mostrarles a mis estudiantes que estas obras tenían relación con sus vidas y les pedí que reescribieran escenas de *Hamlet* como si las fueran a recitar en la calle. Luego, me pidieron representar los resultados de este ejercicio en público. Fue Angelo quien nos puso ese nombre al explicar que «no somos actores, somos personas reales, comunes y corrientes, contando nuestras historias a nuestra manera».

Real People se presentaría en teatros profesionales y universitarios por toda la ciudad de Nueva York, así como en Vermont, Chicago, Los Ángeles, Toronto, Nueva Escocia y Europa. El grupo incluía el fiel núcleo central: Angelo, Lucy, Julius y Ezekiel, más otra docena de estudiantes que iban y venían. A lo largo de siete años reinventamos a Shakespeare y a Milton combinando los versos originales con el español y la jerga callejera. Angelo, que estaba en la clase de Inglés de décimo grado porque la había reprobado ya dos veces, tenía un talento especial para estas traducciones; captaba el ritmo del lenguaje hablado, el sonido y el sabor de las palabras. Esto es lo que me entregó el primer día que hicimos el ejercicio de traducción:

Ser o no ser: esa es la jodida cuestión.
¿Me aferro a la tormenta de la pobreza,
Me enfrento a la policía, me cuelgo en la escuela, robo a
    tipos en el tren,
Le consigo caballo a mi mai para que pueda olvidar
Que es una puta que coge con extraños para sobrevivir,
Sigo día tras día,
Sin poder seguir, pero siguiendo,
O me dejo y dejo que el viento me tumbe de este barco

Hacia la oscuridad, hacia el mar letal y así terminar
Con el mal de amor y los miles de golpes
Que me azotan el cuerpo y el cerebro?

Sin miedo, Angelo desentrañó el soliloquio, se instaló en él y se liberó.

⎯⎯⎯

Un día, después de que el grupo de *Las aventuras ambulantes* haya hablado durante buen tiempo sobre cómo nuestro gobierno separa las familias de refugiados en la frontera con México, me fijo en que Sarah sigue dibujando en los márgenes de su ejemplar de *Don Quijote*. Las noticias diarias, al cruzar el umbral de su mente, se transforman así en algo un poco menos desolador. Le pido que por favor me cuente más sobre sus dibujos.

—Éste es el contorno de mi cuerpo cuando la escarcha se derritió en la hielera gigante cuando me dormí sobre ella. ¿Te acuerdas?

—Sí, me acuerdo. ¿Y qué son estas espirales?

—Es el aliento que me sale de la boca y derrite la escarcha. He notado que, al inhalar, el aire que pasa por mi nariz es frío, pero cuando expiro, el aire que toca la orilla de mi nariz es caliente. Puedo expirar con la boca porque es más grande que la nariz, y puedo crear un hueco en la escarcha por donde caminar. Puedo hacer esto muchas veces hasta llegar a uno de los niños, así la gente de ICE no sabrá que estoy caminando sobre la escarcha.

—Qué inteligente. ¿Qué harás al llegar al primer niño?

—No lo sé todavía. Quizás darle un fuerte abrazo.

Le digo a Sarah que la valentía que revelan sus fantasías y su deseo auténtico de ir a donde la necesitan me recuerdan a algo que me había contado mi abuelo del pueblo donde pasó su niñez, Wallace, Idaho. Era el año 1918, la Primera Guerra Mundial había terminado, dando lugar a la pandemia de la gripe española, que mató a más de cincuenta millones de personas en un año, desde el Ártico hasta el Pacífico Sur. Esta enfermedad incluso escaló las montañas para llegar a Wallace, donde derribó a jóvenes y a viejos, fuertes y débiles, indiscriminadamente.

En la orilla extrema del pueblo había una casucha pequeña de madera. La llamaban «La casa de los apestados» porque en ella se hospedaban las víctimas febriles de la pestilencia, las que con el tiempo morirían de insuficiencia respiratoria. Mientras casi todos los vecinos de Wallace se distanciaban de «La casa de los apestados», había una docena de mujeres —siempre mujeres— que iban ahí por su propia voluntad para consolar a los moribundos. Los lavaban con agua limpia y combatían la fiebre colocando paños fríos en sus caras ardientes. A menudo también les tomaban las manos. Le cuento a Sarah lo que mi abuelo me había contado a mí: estas mujeres eran tan valientes como cualquier soldado en tiempos de guerra. No podían salvar a nadie, pero estaban dispuestas a cruzar ese umbral para enfrentarse con el demonio invisible que habitaba esa casa oscura, y a jugarse las vidas llevándoles misericordia a los caídos.

Sarah me mira a los ojos y dice: «Así quiero ser yo».

Un día, en Bushwick High School, me enteré de que Ezekiel (también conocido como «Easy») y otro de los estudiantes
que participaban en la producción de *Hamlet* estaban presos en
la comisaría local. Nunca pregunté qué habían hecho; sólo les
llevé sándwiches y le pregunté al policía encargado, un hombre
blanco de apellido O'Neill, si podía almorzar con los muchachos en su celda. Me permitió entrar y cerró la puerta con llave.
Mientras comíamos, sentados en un banco, le conté que los
muchachos estaban representando *Hamlet* y que los necesitaba
para un ensayo. Él les pidió que recitaran unos versos; Easy hizo
el papel de Hamlet y Julius el de su amigo, Horatio. Astuta-
mente, los muchachos optaron por recitar la versión original de
Shakespeare, en vez de lo que ellos llamaban su «versión gueto».

«Si tienes voz y puedes usarla», le dijo Julius al policía
O'Neill, «háblame. Si algún bien puedo hacer / para ayudarte
y honrarme, / Háblame».

Easy declaró que el mundo era «un huerto salvaje / que
sólo produce semillas».

Resultó que el agente O'Neill era fan de Shakespeare y que
había hecho el papel de Hamlet en la universidad. Se puso
a recitar el soliloquio «Ser o no ser» de memoria, e incluso
se emocionó al recitar «las penas del corazón, y los miles de
males / heredados por la carne» y todos aplaudimos. Abrió un
cajón de su escritorio y sacó un ejemplar muy manoseado de
las obras completas de Shakespeare. En menos de una hora,
los muchachos quedaron libres.

Sarah sigue narrando los dibujos que ha hecho en los márgenes de la novela. Retoma el hilo donde lo había dejado: está cruzando el suelo escarchado de la hielera gigante a gatas. Primero exhala sobre la escarcha para derretirla, creando así otro espacio por donde pasar sin que la gente de ICE la perciba, hasta llegar a otro niño encarcelado.

—Veo los huecos sin hielo, pero ¿qué pasa aquí? —pregunto.

—Una persona de ICE me está cerrando el paso.

—¿Cómo te descubrió?

—Pisó sin querer uno de los huecos derretidos y se le confundieron los pies por lo que sentían.

—¿Y qué está haciendo?

—Golpeándose el pecho como un gorila.

—¿Qué te dice?

—Dice: «Quédate en tu lugar».

—Y tú, ¿qué le dices?

—También me golpeo el pecho para preguntarle: «¿Por qué no puedo caminar de un lugar a otro?». Y me contesta: «Quédate en tu lugar».

»Sí, pero ¿por qué?

»Porque eres peligrosa.

»Pero si sólo soy una niñita y tú eres tan grande como una casa.

»Tengo miedo.

»¿De qué?

»No lo sé. Sólo sé que tengo miedo.

»¿Por qué estás aquí?

»Los pingüinos han estado caminando sobre mí toda mi

vida. Van y vienen hasta el mar y luego vuelven, pisándome siempre. No me gustan los pingüinos, por eso decidí aceptar este trabajo, para así poder castigarlos.

»Pero no soy pingüino, soy una niña humana.

»No te creo.

»Hablo tu idioma. ¿Podría hacer eso un pingüino?

»Quizás.

»Pues, yo no te pisaría nunca. Te lo prometo.

—¿Y esto qué es? —le pregunto a Sarah, señalando unas marcas pequeñas a los pies de la persona de ICE.

—Son gotas de agua —responde—. La persona de ICE está empezando a derretirse.

---

De 2005 a 2006, entre mis experiencias con el Real People Theater y Still Waters in a Storm, vivía en el sótano de la casa de mi niñez mientras me recuperaba de mi depresión suicida. Mi psicoterapia consistía en comprender el origen de los límites entre personas, responsabilizarme por mis decisiones, y estudiar mis sentimientos en el contexto de los hechos que los apoyaban o contradecían. En resumidas cuentas: el proceso suponía indagar en la verdad. Es decir, intentar ver las cosas tal como son. Sin embargo, se sentía como una lucha invisible entre la realidad y las creencias falsas: dos gatos atrapados en mi cerebro, atacándose con las garras extendidas.

Me repetía las ideas básicas: nadie tiene la culpa de mi estado anímico actual, no tengo control sobre el estado anímico de los demás, todos vivimos nuestras propias vidas y elegimos por nosotros mismos. Las afirmaciones tajantes «Nadie me quiere», «Soy un fracaso total» o «Los demás saben vivir bien» no eran acertadas, sin importar cuán intensamente reales me parecían. Creía que era una víctima indigna de amor y un pecador responsable por la felicidad de los demás; estas ideas oscuras luchaban contra la luz, día tras día tras día.

—¿Dónde están las pruebas? —preguntó Vicky, mi psicóloga en Canadá.

—No hay pruebas para este tipo de asunto.

—¿Cómo llegaste al hospital hoy?

—Mi padre me trajo en auto.

—¿Y eso qué te dice?

—Que me quiere —respondí, resignado.

—¿Qué comiste esta mañana?

—Avena y plátanos.

—¿Lo preparaste tú?

Ya sabía lo que venía.

—No, mi madre me lo preparó. Siempre me prepara el desayuno.

—¿Por qué te prepara el desayuno siempre?

—Porque me quiere. Lo sé. Pero sólo me quieren porque son seres generosos. Están decepcionados conmigo; tengo cuarenta años y estoy de vuelta en casa. Soy un fracasado. He desperdiciado todo lo que ellos han hecho por mí.

—¿Qué estabas haciendo antes de volver a casa?

—Eso ya lo sabes, ¿por qué tengo que repetirlo?

—Porque te estamos estudiando, y los estudios requieren repetición.

—¿Como si fuera un examen en la escuela? ¿Me estás examinando?

—No, más bien estamos escribiendo un nuevo guión. Tienes que ensayar para que puedas volver a hacer tu papel, el papel que te corresponde.

—¿Y quién dice que voy a volver?

—¿Qué estabas haciendo antes de regresar a Canadá?

—Enseñaba.

—¿Dónde?

—En Brooklyn.

—¿Dónde en Brooklyn?

—Bushwick.

—¿Qué tipo de barrio es Bushwick?

—Es un gueto.

—¿Y eso qué significa?

—¿No sabes lo que significa la palabra «gueto»?

—Quiero saber lo que significa para ti.

—Un barrio que está al margen del resto de la ciudad.

—¿Y por qué está al margen?

—Por cuestiones de raza o dinero, por lo general.

—¿Cuál es la lección más importante que te han enseñado tus padres?

—Amar al prójimo.

—¿Y lo hacías en Bushwick?

—Sí, realmente amaba a esos muchachos.

—Entonces, ¿desperdiciaste todo lo que tus padres te dieron?

—No. Pero me di por vencido. Abandoné a los muchachos.

—Antes de irte los ayudabas. No es una pérdida total.

—Mis padres nunca se dieron por vencidos conmigo.

—¿Y quién dice que te has dado por vencido?

—Me fui de Bushwick.

—¿Por qué te fuiste?

—Se volvieron en contra de mí. Mi mentor en Bushwick High me lo había advertido. Dijo: «No te sorprendas cuando se vuelvan en contra de ti». Y tenía razón. Eso hicieron.

—Explícame, ¿cómo fue que se volvieron en contra de ti?

—Había renunciado a mi puesto en la secundaria, sacrificando el mejor sueldo que había ganado jamás, además de mi seguro médico y mi pensión, para dedicarme por completo a Real People Theater. Había ganado una subvención para el grupo y alquilábamos una vieja fábrica de cortinas que usábamos de teatro. Acabábamos de terminar nuestra primera temporada de funciones, incluyendo giras por Los Ángeles, Chicago, Toronto y Europa. Aparecíamos en los periódicos y yo intentaba recaudar fondos para mantenerlo todo a flote. Parecía una burbuja de chicle a punto de estallar.

»Llegó el verano y empezamos a trabajar sobre una adaptación de las *Mil y una noches*. Julius, Ezekiel y Angelo se perdieron una semana de ensayos y cuando volvieron, llevaban camisas nuevas, elegantes; habían estado vendiendo drogas. Luego Lucy llegó dos horas tarde para un ensayo de tres horas y cuando le pregunté lo que le había pasado, me dijo que había ido a un partido de béisbol a ver a los Yankees. Lo dijo con un tono de: «A que no te atreves a hacer nada al respecto». Los chicos trabajaban en dos grupos de cuatro personas, y

Lucy se integró a uno de ellos. Cuando todos se juntaron después alrededor de la mesa para mostrar lo que habían hecho con la historia, el equipo de Lucy dijo que ya no quería participar en este proyecto. Les pregunté qué ocurría. Lucy encogió los hombros y repitió lo que a menudo decía para explicar la autodestrucción colectiva de sus compañeros: «El barrio se queda con el barrio»; es decir, el barrio siempre le es fiel al barrio. Me levanté, me fui y nunca volví. Durante dos semanas, intentaron comunicarse conmigo por teléfono y tocándome a la puerta, pero no respondí. Una noche, asegurándome de que no estuvieran en mi puerta, salí a hurtadillas y me monté en un avión rumbo a Canadá. Llevaba todas mis pertenencias en mi mochila, y, en un portador de mascota, mi gato, el mismo gato del barrio llamado Robin Hood que había sido adoptado y luego abusado por los muchachos. Le habían dado puñetazos y patadas antes de abandonarlo, solo, en el teatro oscuro antes de que me lo llevara a casa.

—¿Esto fue en el otoño de 2004?

—Sí.

—¿Justo después de romper la puerta atascada del baño para poder salir?

—Sí, como Jesús resucitado desde la cueva.

—Dices que se volvieron en contra de ti. ¿Cómo se volvieron en contra de ti?

—¡Te lo acabo de explicar! ¡Te lo he contado todo!

—Es que intento entender exactamente lo que quieres decir.

—Faltaron a los ensayos para vender drogas e ir a un partido de béisbol, y rechazaron el trabajo que estábamos haciendo.

—¿Acaso no habían faltado a ensayos anteriormente?

—Sí, muchas veces. Típicamente, la primera vez que lográbamos presentar la obra todos juntos era en el estreno. Teníamos que ensayarla por partes separadas y luego juntarlo todo a último momento con quienes estuvieran presentes. La chica que hacía el papel de la madre de Hamlet no se presentó para una función en un teatro famoso de Manhattan, y entonces una amiga suya hizo el papel después de ensayar sus escenas apenas una vez, una hora antes de comenzar la función.

—¿Pero te sorprendió entonces que faltaran al ensayo de *Las mil y una noches*?

—No estaba sorprendido, pero sí dolido y enojado.

—¿Más de lo normal?

—Sí.

—¿Por qué? ¿Por qué fue diferente esa vez?

—Lo había sacrificado todo.

—¿Qué fue lo que sacrificaste?

—¡Ya te lo he dicho! ¡Renuncié a mi trabajo! Y, además, había roto con mi novia.

—¿La novia abusiva?

—No, ésta era buena, pero estaba celosa de los chicos.

—¿Los chicos te pidieron que rompieras con ella?

—No.

—¿Los chicos te pidieron que renunciaras al trabajo?

—No.

—¿Te prometieron nunca más vender drogas ni faltar a un ensayo?

—No.

—¿Se les permitía no estar de acuerdo contigo?

—Sí.

—Entonces, ¿de qué manera se volvieron en contra de ti?

—No apreciaron los sacrificios que hice.

—¿Los sacrificios que optaste tú por hacer?

—¡Grrrr!

—¿Qué significa ese sonido?

—¡No entiendes! ¡No puedes entenderlo!

—Estoy intentando entender. Estoy preguntando y escuchando.

Todos los días, toda la semana, un mes tras otro, durante dos años, repetíamos la misma conversación.

Mientras tanto, también trabajaba con un psiquiatra al otro extremo del pasillo. Intentábamos encontrar el medicamento, o la combinación de medicamentos, en dosis apropiadas, que me ayudarían. No había manera de saber lo que funcionaría en mi caso: cada persona es diferente. Cuando empezaba a tomar una nueva pastilla, teníamos que esperar, y luego le informaba al médico si sentía alguna diferencia. Si no había ningún cambio, podría significar o que el medicamento no me estaba ayudando, o que la dosis no era la adecuada; entonces, probábamos con una dosis más alta y esperábamos de nuevo. Era difícil saber cuándo sustituir una pastilla por otra y, cuando lo hacíamos, había que esperar hasta que el medicamento abandonara mi cuerpo para evitar confundir los efectos de ambos. El proceso de probar, esperar y hacer introspección se repitió muchísimas veces, y continúa incluso hoy. Después de doce años, y doce medicamentos diferentes, me encuentro, por lo general, estable, aunque de vez en cuando se requieren ajustes.

Estos dos procesos terapéuticos que requirieron atención al detalle y paciencia, y que dieron cabida a la revisión, me prepararon para el proyecto de *Las aventuras ambulantes*: cinco años leyendo y releyendo, escribiendo y reescribiendo, haciendo y, en última instancia, reinventando.

Un día, mientras traducimos la escena de los azotes y componemos «La canción del rescate», traigo copias de «La flor», un poema religioso de George Herbert, un poeta inglés del siglo XVII, que siempre llevo conmigo. Los Kid Quixotes leen la primera estrofa juntos en voz alta:

Cuán frescos, Señor, cuán dulces y limpios
Son tus retornos. Como las flores en primavera
A quienes, además de su propio porte,
Ofrecen tributos de placer las escarchas tardías.
El dolor se derrite
Como la nieve en mayo,
Como si no existiera semejante frialdad.

Todos escribimos durante diez minutos sobre lo que la flor representa para nosotros; luego compartimos lo escrito en voz alta al grupo.

Hablo yo primero para animarlos a ser valientes. Les digo

que la imagen que usa Herbert de la flor en primavera representa, para mí, la vuelta a la cordura después de derretirse aquella cosa fría llamada depresión.

—¿Qué es la depresión? —me pregunta Sarah en clase.

—Es difícil describirla.

Le doy vueltas a la idea, intentando acercarme a una descripción que ella pueda sentir. No comparto la presión que sentía por parte de las imágenes mentales en bucle que me instaban a tirarme delante de un tren. En su lugar, le digo:

—La palabra «depresión» viene de la expresión en latín que significa «empujar hacia abajo». Es así, como si te estuvieran empujando hacia abajo continuamente y no te pudieras levantar. O como si no tuvieras piel y te doliera todo, hasta el aire. Es la sensación de que nadie te quiere y que no perteneces en ningún lugar y que todo es culpa tuya.

—¡Como los inmigrantes!

—La sensación de no pertenecer puede ser causada por los demás y te puede deprimir. En mi caso, me deprimí yo solo.

—¿Por qué estabas deprimido? ¿Te hicieron algo cruel?

—No, nadie me hizo nada malo. No había una razón, en realidad. Nadie tenía la culpa.

—Pero ¿por qué estabas triste?

—No es que estuviera triste. Mi mente estaba llena de ruido, como si tuviera un gato con las garras extendidas atrapado en la cabeza.

—¿Tenías dolor de cabeza?

—No. Estaba muy enojado conmigo mismo.

—¿Por qué? ¿Qué hiciste?

—Nada, estaba enfermo.

—¿Como cuando tienes fiebre?

—No, como si un demonio me estuviera carcomiendo los pensamientos.

—Oh.

Se queda en silencio unos segundos.

—Pero ¿por qué?

—Porque nací con el demonio dentro, como mi mamá y su papá, y el papá suyo, y mi tío y mis primos. Todos heredamos el demonio, de la misma manera que heredamos los ojos azules.

—Pero dijiste que nadie te causó este problema.

—No lo hicieron a propósito; nadie intentaba hacerme daño. Nadie sabía que el demonio podía pasar de una persona a otra.

—¿Cómo fue que tu depresión se derritió?

—Había gente que escuchó mi historia.

—¿Quiénes escucharon?

—Mi psicóloga, mi psiquiatra, mis padres y mis amigos; todos me escucharon. Y también me tragué una poción mágica contra demonios.

—¿En serio?

—Sí. Bueno, al menos así viví yo el cambio.

El grupo continúa la conversación, preguntándose unos a otros lo que representa la flor. Sarah dice que es su abuela, regresando de México, abrazándola. Alex dice que es su viaje a México, en el auto con su tío, con la ventanilla baja sintiendo la brisa y descansando, porque él la acepta por quien es: une adolescente, pansexual, une humane mexicane-americane.

Rebecca dice que la flor es ella, todas las mañanas al despertar e ir a la escuela. Percy dice que es el fin de semana, cuando no hay escuela.

—Para mí —dice Dylan— es cuando mis padres dejan de gritarse el uno al otro, y cuando mi hermano volvió a casa después de pasar tres días en el hospital.

—La flor es Jesús —dice la católica devota Miriam, cuya familia se mudará unos días después, cuando el propietario le ofrezca dinero a su familia para marcharse.

—O el Día de los Muertos —dice Cleo, de seis años, quien después de meses viendo al grupo desde fuera ha decidido unirse a su hermana mayor, Sarah—. Ahí es cuando los fantasmas vuelven a visitarnos.

—Para mí representa una sola palabra —proclama Joshua—: Gofres. Los gofres me reviven.

Todos se ríen.

Sarah levanta la mano de nuevo y le doy la palabra.

—La flor es como don Quijote, que se cae en repetidas ocasiones y siempre se levanta.

—Todos ustedes me asombran —le digo al grupo—. Todas las tardes, después de un día largo y agotador en la escuela, seguido por las tareas y la hora de merienda, resucitan para leer este libro enorme y para escribir y escucharnos mutuamente. Eso es devoción, y es un milagro.

Sus retornos permiten que yo resurja diariamente; es un intercambio de devociones.

Durante las conversaciones dedicadas a la composición de letras, las listas que los estudiantes han hecho sobre palabras relacionadas a la idea de «rescatar» se convierten en frases y éstas, a su vez, se convierten en letras. Cuando el grupo ya ha compuesto los dos primeros versos de «La canción del rescate», *«I beg you to understand me / To listen to my voice»* (Ruego que me entiendan / que escuchen mi voz), Kim sugiere una manera de hacer rimar el tercer y cuarto verso según un esquema sencillo, apropiado para novatos: ABAB. Las letras A y B representan los sonidos de cada verso.

—*Choice* (elección) rima con *voice* (voz) en inglés —dice Felicity.

—Díganme una oración que termine con la palabra *choice* —dice Kim.

Los niños sugieren muchas posibilidades, entre ellas *«Everybody needs a choice»* (Todos necesitamos una elección) y *«Why can't I just have a choice?»* (¿Por qué se me niega una elección?).

—No creo que el muchacho esté pensando en «todos» —dice Joshua—. Se refiere a lo que él mismo necesita, ¿no?

—Y —añade Rebecca—, mi personaje no estaría preguntándose el por qué. No es eso lo que quiero saber. Interrogarme las cosas no me ayudará. Yo sólo quiero que la gente me escuche y entienda lo que necesito.

Ahora le toca a Alex reconciliar todas estas ideas:

—Unan las ideas: *«I just need to have a choice»* (Sólo necesito poder elegir).

—Estupendo —digo—. Así el personaje se afirma, pero no

amenaza. Amenazar al público no lo ayudaría en nada. Pero ¿la elección es una necesidad o un deseo?

—Un deseo —responde Rebecca—. Puedo vivir sin ella, pero me gustaría muchísimo tenerla.

— «*I just want to have a choice*» (Sólo quiero poder elegir) —dice Alex, y ya tenemos el cuarto verso.

—Bien —dice Kim—. ¿Y qué hacemos con el tercer verso? Tiene que rimar con «me» (mí).

Los diccionarios de rima nos proveen cascadas de opciones de rimas con el sonido «i», pero Joshua encuentra una palabra que no aparece en aquellas listas: «*I'm asking to be revered*» (Pido que me veneren).

—Eso suena exigente y hasta amenazante —opina Lily—. Como si dijeras: «Arrodíllate ante mí». «Venerado» es dominante.

—¿Y si digo todo lo contrario? —pregunta Joshua con una sonrisa amplia, reconociendo la facilidad con la que le ha dado vuelta al asunto—: «*I don't want to be revered*» (No quiero ser venerado).

Me entrometo en la conversación.

—Pero no creo que estarías en contra de la veneración que practicamos aquí, alrededor de esta mesa, la veneración mutua que tenemos el uno para el otro.

—¡Ya sé! —grita Rebecca—. «*I'm not asking to be revered*» (No pido que me veneren). De esta manera, es como decir: «Si quieres venerarme, pues adelante, pero no es lo que estoy pidiendo». Así, me muestro humilde y segura a la vez; como soy humilde, no pido demasiado, pero tengo la seguridad de pedir lo que quiero.

Los primeros cuatro versos están escritos:

| | |
|---|---|
| *I beg you to understand me* | Ruego que me entiendan |
| *To listen to my voice* | Que escuchen mi voz |
| *I'm not asking to be revered* | No pido que me veneren |
| *I just want to have a choice.* | Sólo quiero poder elegir. |

La clase se termina con algo que empieza a parecerse a una canción. Salimos con pasos alegres.

Al día siguiente, Kim llega con el borrador de la melodía que acompañará estas letras. Lo toca en nuestro piano mientras canta. Les dice a los niños que la melodía está en la clave de do, una clave mayor. Les muestra las partituras con las notas escritas en las líneas y los espacios, las notas que van subiendo y suenan más altas, y las que van bajando y suenan más graves.

—Es una clave alegre, ¿verdad? —pregunta Joshua.

—Las claves en notas mayores a menudo se perciben como alegres —dice Kim—. Imitan los tonos que la gente emplea cuando se siente feliz o fuerte.

—Pero esta canción no es alegre —protesta Lily.

—Creo que eso todavía no lo sabemos, ¿o sí? —pregunto.

—Tiene que ver con la lucha de los inmigrantes, ¿no? —replica Lily.

—Yo siento un poco de tristeza aquí —dice Felicity—. Si es alegre, ¿por qué también parece triste?

—Es porque estoy tocando acordes en la menor junto con la melodía de la canción —responde Kim—. Los acordes son notas que se tocan al mismo tiempo. El acorde de do mayor se compone de las notas do, mi y sol, mientras que el acorde de la menor contiene la, do y mi. ¿Ves que tienen elementos en común? Ambos contienen las notas do y mi. La menor es la escala menor relativa de do mayor; comparten la misma armadura de tonalidad (no tienen ni bemoles ni sostenidos) y están relacionados entre sí, pero tienen colores diferentes. Do mayor, por lo general, suena alegre y seguro, y la menor suena triste o inseguro.

Joshua nos pregunta a todos:

—Pero no se trata de darnos por vencidos o sentir lástima por nosotros mismos, ¿o sí?

Todos están de acuerdo; no se darán por vencidos.

—Incluí algunos acordes en la menor porque la letra es fuerte, pero también melancólica, como si el cantante estuviera intentando resolver un problema —explica Kim.

—Entonces hagamos que sea fuerte —sugiero—. Estamos exponiendo lo que queremos sin pena.

—El problema —dice Kim— es que el ritmo no funciona bien. El tercer verso no está bien emparejado con el primero; le falta una sílaba.

—¿Qué es una sílaba? —pregunta Sarah.

—Es el fragmento de una palabra —respondo. Y demuestro cómo me enseñaron sílabas en la primaria. Pongo la mano debajo del mentón y pronuncio la palabra sílaba lentamente, exagerándola:

—Sí-la-ba. Cada vez que mi mentón toca mi mano, hay una sílaba.

—Fíjense en el primer y tercer verso —le dice Kim al grupo—. Tenemos que añadir una sílaba más al tercer verso, y tiene que rimar con «*me*», la última palabra del primer verso. ¿Tienen alguna sugerencia?

—¿Por qué tiene que emparejarse? —pregunta Sarah.

—Así es como se componen las canciones —explica Kim— en base de patrones que ayudan a los que escuchan a recordar lo que oyen. Pueden asociar las palabras con la estructura que hemos construido. De lo contrario, sin la estructura, es difícil de seguir y difícil de recordar. La música tiene un orden.

El grupo se acalla. Algunos buscan en los diccionarios de rima bajo el sonido «i», una categoría casi infinita, mientras otros, muy quietos, piensan. De vez en cuando, los lápices aterrizan sobre el papel para tomar un apunte.

De pronto Joshua se endereza y dice:

—Podríamos decir: «*I'm not asking to be revered, here*» (No vengo a que me veneren, aquí).

—Pero «*here*» (aquí) no rima con «*me*» en inglés —protesta Rebecca.

—Es lo que se llama una rima imperfecta o asonante —dice Kim—. No será perfecta, pero funciona, y además ¡tiene carácter!

Lily asiente.

—¡Sí, al añadir «*here*», suena como si una persona muy práctica le pidiera a otra que le prestara atención, como si dijera: «¡Oye, hombre, escúchame! Frente a frente».

—Tengo otra pregunta —dice Kim—. El ritmo de «*I just want to have a choice*» (Sólo quiero poder elegir) está compuesto de negras. Eso significa que cada nota tiene un pulso, lo que disminuye la velocidad.

Kim canta la letra.

—Me gusta —dice Lily—. Suena muy deliberado, como si el cantante quisiera dejarlo todo muy claro.

—Sí —dice Kim— pero da la sensación de estar inacabado, como si hiciera falta dar otro paso. He añadido otro compás.

—¿Qué es un compás? —pregunta Percy.

—Son notas agrupadas de acuerdo al número de pulsos —explica Kim. En este caso, el patrón es cuatro pulsos por compás.

—Ah, ya veo, gracias.

—¡Es un placer! Aquí está lo que añadí: «*I just want to have a choice*» —canta, repitiendo las letras, pero, en esta segunda vez, las notas llegan velozmente: ahora en un compás hay el doble de notas que antes.

—¿Qué les parece?

—Me gustaría oír de alguien que aún no haya hablado hoy, por favor. —Miro a los niños—. Felicity, sé que tienes una opinión al respecto.

—Pero no sé nada de música —responde Felicity.

—Sí, sabes —le respondo—. Escuchas música todos los días; hay canciones que te gustan, y otras que no. Todos sentimos algo en cuanto a la música.

—Es verdad —acepta.

—Entonces, cuando oyes las palabras «*I just want to have a choice*» cantadas doblemente rápido que las mismas letras de antes, ¿qué sientes?

—Que la persona que está cantando está desesperada por que la otra sepa lo que ella quiere.

—Eso nos ayuda mucho —dice Kim—. Gracias, Felicity.

—De nada, Kim.

Durante los seis meses en que se desarrolla esta conversación, Kim le pide al grupo usar las estructuras que ya ha construido para ir acomodando más versos. A lo largo del proceso, Kim es estricta con respecto al ritmo y a la rima, e insiste en que los niños sólo coloquen palabras importantísimas al final de los versos; son las palabras «a recordar», las palabras que riman, en donde la rima se pronuncia con fuerza, palabras que los oyentes llevarán consigo al irse. En la primera mitad de la primera estrofa, las palabras son *me* (mi), *voice* (voz), *here* (aquí) y *choice* (elección). En la primera parte de la segunda estrofa, las palabras finales son *protection* (protección), *night* (noche), «preciosa patria» (lo que conlleva una ruptura con la rima en aras de su poder emotivo al ser enunciado en español), y *burning light* (luz ardiente). La segunda estrofa narra el viaje de un inmigrante a través del desierto de México a los Estados Unidos. Cada vez que volvemos al patrón de ritmo y rima, le insuflamos más vida a la historia.

—Necesitamos añadirle más español —comenta Alex un día después de que hayamos escrito las primeras partes de las dos primeras estrofas—. Con la excepción de «preciosa patria», mis padres no entenderán lo que estamos cantando.

—¡Bien! —digo—. Entonces, ¿qué es lo que necesitan entender los padres?

—La idea principal de la canción.

—¿Y ésa cuál es?

—Pedirle a la gente que escuche. Por favor.

—¿Cómo dirías eso?

Percy se entromete en la conversación sin levantar la mano.

—«Por favor, escúchenme».

—En realidad —dice Alex— yo optaría por «entiéndanme».

—¿Cuál es la diferencia? —pregunto.

Percy se entromete de nuevo:

—«Entiéndanme» también significa «escúchenme».

—¿Existe esa dualidad en inglés?

—Más o menos —dice Joshua—. Cuando le dices a alguien «Por favor, escúchame» puede significar literalmente escuchar las palabras que dice, pero también entenderlas.

—¡Bravo! —dice Kim—. ¡Me parece perfecto!

Kim no habla español, pero a lo largo de esta conversación es capaz de responder por medio de la música, su lengua primaria. De niño, yo tocaba el violín y cantaba en coros y obras musicales. Puedo leer y seguir la música, pero admiro muchísimo la habilidad que Kim tiene de comunicarse a través de la música. Su respuesta musical a la frase en español «Por favor, entiéndanme» es una melodía que expresa el anhelo de comprensión al ascender la escala y darle tres pulsos completos a cada una de las sílabas finales de las palabras «favor» y «me»: tres pulsos completos de clamor desesperado.

Mi hija Zadie gritaba cuando no entendíamos las palabras que nos decía. Ahora que, con cinco años, su vocabulario se ha expandido y su pronunciación ha mejorado, puede comunicar con claridad un torrente de ideas sofisticadas.

—Papá —dice a menudo—, no puedo dejar de pensar. Siempre estoy pensando en todo, aún cuando duermo.

Hasta hace poco, sin embargo, cuando tenía cuatro años, pronunciaba *thinking* (pensar) como *inking* (entintar), y un día le pregunté:

—¿*Inking*, como un calamar?

Pero Zadie empuñó sus manitas y gritó:

—*Inking*, ¡no! ¡*Inking*!

Yo sabía lo que iba a pasar si no encontraba la traducción correcta rápidamente, así que entonces seguí adivinando: ¿*Sinking* (hundir)? Y luego, ¿*singing* (cantar)? Zadie gritó; produjo un sonido primitivo y agudo de angustia. Se enroscó en una esquina de su habitación y se echó a llorar.

—Ay, cariño —le dije mientras ella apartaba mi mano de su cabeza—. Lo siento. ¿Me lo intentas explicar, por favor?

Dejó de llorar, respiró profundo varias veces y, con renovada fe en mí y en el acto de hablar, dijo:

— Es lo que pasa en mi cabeza. *Inking*.

—¡Ah! ¡*Thinking*!¡ No puedes dejar de pensar, ¿no es eso?

Con la carita soleada, sonriéndome a través de un prisma de lágrimas, se formó un arcoíris en nuestros corazones.

—Gracias, cariño, por tener tanta paciencia conmigo.

Un año después de este incidente, Zadie cuenta que en aquel entonces pensaba que tenía un defecto en la voz, que algo le pasaba, cuando la gente no entendía lo que decía.

Ésa es la misma desesperación que expresa nuestra canción.

—————

Un día, Kim anuncia:

—¡Necesitamos un gancho!

—¿Qué quieres decir con eso? —pregunta Felicity, como si estuviera un poquito preocupada: un gancho suena como algo peligroso.

—Es la parte pegadiza de una canción, la parte que se te queda en la cabeza y no la puedes sacar.

Los niños se ríen. Todos han tenido esta experiencia, aunque no sabían cómo se llamaba hasta ahora.

—Saquemos papel y lápiz —digo—. ¡Vamos a compartir ideas!

Durante diez minutos silenciosos, nos ponemos a escribir ideas para el gancho lo más rápido posible. El grupo ofrece palabras aisladas: «abrazar», «amor», «libertad», y frases como: «¿Podemos ayudar?», «Te protegeré», «Te ayudaré a levantarte». Cada uno lee su lista en voz alta, y luego votamos sobre las ideas que más nos «enganchan».

La favorita, por mucho, es *«Can we help?»* (¿Podemos ayudar?).

—Es porque se trata de nosotros, y no sólo de mí —explica

Lily—. Ahora le cantamos al pastor. Él pide que lo escuchemos y nosotros, cantando, le decimos que queremos ayudarlo. La unión hace la fuerza.

—También creo que es hermoso que ustedes, que son inmigrantes, quieran ayudar a otro inmigrante —digo.

—No estamos esperando a que otro nos venga a salvar —dice Alex.

Kim toca la melodía en el piano y canta la letra «*Can we help?*» como si fuera una canción de ópera, con notas sostenidas que parecen ascender desde sus pies.

—Creo —dice Joshua— que debe sonar a niños que verdaderamente quieren ayudar porque creen que será divertido. Los niños suelen ser alegres incluso en momentos muy oscuros.

Esto me emociona.

—¡A mi hija Zadie le encanta ayudar en casa! Siempre está diciendo: «Papá, ¿puedo ayudar?». Quiere lavar los platos y barrer el piso. Para ella, es una aventura.

—¿Así? —pregunta Kim, tocando y cantando de nuevo, ahora con notas rápidas que rebotan y pían como la canción del gorrión. Lo toca dos veces: *«Can we help?» «Can we help?»* La repetición de la frase nos encanta a todos.

—Repítela una vez más —dice Lily—. ¿Podrías intentarlo cantando *«Can we help?»* tres veces seguidas?

Así lo hace, y todos sonríen.

*«Can we help?», «Can we help?», «Can we help?».*

Los niños cantan en coro mientras Kim toca nuestro gancho por tercera vez.

—¡Jamás podré sacarme esto de la cabeza! —dice Joshua y sonríe, fingiendo estar acongojado.

Después de estar sumidos en la desesperación, los chicos ahora han recobrado la alegría. Sienten la fuerza de su resistencia y generosidad.

—Es como don Quijote —dice Sarah—. Lo único que quiere hacer es ayudar.

---

—Ahora sólo nos falta un ingrediente más —nos informa Kim en el cuarto mes de los seis que nos tomará terminar la canción.

—¿La sal? —dice Percy, recibiendo las risas que esperaba.

—Falta lo que se llama «el puente». ¿Pueden adivinar su función?

—¿Permitirnos ir de una parte de la canción a la otra?

—¡Sí! ¡Muy bien, Percy! Es una definición muy acertada.

Percy vuelve a su lectura de *Calvin y Hobbes*.

Kim continúa con la explicación.

—El puente es un verso en medio de una canción, típicamente hacia el final, que suena bastante diferente de los demás versos y del estribillo. De algún modo, une todas las ideas, y nos permite pausar y tomar en cuenta lo que estamos diciendo.

—Tengo una muy buena idea. —Percy prologa todas sus ideas con esta frase, disipando cualquier duda sobre el valor de sus pensamientos—. Podemos usar el poema de la Estatua de la Libertad.

Justo después de las elecciones del otoño pasado, traje a

clase el poema de Emma Lazarus, «El nuevo coloso», que está inscrito en el pedestal de la Estatua de la Libertad. Nos habíamos enfocado en los siguientes versos que, traducidos al español, rezan:

Dame tus cansadas y pobres masas
amontonadas que anhelan respirar libres,
los desperdicios miserables de tus costas abarrotadas.
Envíame a éstos, a los desamparados arrojados por la
    tempestad.
¡Levanto mi lámpara junto a la puerta dorada!

Percy, que posee un poder mental insólito, se aprendió estos versos de memoria después de oírlos sólo una vez hace ya meses. Ahora se pone a recitarlos para el grupo.

—¡Sí! —dice Lily—. Podemos recitar estas palabras todos juntos, en vez de cantarlas. ¡Sonaría diferente del resto de la canción y reflejaría lo que estamos diciendo!

A veces, el grupo llega a sus hallazgos después de largos debates y discusiones. Pero a veces el problema se resuelve como un golpe de rayo.

—¿Y nuestros padres? No entenderán esto —dice Alex.

—Tengo una idea —dice Sarah—. Cuando oí «Puerta dorada» pensé en lo que dice don Quijote: «Siempre deja la ventura una puerta abierta».

Joshua traduce la frase al inglés: *Fortune always leaves an open door.*

Kim levanta ambas manos sobre la cabeza y se inclina con reverencia hacia los niños.

—¡Bravo! —dice.

⸻

Después de traducir y adaptar la escena de los azotes, que incluye «La canción del rescate», el grupo de *Las aventuras ambulantes* retrocede para añadirle una escena de apertura a la obra. Para seguir las pautas de la novela, ellos acuerdan que la obra debe empezar como el libro, con el héroe leyendo. En el escenario, Sarah pasa las páginas lentamente, registrando las palabras con los ojos.

Los niños consideran diferentes propuestas para el libro que ella podría estar leyendo en escena, incluyendo cómics de superhéroes que le encantan a Sarah. Se podría decir que son el equivalente actual de las historias de aventuras que lee don Quijote en la novela. Pero pronto se ponen de acuerdo en que el libro que lee Kid Quixote es *Don Quijote*.

—Es lo que todos estamos haciendo, leyendo juntos *Don Quijote* —dice Sarah.

—Y nuestras historias se compaginan con la suya —añade Joshua.

—Todo lo que sucede en la obra es producto de las lecturas de Kid Quixote —dice Rebecca—. La acción pasa de la imaginación de Sarah al mundo, como ocurre en la novela.

—¡Exactamente! —dice Lily, emocionada. Al hablar, su cara se ilumina. Luego se ensombrece, como si se desdijera, antes de iluminarse de nuevo enseguida—. La historia empieza con tranquilidad, paz y un poco de misterio. El público querrá saber lo que sucederá a continuación. ¡Querrá saber lo que hay en el libro!

En la próxima escena, la mamá de Sarah en la obra, Lily, la mayor del grupo, la acuesta en su cama, donde Sarah tiene escondida una linterna para leer en secreto toda la noche. Por la mañana, Mami prepara a su hija para la escuela mientras Kid Quixote continúa su lectura. Ella mantiene el libro abierto mientras Mami le trenza el pelo, le pone el uniforme y le coloca la mochila en la espalda.

Tan pronto está lejos de su mamá, la niña se desvía del camino a la escuela y empieza a representar lo que ha estado leyendo. Oye una voz gritar «*Help!*» (¡auxilio!), y Kid Quixote, con la novela metida debajo del brazo, acude al rescate.

En este momento transcurre la escena de los azotes, la que ya ha sido adaptada a canción y diálogo por el grupo. Cada vez que se representa, el comienzo de la escena provoca un grito ahogado del público. Una historia tierna sobre una niñita a quien le encanta leer de pronto se torna violenta.

—¿Vamos a utilizar un látigo de verdad? —pregunta Felicity a la hora de pensar en la puesta en escena.

—Ni loca —dice Rebecca—. ¡A mí nadie me va a azotar!

—¿Entonces qué hacemos? —pregunto.

Sarah sugiere emplear un pañuelo suave y fingir que es un látigo.

—De esta manera no le hacemos daño a Rebecca.

—Pero el público dirá que es falso —dice Dylan—. Como si intentáramos hacer que parezca real pero no lo logramos.

—¿Y si usamos sangre falsa para que se vea más real? —sugiere Felicity.

Les pregunto lo que quieren decir con «real». ¿Acaso hablan de imitar el abuso para que el público piense que de verdad está ocurriendo? ¿Qué quieren que el público sienta al ser testigo del abuso?

—Tienen que alterarse —dice Sarah— porque está mal.

—Pero si se alteran demasiado, se darán por vencidos —responde Joshua—. Estarán deprimidos e indignados. Queremos que mediten sobre el problema.

—¿Y si no hay látigo? —pregunto—. Podría yo mover el brazo mientras los demás producen el ruido de los azotes.

Eso casi funciona. Muevo el brazo, el Coro reproduce el ruido del látigo por el aire con silbidos y palmadas para imitar el sonido del azote sobre la espalda del muchacho: «Sssss (¡palmada!), Ssssss (¡palmada!), Sssss (¡palmada!)».

El problema, sin embargo, es que la reacción del cuerpo de Rebecca ante cada golpe, sus espasmos, resultan insoportablemente verosímiles para el público.

Rebecca entonces decide estarse quieta y sólo protestar con un «¡Ay!», como si dijera: «¡Oye, deja de hacerme eso!», al mantener control de la situación. Este cambio modifica toda la escena.

Las decisiones tomadas sirven para afirmar que los niños controlan su narrativa. Están de acuerdo que cualquier representación realista del abuso sólo lo replicaría; esta puesta en escena nace de su imaginación. Los niños optan por imitar una cruel realidad de manera metafórica y no verosímil. No hay látigo ni sangre; el sonido del látigo se recrea con los silbidos y palmadas del Coro a la vista de todos, y el pastor reacciona con algo parecido al aburrimiento. La conciencia moral y política de la historia, es decir, el deseo de justicia y bondad, y la oportunidad que tienen los espectadores de meditar sobre estos problemas al ser testigos de ello, no les llegaría con tanta fuerza si los distrajeran por los pormenores de la herida.

Esto era algo que desconocía mientras trabajaba con Real People Theater. La escena de los azotes es lo opuesto de la violenta escena final de nuestro *Hamlet*. En lugar del duelo a espada, los chicos se ponían guantes de boxeo y se golpeaban hasta romperse los labios y tumbarse los dientes. Era sangre de verdad la que caía al piso.

Durante la escena de los azotes, mientras las dos niñas (Kid Quixote y el pastor) muestran su superioridad sobre el terrateniente por su inteligencia, elegancia y soltura bilingüe, el público se empieza a reír. Al final de la escena, cuando el pastor se mofa de la violencia, rechazándola al decir: «¿A eso le llama paliza? ¡Más bien me pareció el aletazo de una mariposa!», la risa (lo que Felicity llama «el poder de la risa») se torna en una especie de triunfo, un «¡viva!» a la resistencia, aunque el problema de la niña no se haya resuelto.

La actitud desafiante con la que concluye la escena podría considerarse como otra versión del «¡Jódete!» característico del trabajo del Real People Theater, aunque no es lo mismo. La elección de palabras específicas importa. La voz del Real People Theater seguramente le diría: «¡Jódete!» al terrateniente, o, como a menudo decía Lucy en la vida real «¡Chúpamela, hijo de puta!», retando así al abusador. Sería una respuesta valiente y hasta heroica: la venganza del indefenso ante el poder abusivo, al estilo de la sangrienta rebelión de esclavos de Nat Turner. La mitad del público reaccionaba al lenguaje prohibido de Real People quedándose sin aliento de la desaprobación, y la otra mitad soltaba el tipo de grito que uno oiría en un combate de boxeo o una pelea en la cafetería de Bushwick High, un ruido estridente que significa: «¡Mantente en pie y sigue golpeando!».

La práctica de reinventar obras clásicas con talante profano la llevé conmigo al proyecto de *Las aventuras ambulantes*. Era mi manera de liberarme tanto de la opresión del «lo que se debe hacer» del mundo académico como una reacción tras haber vivido una niñez temiéndole a las palabrotas. Cuando los Kid Quixotes empezaron a traducir la escena de los azotes, hasta sugerí usar una mala palabra. Cuando el terrateniente ofrece pagarle al pastor en casa y el muchacho responde: «¿Irme yo con él? ¡Ni por pienso!», le sugerí al grupo: «¿Irme yo con él? ¡Estás más loco que el carajo!» y los niños, con los ojos bien abiertos, negaron con la cabeza, sin decir nada. Alex, una adolescente que bien podría usar aquella palabra con sus compañeros adolescentes, dijo: «Los chiquitos no tienen por qué oír eso». Los más pequeños del grupo se refieren a Alex como su madre; aquí estaba mostrándoles su cariño protector.

En ambos casos, tanto en la versión vulgar del «¡Jódete!» por la que hubiera optado Real People como en lo escrito por los Kid Quixotes: «¿A eso le llama paliza? ¡Más bien me pareció el aletazo de una mariposa!», el mensaje al final de la escena de los azotes es que el pastor no ha sido derrotado. Los puños verbales de los de Real People, quienes aprendieron de la calle la dura realidad de la violencia del barrio, son una estrategia de supervivencia que anuncia: «Ten cuidado, soy peligroso» mientras que la chistosa alusión a las alas de mariposa de los Kid Quixotes, fruto de su inocencia intencional, le resta importancia al problema. Los Kid Quixotes responden con liviandad ante la pesadumbre del abuso en el diálogo entre el muchacho y el opresor.

Un día, mientras terminábamos de escribir «La canción del rescate», la cual ya estaba bastante desarrollada, me desvié de la tarea que nos ocupaba para contarles a los chicos lo que mi Zadie me había dicho esa mañana.

—Papá —había dicho, mirándome detenidamente—. Puedo verme en tus ojos.

Se había fijado en que la superficie brillante de mis ojos le podía servir de espejo en el que ver su propio reflejo.

Alex levanta la mano y dice sin casi mover los labios:

—Tengo la parte que nos falta de la letra.

Habíamos escrito el último verso de la canción. En él, invitamos a los refugiados: «*Come across, reach the lost paradise*» (Crucen, lleguen al paraíso perdido), así que necesitábamos algo que rimara con *paradise* y un ritmo que se emparejara con el patrón establecido por el estribillo. Las rimas las encontramos en palabras como *ice* (hielo), *lies* (mentiras), *spies* (espías), *dice* (dados), *flies* (moscas), *tries* (intentos), *mice* (ratones) y *nice* (agradable).

—Adelante —le digo a Alex.

—«*We are reflected in your eyes*» (Quedamos reflejados en tus ojos) —dice.

La frase es perfecta. Se empareja con la rima y el ritmo, y extrae la idea principal de la percepción que aparece en el primer verso: «Ruego que me entiendas». Alex está diciendo que definimos a las personas según las vemos. Ha llegado a este verso tras haber escuchado atentamente las ideas inconexas de los demás, y conjugarlas.

# — 2 —

# La canción de la amistad o La aventurosa canción de aventuras

Los Kid Quixotes luchan contra un enemigo común: la exclusión social. Mientras nuestro gobierno se organiza en contra de ellos, rechazándolos, diciéndoles que no hay lugar en la posada, su respuesta radical es hacer más lugar. Hacen espacio los unos para los otros en clase alrededor de la mesa (aun cuando no hay suficientes asientos, los más pequeños comparten una silla o se sientan en las piernas de los más grandes); hacen espacio para todos los sentimientos, incluso los desagradables, como la tristeza y la rabia; hacen espacio para las preguntas y para el desacuerdo; y hacen espacio para sus historias. Su respuesta ante la exclusión es la inclusión. Los desconocidos entran y son bienvenidos. Así es que se formó el grupo y así es que se mantiene vivo. Los desconocidos entran.

Los agentes de poder que deciden el destino de los inmigrantes en los Estados Unidos los han descrito como ratas que han «infestado» el país para justificar una política de persecución y expulsión. Cuando esto aparece en los noticieros, lo comentamos en clase al principio de cada sesión, durante lo que designamos nuestro «Ahora mismo», cuando relacionamos nuestro proyecto con lo que pasa en el mundo que nos rodea.

Mis estudiantes debaten con fervor si tenemos el derecho de matar una rata o cualquier ser viviente. Los niños todos tienen historias de ratas, y yo también las tengo. Un niño dice que vio a su padre matar una rata en la cocina con una pala. Una rata se le subió por la pierna a un amigo mío mientras esperaba el tren. Cuando abrí un cubo de basura para tirar la cáscara de un plátano, una rata salió de un salto. Una niñita dice que ha visto una rata correteando por el supermercado cerca de su casa.

Hablamos de lo increíbles que son las ratas: pueden roer ladrillo y hierro, pueden caer de un quinto piso al pavimento y levantarse ilesas, como si nada les hubiera pasado. Son muy inteligentes, son capaces de crear y cartografiar, para ayudarse unas a las otras, un sistema amplio y complejo de túneles por toda la ciudad.

Todos estamos de acuerdo en que no sería una buena idea convivir con ratas en nuestros hogares. Muerden y transmiten enfermedades. ¿Pero qué hacemos, entonces? Hablamos del veneno y de las trampas de resortes, pero ambas son maneras terribles de morir.

De pronto, Lily dice:

—Tenemos que entender a las ratas.

A pesar de unas protestas enérgicas suscitadas por la idea de tomar en cuenta los deseos y necesidades de las ratas, continúa:

—Si entendemos lo que las ratas necesitan y desean, podríamos dar con métodos más compasivos para deshacernos de ellas. Podríamos, por ejemplo, eliminar la basura de las calles.

Los niños han logrado convertir la propaganda racista en una reflexión sobre la bondad hacia el enemigo, haciendo, a su vez, caso omiso del ataque por parte de un enemigo aún más peligroso.

Aunque las ratas no figuraron en nuestra próxima canción, aquellas digresiones, las historias que nos contamos ese día, eran importantes. Las historias comentadas en voz alta, como esas anécdotas sobre ratas, nutren la lectura y escritura de los niños al hacerlos conscientes de la enorme y complicada red de narrativa humana, la cual incluye sus propias historias. Al conversar cara a cara, sienten de inmediato el poder de la narración, y luego podrán valerse de esa sensación de conectividad cuando se encuentran solos ante un texto.

En la primavera de 2017, después de terminar la escena de los azotes y la «La canción del rescate», empezamos a analizar y traducir la relación entre don Quijote y su vecino, Sancho Panza. Esto nos lanzó a una conversación de varias semanas sobre cómo los vecinos se hacen amigos y cómo se sabe que un vecino es ahora un amigo.

Nos fijamos en cómo los negocios envían publicidad dirigida a «nuestro vecino»; una conocida compañía de seguro se declara «un buen vecino». Amazon, la empresa multinacional asombrosamente rica y gigantesca, se refirió a sí misma como «su futuro vecino» cuando pensaba abrir una oficina central en Queens, un barrio cercano a nosotros, en los envíos publicitarios que llegaban a nuestras casas. Fred Rogers, el amable presentador del programa infantil de televisión *El vecindario del señor Rogers*, les preguntó a generaciones de niños: «¿Quieres ser mi vecino?». Todos estos ejemplos se centran en nuestra necesidad de pertenencia como humanos al sugerir que los conocemos y ellos a nosotros. Lo hacen de una manera que nos brinda seguridad y apoyo, aludiendo al aspecto emotivo de la vecindad que colinda con la amistad.

Don Quijote le promete a Sancho la gloria para persuadirlo a dejar su hogar. Los dos vecinos se ponen de acuerdo y salen sin ser vistos en medio de la noche. Los niños dicen que, en ese momento, a pesar de que ambos han hecho sacrificios al abandonar sus vidas anteriores, todavía no son amigos, sino compañeros profesionales.

A pesar de que juntos sobrellevan las dificultades que sufren en la venta que don Quixote toma por un castillo, todavía no son amigos, de acuerdo a la opinión del grupo.

Hay un cambio notable durante el episodio en que Sancho intenta prevenir que don Quijote ataque los molinos de viento que el caballero ve como gigantes. Don Quijote embiste el molino, que lo levanta, tira y deja aturdido y magullado en el suelo. Sancho, frustrado, le pregunta por qué no le hizo caso cuando le decía que no eran gigantes, sino máquinas, y le dice a su jefe que tiene «molinos en la cabeza».

Sin embargo, Sancho dice esto mientras atiende al cuerpo maltrecho de don Quijote.

Cuando don Quijote explica que un mago ha transformado a los gigantes en molinos, Sancho dice que cree lo que le dice y siente compasión por el dolor físico que experimenta. Lo anima a enderezarse, diciéndole: «Parece que va de medio lado, y debe de ser del molimiento de la caída». Este tipo de lealtad caracteriza a Wendy, es nuestro Sancho en la vida real. Siempre acoge a todos.

Sarah le pide a Wendy que lea un fragmento de *Don Quijote*, pero Wendy le recuerda que aunque ella, Wendy, sabe leer, Sancho no. A Sarah le encanta esta variante del juego y lee: «No es dado a los caballeros andantes quejarse de herida alguna». Los niños deciden mantener esta parte en español para que sus padres puedan entender el tema del diálogo y también porque, dicen, sus padres han sufrido mucho por ellos sin quejarse.

El texto original dice a continuación «aunque se le salgan las tripas», que Sarah traduce («*even if your guts are gushing out*») (aunque las tripas se te salgan a borbotones) porque la aliteración entre *guts* y *gushing* le parece cómica y porque la imagen es vivísima. La palabra *gushing*, dice, le recuerda una manguera de bombero.

Sancho luego confiesa: «Me he de quejar del más pequeño

dolor que tenga», que Wendy traduce como: «*I will complain about the pettiest pain there is*» (Me quejaré del más mínimo dolor que haya) escogiendo *pettiest* y *pain*, como había hecho Sarah con *guts* y *gushing*, por el humor aliterativo y también porque la consonante oclusiva de *pettiest* ensalza el «más pequeño» de Sancho, como también su orgullo. En nuestras funciones, Wendy representa esta línea con la serenidad que la caracteriza; acepta su necesidad de quejarse con naturalidad, y se siente en paz consigo misma.

En ambos casos, la elección de expresiones sorprendentes subraya la idea de que los personajes están ahora dispuestos a aceptar el comportamiento extremo del otro. En nuestra puesta en escena se ponen de pie, se dan la mano y Kid Quixote declara que Sancho tiene permiso para quejarse «comoquiera y dondequiera» y «con o sin razón».

Les explico a los niños que este diálogo forma parte de una tradición de pensamiento llamada razonamiento dialéctico, que se puede resumir así:

Tesis: Don Quijote dice que ve gigantes.
Antítesis: Sancho dice que los gigantes, en realidad, son molinos de viento.
Síntesis: Don Quijote cede a la perspectiva de Sancho y éste a la de don Quijote.

Después de haberse visto de cerca, después de haber experimentado y aceptado una nueva perspectiva sobre el otro, después de haber creado esta síntesis, ahora, dicen los niños, sí son amigos.

Y aquí es donde empieza a nacer una nueva canción.

Al principio, los niños la llaman «La canción de la amistad» porque, dice Percy: «Se trata de dos amigos».

La canción, con el tiempo, trazará el progreso de la amistad entre Kid Quixote y Sancho a partir de la invitación inicial de Sarah a ir de aventuras, hasta el momento en que Wendy se prepara para el viaje, tras una pausa para la escena de los molinos de viento, seguida por una declaración musical de aceptación mutua y un adelanto de su destino compartido.

Basándonos en nuestra lectura de la relación entre don Quijote y Sancho, como también en nuestras propias experiencias con respecto a la amistad, confeccionamos una lista de setenta palabras e ideas que se nos ocurren al preguntarnos: «¿Qué es lo que hace un verdadero amigo?». Las palabras en la lista son todas significativas, pero hay una que también resulta significativa por su ausencia: «igual». En ningún momento han escrito los niños que tu amigo tiene que ser igual que tú. Es más, reconocen en sus escritos que el denominador común es la lealtad constante a pesar de las diferencias. Incluyen frases como «apoyo durante los momentos difíciles» («como los arcos de una catedral»), «ven el desastre que eres», «vuelven por ti», «como un escudo para protegerte», «está de tu parte, incluso cuando hay que romper las reglas».

Cuando les pido otros posibles títulos para la canción, los niños proponen:

«Los opuestos»

«Como noche y día»

«Gigantes y molinos de viento»

«La paradoja»

«El optimista y el pesimista»

«Canción feliz y canción triste»

«La realidad versus la imaginación»

«Un *nerd* obsesionado con libros de aventuras y el campesino analfabeto»

«Rico que ha perdido el juicio y persona sabia y pobre»

«El momento incómodo en que tú y tu amigo se dan cuenta de que son opuestos»

«Los amigos que son opuestos»

«La luz ama la oscuridad»

«Abajo necesita arriba»

«Uno en el cielo y otro sobre la tierra»

«Lado a lado»

Ninguno de estos títulos sugiere igualdad o fusión. La amistad, dicen los niños, es equilibrio; yo lo llamo, empleando terminología matemática, «simetría inversa».

Rebecca protesta.

—Los amigos tienen que tener algo en común. Tienen que estar de acuerdo.

—No siempre —responde Lily, su hermana mayor.

—Pero a veces sí —contesta Rebecca—. Si están discutiendo siempre, ¿cómo pueden ser amigos?

—Discutir y estar en desacuerdo no son lo mismo —dice Joshua—. Puedes estar en desacuerdo con alguien que quieres.

Sarah comparte lo que piensa:

—Como una montaña puede querer a un valle y un valle puede querer a una montaña: existen lado a lado, aunque uno dice «arriba» y el otro dice «abajo».

—Es porque hay un lugar en donde se encuentran —dice Percy.

Sarah y Percy cumplieron ocho años hace poco.

La idea de que dos opuestos se encuentran y colaboran formará, con el tiempo, el puente de la canción, la estrofa que se aparta de los patrones de rima, ritmo y melodía de los demás versos para reflexionar sobre el mensaje de la canción.

Una vez más, Kim llega a clase con ideas musicales inspiradas por las letras que los niños han compuesto. Sarah (Kid Quixote) da comienzo a la canción rogándole a Wendy (Sancho) que la acompañe. Le pinta un cuadro verbal y musical de las aventuras que las esperan:

| | |
|---|---|
| *I promise soft ground beneath our feet* | Te prometo tierra blanda debajo de nuestros pies |
| *Walking on grass instead of the street.* | Caminaremos sobre grama en vez de asfalto. |

El tono de los dos primeros versos, en clave de sol mayor, es luminoso; están llenos de la anticipación entusiasta expresada en muchas notas negras y blancas sostenidas —«*soft grouuuund*»

127

*(tierra blaaaaaanda), «feeeet» (pieeeees), «street» (caaalle)*— complementadas por varios grupos de corcheas danzantes que imitan la alegría despreocupada de las aventuras infantiles: *«Even broccoli will be sweet»* (Hasta el brócoli será dulce).

Kid Quixote le dice a Sancho que necesita que la acompañe en su viaje, y esta frase sencilla, «Te necesito», logra sacar a un Sancho renuente de su dormitorio y lo lleva a bajar a la calle en medio de la noche para unirse a la aventura. Lo mismo sucede en nuestros ensayos: saber que son necesarios hace que los niños colaboren con entusiasmo.

Cuando Sancho accede a irse con Kid Quixote, Wendy entona una lista de artículos que tienen que llevar consigo (tarea que, en la novela, también le toca a Sancho). El ritmo cambia un poco aquí para incluir más grupos de corcheas, y todas las notas se tocan de manera ligera y staccato para reflejar los movimientos del lápiz de Wendy mientras tacha los ítems de la lista: *«We need BLAN-kets, COO-kies, BA-by CAR-rots WASHED and PEELED»* (Necesitamos MANtas, GA-LLE-tas, MI-ni ZA-NA-HO-rias, LAVADAS y PELADAS).

La catástrofe de los molinos de viento ensalza las perspectivas opuestas de la ingeniosa y soñadora Kid Quixote y del organizado y práctico Sancho. Esta diferencia podría impedir que floreciera un amor mutuo entre los dos. Al reconocer y aceptar sus diferencias, las letras nos dicen, en español e inglés, y con música que surge de menor a mayor, de contemplativa a triunfante:

| *Some of us are Dreamers* | Algunos somos Dreamers, |
|---|---|
| *And others work the land,* | y otros labramos la tierra, |
| *Learning to walk through* | aprendemos a viajar a lo |
| *the day;* | largo del día; |
| *El norte es el sur,* | El norte es el sur, |
| *They make the same road,* | y forjan un mismo camino |
| *Leading ourselves far away.* | llevándonos a todos muy |
| | lejos. |

Este breve puente bilingüe contiene el verso «el norte es el sur», que resume la lista que ha hecho el grupo de las características opuestas de los dos aventureros: «el lector frente al analfabeto», «la imaginación frente a los cinco sentidos», «lo fantástico frente a lo práctico», «el jactancioso frente al humilde», «los pensamientos frente a la comida», «el cielo frente a la tierra».

Decir que «el norte es el sur» y que «forjan un mismo camino» es decir que los opuestos son relativos a la ubicación y punto de vista que tenemos, uno que cambia también según la lengua que empleamos. En clase, Alex dice: «Si estás parado en el Polo Sur, el resto del mundo aparentaría estar debajo de ti, aunque todos aseguren que estás en la parte más baja de la tierra». El camino, el eje estructural de toda nuestra historia, nuestro «viaje a lo largo del día», lo comparten estas realidades relativas.

La primera vez que vine a Bushwick fue en 1998 para una entrevista en Bushwick High School. Me fijé en que había aceras rotas y escombros por todas partes; desde mi perspectiva burguesa canadiense, parecía que el barrio había sufrido un bombardeo. Al caminar las cuatro cuadras de la estación del metro L hasta la escuela, pasé por terrenos baldíos llenos de basura y por edificios incendiados y tapiados, marcados con varias equis anaranjadas en las puertas para indicar que estaban clausurados. Varios autos llevaban las ventanillas cubiertas con bolsas de basura: las habían roto ladrones en busca de radios. Las ratas cruzaban a toda velocidad delante de mí. Entre las muchas caras que veía, ninguna era blanca como la mía. Me miraban fijamente desde umbrales oscuros, y me figuraba que no me querían allí. Este es el gueto, pensé, un lugar de peligro y perdición. Entonces no me imaginaba que muy pronto, y durante décadas, estos desconocidos serían mis vecinos.

Algunos de los elementos de mi evaluación inicial resultaron ser acertados. Bushwick estaba deteriorado. Los que vivían allí eran pobres, y las pandillas callejeras eran peligrosas. Pero a medida que iba y venía diariamente a la escuela, habiendo empezado a conocer a algunos chicos y luego a sus familias, dejé de sentirme en peligro. Empecé a entender que el deterioro no se atribuía a la gente que vivía allí; eran personas que intentaban sobrevivir. Al momento de sufrir la crisis nerviosa, siete años después de llegar a Bushwick, había aprendido que, al igual que los individuos, los barrios también pueden estar deprimidos y suicidas.

En mi primer día en Bushwick también me enamoré de la risa, la calidez y la espontaneidad de los estudiantes, del español y de la jerga callejera y de la idea de que aquí podría ayudar.

No conocía a nadie en Bushwick, y no había nadie allí que se pareciera a mí. Ser una rareza visual y auditiva me otorgó un lugar propio por el que nadie competía. Los estudiantes necesitaban un maestro de Inglés, y llegué yo, a un barrio a donde solían ir pocos blancos, un barrio que ni aparecía en los mapas turísticos de Nueva York; el mundo conocido no incluía Bushwick. Aquí, podía desaparecer, pertenecer donde no pertenecía. Alquilé un apartamento sobre una bodega en un edificio que se hundía lentamente de un lado.

Cuanto más tiempo llevaba, y cuánto más los escuchaba, más confiaban en mí los estudiantes de Bushwick High, especialmente los miembros del Real People Theater. Me llevaban a sus hogares, en donde sus madres y abuelas me cocinaban. Entre mis platos favoritos estaban los tostones —plátanos fritos cortados en rebanadas— y mi bebida preferida era el Morir soñando, una mezcla de leche con jugo de naranja; ambos manjares son típicos de la cocina dominicana.

Mi estudiante, Easy, siempre inquieto, me llevaba a pasear por Bushwick mientras lo ayudaba a memorizar las líneas de su personaje, Hamlet. Me dijo que me veía como un padre y que no tenía ni idea de quién era el suyo verdadero. Un día señaló a la acera de enfrente y dijo «Esa es mi mamá». Vi a una mujer joven con piel de ébano sentada sobre un cajón de leche, inclinándose hacia un lado hasta estar casi en paralelo con el suelo; luego se enderezaba y empezaba a inclinarse hacia el otro lado. El ladearse así, me dijo Easy, era característico de los adictos a la heroína. Seguimos paseando.

Así fue mi viaje hacia la comprensión del barrio; las suposiciones generales que había traído conmigo fueron conminadas, a lo largo del tiempo, por las relaciones que forjé con muchas personas diversas.

———

Al haberme criado en Canadá, me fijé a muy temprana edad en las emociones que se comunican a través del lenguaje. Canadá es un país oficialmente bilingüe, con agencias gubernamentales y etiquetas de productos en inglés y francés. A pesar de vivir en un pueblo muy angloparlante en Ontario, me enamoré perdidamente de Quebec y su otredad romántica y lejana (mi propia versión de la amada Dulcinea imaginaria de don Quijote), y aprovechaba toda ocasión para leer, escribir, hablar y escuchar francés.

Cada lata de sopa o caja de cereales presentaba una oportunidad para aprender más. Cuando mis padres me llevaban a la oficina de correos, agarraba avisos y formularios en francés y me los llevaba a casa para traducirlos. Cuando tomábamos un vuelo en Air Canada, me quedaba con la tarjeta bilingüe de instrucciones ilustradas sobre qué hacer en caso de emergencia; optaba por ver la película francesa, y respondía al asistente de vuelo con «*De l'eau, s'il vous plaît*» (Agua, por favor), y luego «*Merci*» (Gracias) cuando me traía el vaso de agua.

Mi equipo de hockey favorito era los Canadiens de Montréal. No sólo porque eran de Quebec y tenían un nombre francés, sino porque el equipo estaba, y había estado a lo largo de su historia, compuesto de jugadores francófonos.

Me encantaba repetir sus nombres elegantes, como oraciones susurradas a los santos: Guy Lafleur, Jacques Lemaire, Jean Béliveau, Maurice Richard. Durante la Revolución tranquila —el movimiento independentista quebequense que se levantó en contra de la injusta subyugación de los francófonos ante la sociedad dominante anglófona— el éxito de los Canadiens era un triunfo para los oprimidos.

Este amor juvenil y a larga distancia con Quebec y todo lo francés, un amor puro de belleza pura, fue la raíz de mi futura pasión política.

En la secundaria también me enamoré del latín. A pesar de no tener el pulso vivo del francés, me fascinaba su complejidad y la manera en que podía separar el sujeto de su verbo con múltiples cláusulas y cambiar la sintaxis de mil maneras; me tocaba a mí resolver el rompecabezas viendo cómo las terminaciones de las palabras se relacionaban entre sí, y luego escoger una equivalencia sintáctica que sonara bien en inglés. Todo ello resultaba muy placentero. El latín, la madre de las lenguas romances, me proveyó un conocimiento más profundo de los mecanismos del francés, la lógica de los tiempos y modos verbales, la concordancia de sustantivos y adjetivos y una estructura fundamental estable: la arquitectura del pensamiento en sí.

Con el tiempo, esta estructura también me ayudaría a estudiar español, que mejoró muchísimo cuando empecé a tratar con los padres mexicanos y ecuatorianos de los niños más jóvenes en Still Waters. Tanto su inglés como mi español eran de principiantes, así que los niños funcionaban de intérpretes y empezamos a aprender los unos de los otros.

A medida que aprendía más y más español, la lengua latina surgió en mí como una marea atraída por la luna del español. Adivinaba las palabras por medio del latín y descubrí que el español es casi un dialecto de la lengua madre, a la que se acerca incluso más que el francés. A cambio del regalo que me hacían al enseñarme español, podía enseñarles a los niños el latín y así volver a disfrutar de su belleza yo mismo.

El latín les apasionaba a los niños de Still Waters. Conocer el español les da confianza al adivinar los significados de las palabras en latín. Mientras leemos en voz alta y traducimos un pasaje del latín al inglés y al español, los niños, ansiosos para que les dé la palabra, se levantan de sus sillas, estirando los brazos, gesticulando con las manos, emitiendo sonidos desesperados: «¡Eh, ¡Eh!», «¡A mí! ¡A mí!», «¡Por favor!». Les he dicho que yo llamo el latín «el rompecabezas enorme y bello» y que su tarea es traducir las piezas y resolver el rompecabezas. Es una aventura y, como sucede en *Don Quijote*, los errores sólo son anécdotas en el camino.

Tras las elecciones de 2016 que traumatizaron a mis estudiantes y a sus familias, dejamos el estudio del latín conversacional y empezamos a leer textos antiguos en latín sobre la política y el liderazgo. La primera lectura, una referencia directa al nuevo y terrorífico soberano, era una descripción del emperador romano Calígula. «*De monstro, necesse est narrare*» reza la primera frase del historiador romano Suetonio. Siguiendo la sintaxis latina, los niños traducen: «De monstruo, necesario es contar historia». Alex, a quien apodé «La cerradora» en la clase de latín porque le encantaba escuchar a los demás adivinar para luego venir ella a juntar las piezas, dice: «Es necesario contar la historia del monstruo». A los niños, sin embargo, les gusta que en el latín original la palabra *monstro* está al principio de la oración.

—Te agarra de inmediato —dice Sarah, mostrando gran sensibilidad ante los efectos sintácticos que se pierden en el inglés.

Los chicos aprenden que Calígula había nombrado senador a un caballo, y que había declarado la guerra al mar Mediterráneo, ordenando que sus soldados atacaran la marea. Leen que, desde niño, Calígula «*Valde sibi placuit supplicum et poenas spectare*». Las piezas del rompecabezas descubiertas por los niños rezan, en el orden del latín, «Muy a él le placía sufrimiento y castigo ver». Según la reorganización de Alex, la respuesta al rompecabezas es: «Le daba gran placer ver sufrimiento y castigos». «*Poenas*», notan los niños, es la raíz latina de «pena»; en nuestra obra, Kid Quixote amenaza al terrateniente diciéndole que, si no obra bien, ella volverá para imponerle «la pena de la pena» en nombre de la justicia y no, como parece ser el caso del emperador y nuestro nuevo soberano, por sentir placer ante la agonía ajena. Un silencio pasajero rodeaba esta lectura; la crueldad lejana de Calígula resonaba en los huecos de nuestros corazones recién partidos.

También leímos sobre los hermanos Graco, ambos tribunos romanos del siglo II tardío que intentaron redistribuir las tierras de los ricos en beneficio de los pobres. El historiador romano Salustio escribió: «*Tiberius et Gaius Gracchus vindicare plebem in libertatem et patefacere scelera paucorum coeperunt*». Las piezas en el orden del latín rezan «Tiberio y Cayo Graco defender la plebe en libertad y revelar crímenes de los pocos empezaron». Reorganizada por Alex, y adaptada al contexto histórico, la oración dice que los hermanos «empezaron a defender la libertad de la gente común y a revelar los crímenes de los pocos poderosos». Además de «defender», la palabra *vindicare* también significa «justificar», «apoyar» y «vengar». Semejante defensa era una cosa atrevida y peligrosa. Los hermanos fueron asesinados a espadazos por intentar establecer cierta equidad económica.

Reconocer que los problemas de hoy tienen raíces en el ayer nos permite contemplar los patrones recurrentes de la civilización humana; nos concientiza con respecto a los peligros que nos esperan y nos da la valentía necesaria para enfrentar lo que ha ocurrido antes y lo que ocurrirá en el futuro. Pero estudiar sólo la dura verdad puede hundirnos, si no tenemos, además, consuelo. En busca de confort (del latín «fuerza») acudimos a las Bienaventuranzas, las bendiciones que Jesús pronunció en el Sermón del Monte, tales como: «Bienaventurados los humildes, pues ellos heredarán la tierra».

Mientras traducíamos las bendiciones para los pobres, los que tienen hambre, los que buscan la paz y los que sufren en nombre de la justicia, Rebecca dice: «Estas palabras las siento como un abrazo de mi mamá cuando estoy triste o cuando me caigo y me lastimo». Yo también conozco esta sensación. Los abrazos de mi madre, los que siempre me daba sin explicación ni justificación, me sanaban siempre. En *Las aventuras ambulantes y seriadas de Kid Quixote*, los abrazos de Mami inician y terminan el día de Kid Quixote, y la resucitan cuando se cae al suelo.

Los niños ansiaban escribir sus propias Bienaventuranzas en inglés, español y latín. Primero, componían en español o en inglés. Luego traducían esas palabras al latín, remontando a su linaje lingüístico para así construir una bendición a prueba del tiempo, una bendición que conlleva la importancia de la verdad universal y eterna. Sus Bienaventuranzas originales expresan necesidades básicas:

*Beata sum, quia pater meus laborat.*

Bienaventurada soy, porque mi padre tiene trabajo.

—SARAH, OCHO AÑOS

*Beatae matres, quia sempre benignae pulchraeque sunt et vitam creant.*

Bienaventuradas son las madres, porque siempre son bondadosas y bellas y porque crean vida.

—ALEX, QUINCE AÑOS

*Beatae familiae, quia dant tibi domum, ut mare est domus animalium ingenum et contortiplicatorum.*

Bienaventuradas son las familias, porque te proveen un hogar, así como el mar es el hogar de los animales enormes y complejos.

—PERCY, OCHO AÑOS

El proceso de traducir sus ideas al latín empieza con la búsqueda de palabras en el diccionario inglés-latín; esta actividad embriaga a los niños con el deseo del conocimiento. Pero el latín es un idioma muy flexivo: el significado de una palabra y su relación con otras palabras en una oración depende de las terminaciones variables, que no aparecen en el diccionario sino que se tienen que estudiar. *Amo* significa «amo» y *amas* significa «amas». *Amica* es «amiga» pero *amicae* significa «a una amiga». Como los errores no se castigan, los niños piden ayuda y revisan su trabajo sin miedo.

Mi padre, un profesor de Matemáticas, con frecuencia repetía la declaración de Keats, «La belleza es verdad y la verdad belleza / Nada más se sabe en la tierra y nada más ha de saberse», para comunicar la pasión que sentía por su disciplina. Sin su sabiduría, me habrían seducido por completo mi afán por recibir calificaciones perfectas, es decir: la idea de que las respuestas son correctas o incorrectas, que no hay misterio ni lugar para la interpretación imaginativa. Cuando estaba estudiando la descomposición en factores primos (la expresión de cualquier número entero como producto de números primos, pues éstos no pueden ser expresados como productos de sí mismos), papá me enseñó que, a pesar de que se sabe mucho sobre estos elementos constitutivos de los números enteros, nadie ha hallado el patrón para predecir su aparición; el ritmo secreto sigue oculto, y la búsqueda de este secreto es una aventura global de la que se ocupan miles de cerebros.

Para que los Kid Quixotes entiendan esta manera de ver

el mundo, les hablo del símbolo «√x», que significa «la raíz cuadrada del número representado por el símbolo *x*». Una raíz cuadrada es un número que, al multiplicarse por sí mismo, o «cuadrarse», produce el cuadrado x. Se llama «cuadrado» porque el área de un cuadrado se calcula al multiplicar su altura por su base, que siempre son iguales. Algunos números, como el 4, 25 y 100, se llaman «cuadrados perfectos», que significa que su raíz es un número entero, sin decimales después de la coma.

Por ejemplo: el cuadrado perfecto 25 se forma al multiplicar 5 por 5 (a menudo escrito como $5^2$, o «cinco al cuadrado»):

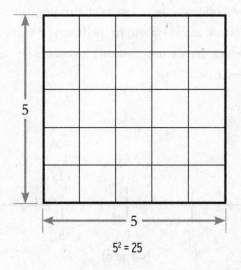

$$5^2 = 25$$

Pero no todos los cuadrados son perfectos; es más, la mayoría de ellos no lo son porque no se componen de números enteros. (Y aquí es cuando la voz de mi padre empieza a temblar al explicar este concepto; regresa a estas hermosas ideas con la reverencia que otros reservan para sus canciones favoritas). Todas las demás raíces cuadradas, todos los números que se multiplican por sí mismos para formar otro número entero, tienen una expansión decimal infinita. Esto significa que, mientras $\sqrt{25} = 5$, que se puede dibujar y medir fácilmente con lápiz, papel y regla, como hemos visto en la página anterior, en el caso de, $\sqrt{24} = 4,89897948557\dots$ las cifras después de la coma siguen y siguen hasta el infinito, sin patrón discernible. Sigue siendo un número real: si trazáramos una línea que incluyera cada número posible, habría un punto correspondiente para este número, pero su ubicación exacta no puede representarse ni medirse por manos humanas. Podríamos acercarnos al punto exacto, pero sería sólo una aproximación.

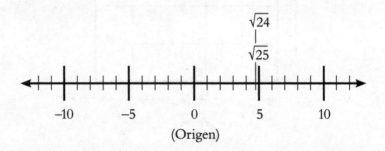

Pienso en otro ejemplo de aproximación matemática. Dibujando con tiza sobre la pared, les muestro a los niños que cuando se grafica la ecuación y = 1/x (donde un punto en el eje *y* corresponde con un punto inverso en el eje *x*), se produce una curva que se acerca más y más a los ejes sin encontrarse jamás con ellos, un anhelo infinito que se extiende a lo largo de una separación que, si bien va disminuyendo, nunca deja de serlo. Veamos aquí y = 1/*x*:

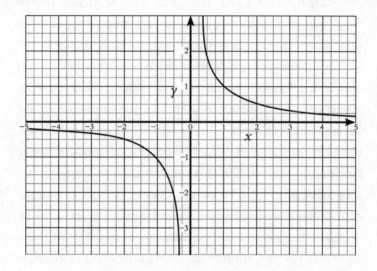

—Estas ideas se pueden aplicar a la traducción —le digo al grupo de *Las aventuras ambulantes*. Después de más de dos años haciendo nuestra traducción colectiva, algunos niños siguen reticentes a contribuir sus ideas por miedo de cometer errores.

—Hay palabras que se emparejan perfectamente, como «gato» en español y «*cat*» en inglés. Son parecidas a los cuadrados perfectos con sus raíces idénticas que pueden ser representados en un dibujo preciso e ilustrativo. Pero hay otras palabras o frases en *Don Quijote* como «No ande buscando tres pies al gato» cuyo significado literal sólo nos lleva hasta el umbral de su verdadero sentido. En inglés, podemos aproximarnos con «*Don't go looking for trouble*» (No ande buscando líos), pero la frase carece del elemento visual que tiene la expresión en español. En inglés, también podemos decir «*Don't go kicking the hornet's nest*» (No ande dándole patadas al nido de avispones) que, aunque contiene un elemento visual, es de otra naturaleza (y sustituye la mera curiosidad por el peligro).

Recordamos nuestro debate sobre la frase «no desface» en la escena de los azotes; ahí no hay una respuesta clara, a menos que se cuente el resultado aleatorio del voto democrático que hacemos en cada función. Al debatir temas en cada función, tomamos en cuenta el estado mental o las circunstancias que favorecen o inhiben la acción de don Quijote, y nos acercamos más y más a una respuesta. Quizás, incluso, llegamos a estar infinitamente cerca de encontrar la respuesta, pero no podemos hacerlo nunca de manera definitiva. Somos como aquella eterna expansión decimal, o aquella curva deseosa que nunca encontrará a su pareja.

—¿Nunca? —pregunta Percy.

—Nunca —le respondo.

Poco después de haber empezado a traducir la escena de los azotes, los niños se fijan en que a don Quijote le gusta usar la repetición y los sinónimos para expresar la misma idea de distintas maneras. Cuando oye los gritos del pastor, dice que serán voces de «algún menesteroso o menesterosa»; amenaza al terrateniente con «concluir y aniquilarlo», regodeándose en la variedad y poder de las palabras a la vez que ensalza el dramatismo de su acción heroica. Los niños quieren explorar los límites de la verbosidad del protagonista valiéndose de nuestro tesauro (del latín «tesoro») y compilando una lista de todos los sinónimos relevantes que encuentran. A veces la lista es corta; por ejemplo: «Yo lo mandé» suscita «ordené/demandé/decreté» en inglés, y otras veces produce una avalancha de palabras, como ocurre cuando don Quijote dicta la sentencia del terrateniente.

La frase original que corresponde a la oferta que hace el terrateniente de pagarle al pastor en casa con monedas que dice que están «sahumadas», en el primer borrador de la traducción que hacen los niños: «Te perdono el perfume, págale en reales —una moneda española de la época de Cervantes— y con eso estaré satisfecho. Y ojo con cumplir con ello tal como has jurado. Si no, juro que volveré y te encontraré y te castigaré; y te encontraré, aunque te escondas más que una lagartija. Y si quieres saber quién te manda a cumplir con esta tarea, quiero que sepas que soy el valeroso Don Quijote de la Mancha, el que deshace agravios y sinrazones; y vete con Dios, y no te desvíes de lo que has prometido y jurado, bajo la pena que he pronunciado».

Aquí también, los niños se fijan en las repeticiones y sinónimos utilizados por don Quijote para ensalzar su autoridad:

«por el mismo juramento os juro», «agravios y sinrazones», «so pena de la pena pronunciada». Estos excesos verbales los invitan a divertirse traduciendo.

Después de pasar varios días acumulando sinónimos, los niños han dado con sesenta y nueve maneras de decir «dinero» en inglés y español, cincuenta y una maneras de decir «jefe», doce maneras de decir «valiente», cinco maneras de decir «injusticia» y cinco maneras diferentes de traducir «pena». El ejercicio los ayuda a reconocer que don Quijote utiliza el lenguaje agresivamente, como un arma, como el terrateniente emplea el látigo. Buscan la verdadera voz del protagonista al producir densas borrascas verbales que remplazan lo que era una sola palabra en español. Y este ensamblaje les produce mucha alegría: se ríen mientras van añadiendo una palabra, y luego otra, y otra más a la colección.

Pasamos una semana ensayando la escena; alternamos la escritura con la actuación, probando las palabras en escena para luego volver al papel y lápiz. Los niños poco a poco llegan a la conclusión de que no necesitan tantos sinónimos. Lo que era chistoso en clase no contribuye al desarrollo narrativo. La discusión sobre el dinero ya protagoniza la escena, y la autoridad de don Quijote se articula más activa y dramáticamente a través de las amenazas de volver a castigar al maleante que por una lista larga de sinónimos para «dinero» y «jefe».

—Aquí, don Quijote lo que quiere es meterle miedo al terrateniente —dice Rebecca.

Los niños intentan manifestar la acción a través del lenguaje en lugar de optar por representar al protagonista mediante los adornos vacuos y vanidosos del ser, como las joyas de una corona.

Al final de la semana, retraducen este discurso como «*I release you from that aromatic burden*» (te absuelvo de esa carga tan aromática), la elegante revisión de Joshua de «Te perdono el perfume». Y luego: «*You need not exude perfume or bake cookies*» (No tienes por qué rezumar perfume ni hacer galletas).

Joshua es el autor de esta última frase suplementaria; le fascina la palabra *exude* (rezumar) y la manera en la que rima con la palabra vecina «perfume» en inglés. La idea de que el dinero tiene un olor les parece chistoso a los niños.

—Y la palabra *cookie* (galleta) siempre es cómica —dice Joshua.

El discurso escrito por los niños continúa:

KID QUIXOTE: Pay him in reales / dinero / money / dollars / pesos / and with that I shall be satisfied. You will comply with what you have sworn; if not, by the same promise, I promise I will come back to find you and to punish you; and I will find you, even if you hide better than a type of small lizard. And if you want to know who commands you / who is your boss / jefe / patrón / dueño / chief, to give you more motivation to complete this task, know that I am the valeroso / valiant / brave / courageous / heroic / Don Quixote of La Mancha, the undoer / righter / fixer of hurts / injuries / wrongs / injustices / unfairnesses; and let

God decide, and don't separate yourself from what you have promised and sworn, or suffer la pena de la pena / the pain of the pain / the penalty of the penalty / punishment of the punishment / shame upon shame / suffering upon suffering I have pronounced.

KID QUIXOTE: Págale en reales / dinero / money / dollars / pesos y con ello estaré satisfecho. Cumplirás con lo que has jurado; si no, por la misma promesa, prometo volver a buscarte y castigarte; y te encontraré, aunque te escondas más que una lagartija. Y si quieres saber quién te manda / who is your boss / jefe / patrón / dueño / chief para motivarte a cumplir más con esta tarea, quiero que sepas que soy el valeroso / valiant / brave / courageous / heroic / don Quixote de la Mancha, el que deshace / endereza / agravios / sinrazones / injusticias / iniquidades; y que Dios decida, y cumple con lo que has prometido y jurado o sufre la pena de la pena / el dolor del dolor / la sanción de la sanción / el castigo del castigo / la vergüenza sobre la vergüenza / el sufrimiento tras sufrimiento que he pronunciado.

Deciden mantener la palabra «pena» del español original y varias de sus traducciones al final del discurso porque la acumulación de palabras — «dolor», «sanción», «castigo», «vergüenza», «sufrimiento»— representa las múltiples facetas de una sola palabra: cada una de ellas contribuye a prefigurar el mal que está por venir.

Después de varias semanas y muchos ensayos, en el borrador final del discurso, todos los sinónimos de «dinero» y «jefe» han sido eliminados, y el texto reza:

> KID QUIXOTE: I release you from that aromatic burden. You need not exude perfume or bake cookies. Just pay him and I shall be satisfied. If not, I will come back to find you and to punish you; and I will find you, even if you hide better than a lagartija! And if you want to know who commands you, to give you more motivation to complete this task, know that I am el valeroso Don Quixote de La Mancha, el Desfacedor de Agravios y Sinrazones, the Righter of Wrongs.

> KID QUIXOTE: Te absuelvo de esa carga tan aromática. No tienes por qué rezumar perfume ni hacer galletas. Págale y estaré satisfecho. Si no, volveré a buscarte y castigarte; y te encontraré, ¡aunque te escondas más que una lagartija! Y si quieres saber quién te manda, para motivarte a cumplir más con esta tarea, quiero que sepas que soy el valeroso don Quijote de La Mancha, el desfacedor de agravios y sinrazones.

Los niños mantienen el título que don Quijote se ha dado a sí mismo en ambos idiomas porque, según ellos, el personaje estaría orgulloso de ser bilingüe.

—¡Tendría el doble de palabras que usar! —dice Joshua.

> KID QUIXOTE: Do not break your promise or you will suffer la pena de la pena / the pain of the pain / the

penalty of the penalty / punishment of the punishment / shame upon shame / suffering upon suffering I have pronounced!

KID QUIXOTE: ¡Cumple con lo que has prometido y jurado o sufrirás la pena de la pena / el dolor del dolor / la sanción de la sanción / el castigo del castigo / la vergüenza sobre la vergüenza / el sufrimiento tras sufrimiento que he pronunciado!

El discurso original de la novela no incluye los otros posibles significados de «pena», pero las variantes que emplean los niños imitan el estilo retórico de don Quijote y su manera de emplear las palabras como objetos que se lanzan para quebrar el escudo enemigo.

Los ensayos ofrecen la oportunidad de revisar. Al recitar sus líneas a los otros actores y oírlas en voz alta, los niños reciben nueva información sobre lo que han escrito. Cuando Sarah, al ensayar, pronunció los sesenta y nueve sinónimos que encontraron para «dinero», y los cincuenta y un sinónimos de «jefe», el grupo se dio cuenta de que estaba inundada. No era que no pudiera pronunciar tantas palabras, sino que su personalidad se perdió entre la muchedumbre de palabras que se había erigido como una barrera entre ella y el público. Cuando omitieron las avalanchas verbales, el discurso pudo ascender a su clímax con cinco sinónimos amenazantes de «pena», y se reveló la voz auténtica, activa y apasionada de Kid Quixote.

Al recitar y revisar las líneas de cada personaje en relación con las de los demás, los actores entienden los deseos de cada individuo y cómo éstos emplean palabras específicas para cumplir con sus deseos en esas relaciones. Cada palabra que pronuncian se vuelve suya, y eso los hace valientes.

---

Still Waters in a Storm tardó mucho en hacerse realidad.

Después de más o menos un año de psicoterapia en Canadá —al principio de mi recuperación era incapaz de leer nada— el proceso de autoestudio me llevó de vuelta a *El paraíso perdido* de John Milton, que había leído por primera vez en la universidad. Es un poema épico del siglo XVII sobre la caída de gracia de Adán y Eva en el Jardín de Edén, y el ascenso y la caída de Satanás.

La historia comienza con Satanás y los otros ángeles caídos inconscientes en el suelo del Infierno. Han sido desterrados del Cielo después de perder una guerra civil causada por la rebelión celosa de Satanás contra Dios. Se sienten injuriados por la elección aparentemente arbitraria que hace Dios al establecer el poder de Jesús sobre los ángeles, quienes hasta entonces habían vivido en paz igualitaria.

Muy adentrada en la «oscuridad visible» que arde con fuego que no ilumina, Satanás, un guerrero gigante con un escudo del tamaño de la luna, se levanta. A pesar de estar perdiendo su luminosidad y derramando lágrimas de compasión y remordimiento por los que lo siguieron a la perdición, anima a sus tropas al gritar: «¡Despierten! ¡Levántense, o sean condenados para siempre!». Ésta se convirtió en mi plegaria durante mi recuperación; la recitaba al despertar cada mañana y elegir ponerme de pie.

Sentía que *El paraíso perdido* me llamaba en esos momentos debido a mi propio estado de perdición. También lo recordaba como el último proyecto de adaptación que hizo Real People Theater: una obra en *spanglish*, profana y atrevida sobre pecadores rebeldes, muchachos del gueto que se apropiaban del conocimiento que les era vedado. Eso mismo hacían estos muchachos al leer y reinventar este complejo poema que se enseñaba en la universidad; desafiaban tanto las escasas expectativas que el sistema escolar tenía para ellos como también su bajísima autoestima. Eran traficantes, pandilleros, desertores escolares, «ratas de barrio», como se autodenominaban.

Angelo hacía el papel de Satanás quien, en nuestra versión, era un héroe que iba al frente de sus seguidores encarcelados, los ángeles caídos que se habían rebelado con él y habían sido expulsados del Cielo. Ahora los estaba animando a que se levantaran de la oscuridad del Infierno para entrar a la luz de la Tierra, contra el tirano irracional llamado Dios (al que yo representaba), un personaje enajenado y aislado que castigaba a los que podrían ser amigos, haciéndoles pruebas, como la de la fruta prohibida, que revelaban más sobre Su naturaleza sospechosa y desconfiada que sobre la traición de Adán y Eva.

—Con razón Dios está tan solo —dijo Angelo—. Todos los que tienen poder están solos.

Eva, representada y reimaginada por Lucy, una feminista pionera que se negaba a doblegarse ante la ignorancia y opresión de los hombres, agarró la fruta.

—Mi vida, mis reglas, mi elección —declaraba mientras arrancaba la fruta y la comía.

Entonces el árbol del conocimiento impartió su sabiduría en un soliloquio escrito por Lucy, su novia, Charlotte, y un elenco de autores que habíamos leído en clase: Blake, Emerson y el físico Richard Feynman. Lo recitaba Charlotte:

«El conocimiento es poder»
esta frase se le dice a alguien
a toda hora.
Pero yo tengo ganas de gritar
Desde una torre muy alta:
«El autoconocimiento es poder».
Y pensarás en tus adentros: «Es sólo un árbol».
Pero yo digo que no es sólo un árbol,
El Árbol del Conocimiento del Bien y el Mal
Advirtiéndote que hay demasiadas desgracias en el barrio.
Dicen que Bushwick es una de las peores secundarias
Y yo digo que necesitamos libros, escritorios e
      instrumentos de arte
La gente odia trabajar en el McDonald's
Y yo digo: ¡Oye, ve a la universidad, consíguete un
      trabajo de verdad y no te desquites conmigo!
Me dijeron que nunca llegaría a nada

Y que andaba buscando líos;

Entonces, ¿qué importa si vivo en el barrio?

Pero mírame ahora, ya tengo mi propio esclavo

Y sí, escupo verdades

Y ni siquiera estoy en la universidad

Pero con el tiempo haré

Como dijo Malcolm X: «Ve por ti mismo, escucha por ti mismo, piensa por ti mismo»;

(es decir: «Sé tú mismo»)

Y yo digo que tiene razón, pero muchos necesitan ayuda.

Te piden que te quites el sombrero en la escuela

Pero según algunas culturas, Dios no está de acuerdo.

¿Están listos?

Hay más gallinas en el mundo que gente

Ninguna palabra en inglés rima con *month* (mes), *orange* (naranja), *silver* (plata) o *purple* (lila)

La memoria del pez dorado tiene una duración de tres segundos.

Si encierras a un pez dorado en un cuarto oscuro con el tiempo se tornará blanco.

Una cucaracha puede vivir sin cabeza por nueve días antes de morirse de hambre.

Los cómics del Pato Donald fueron prohibidos en Finlandia porque el protagonista no lleva pantalones.

«I am» («Yo soy») es la oración completa más breve que existe en inglés.

Yo soy.

Hemos de admitir que NO SABEMOS.

Las estrellas están compuestas de lo mismo que los animales y las plantas y el agua.

Las estrellas están compuestas de lo mismo que nosotros.
Contemplar es una aventura
Imaginar el Universo sin gente; shhh… contemplemos…
 [silencio]
La consejera académica dice que necesitas equis créditos
 para graduarte.
¿Pero qué diablos es un «crédito»?
Yo digo que puedo dejar la escuela y conseguir una vida
 real y una educación real.
Nos encierran en escuelas y en aulas universitarias por diez
 o quince años y
Salimos por fin con la barriga llena de palabras y no
 sabemos nada.
Si refrescaras la mirada
Verías todo como es:
Infinito.
El acto más sublime es valorar la felicidad ajena ante la
 propia.
Los caminos torcidos son caminos de la Genialidad
Todo ser viviente es santo.
TODO


Después de cada función, el público se ponía de pie, aplaudía y silbaba al final de este discurso, elogiando el camino torcido.

Al final del poema, después de que Adán y Eva han sido desterrados del jardín por desobedecer a Dios, Milton escribe: «El Mundo entero estaba ante ellos para que eligieran en donde reposar» y «Asidos de las manos y con pasos errantes y morosos, siguieron su solitario camino por el Edén».

Lucy dijo que este final era, en realidad, un comienzo, y optó por convertirlo en un parlamento en el que anima al abatido Adán, interpretado por Easy: «Negro, mira hacia arriba. Tenemos el mundo entero por delante. Dame la mano y camina conmigo. Tomemos decisiones».

Forjando un camino propio que los sacará del barrio, dos de los muchachos de Real People Theater, Easy y Julius, fueron aceptados en una prestigiosa universidad en el noreste de los Estados Unidos, la universidad más cara del país. Ambos recibieron becas completas a pesar de sus bajas calificaciones en la secundaria, de no haber tomado el examen de admisión y de tener antecedentes penales. Los aceptaron por su actuación en Hamlet; los profesores blancos y los estudiantes ricos y blancos que los vieron actuar en el recinto universitario se entusiasmaron con su magnífica otredad. Este público ya conocía el *Hamlet* de Shakespeare, así que, cuando las luces se apagaron en el antiguo granero que ahora servía de teatro, esperaban escuchar uno de los comienzos dramáticos más famosos y llenos de suspenso:

[Dos centinelas de palacio hacen guardia nocturna.
El escenario está oscuro y el miedo es palpable. Un
centinela dice las primeras palabras de la obra:]
¿Quién va?
[El otro, oculto, responde:]
¡No, respóndeme! ¡Detente y muéstrate!
¡Que viva el rey!
¿Bernardo?

Soy yo.
¡Llegas muy puntual a la hora convenida!

Pero en vez de esto, oyen:

¿Quién ta ahí?
Dímelo tú a mí. ¿Quién eres?
¡Manos arriba!
Eh, ¡soy yo, negro!
¡Coño! ¡Carajo! ¡Casi me cago del susto!

El público, animadísimo, estalló en risas.

Cuando Real People Theater viajaba con lo que los muchachos llamaban nuestro «Shakespeare a lo gueto», la mera idea de que jóvenes del barrio leyeran a Shakespeare (y luego a Milton) nos abrió las puertas a universidades y teatros prestigiosos. La yuxtaposición de la «civilización» con la «barbarie» sorprendía y fascinaba a la gente como si fuera un espectáculo de feria. Muchos preguntaban: «¿Cómo lograste que chicos así hicieran eso?» como si fueran una sarta de monstruos atados al escenario. «Es que son brillantes», les respondía yo.

Estas eran verdaderas aventuras para los muchachos de Real People. Viajábamos para encontrarnos con desconocidos en lugares desconocidos, y era también una aventura para el público, que nunca había conocido a personas como las que formaban el grupo y que la cultura popular pintaba como gánsteres y raperos. Aquellas versiones de las obras —llenas de palabrotas— escandalizaban a algunos miembros del público, como, por ejemplo, a unos maestros de escuela pública que habían llegado a Yale para un congreso sobre pedagogía. Se horrorizaron ante la profanación de un texto sagrado y, durante el diálogo que sostuvimos después de la función, nos acusaron de simplificar la obra original y despojarla de su poesía. Otros, incluyendo profesores de la universidad a la que asistirían Easy y Julius, percibieron en nuestra traducción una alianza poética.

Estas reacciones, todas válidas, comprobaron que Real People Theater había logrado su cometido: dedicarles a todos un magnífico «¡Váyanse a la mierda!», un paquete de dinamita ante las puertas del paraíso.

En nuestra primera visita a su futura universidad, que estaba rodeada de bosque, Julius se maravillaba de que los árboles tuvieran fragancia, y de que pudiera olerlos, algo que resultaba difícil de hacer en Brooklyn. Cuando llevé a los muchachos a la universidad en agosto para que se inscribieran, se quitaron los zapatos y juraron caminar descalzos sobre la grama hasta que llegara la nieve de invierno. Era un nuevo comienzo para ellos, una vuelta al Edén que nunca habían conocido.

A mediados de su segundo año, Julius fue expulsado por vender drogas en los dormitorios. La universidad le ofreció readmisión con la condición de que hiciera servicio comunitario, pero él los mandó a la mierda. El castigo, decía, era una conspiración racista; a los blancos que hacían lo mismo no los castigaban. Easy cometió los mismos crímenes que Julius, pero nunca fue castigado. Después de graduarse, una compañía teatral prestigiosa de Nueva York lo contrató, pero empezó a faltar a los ensayos y volvió a vender drogas en Bushwick. Julius también volvió al barrio y a vender drogas.

A pesar de haberse caído de la cima de oportunidades, los muchachos no se dieron por vencidos. Ambos, con el tiempo, se integraron a Still Waters in a Storm durante sus inicios; rotos, se impulsaron a subir las escaleras y cruzar otro umbral más.

———

En otoño de 2015 invito a un grupo de niños mucho más jóvenes, de ocho a doce años, a reunirse conmigo en Still Waters in a Storm los lunes y martes después de la escuela para leer *El paraíso perdido*. La idea no era adaptar el poema a teatro —todavía no me veía capaz de volver al estrés y a la presión de montar una obra—, sino traducir los versos del siglo XVII oralmente a nuestro vernáculo actual mientras leíamos. Emplearíamos este proceso para estudiarnos a nosotros mismos; interpretaríamos las batallas míticas de la obra como metáforas de la mente humana y su poder para rehacer la realidad y recuperarse del trauma. Incluso hoy, los niños de ese grupo pueden recitar sus versos favoritos, explicar el significado que ellos les han dado y volver a contar la historia como si ellos mismos fueran los autores. Han aprendido que las elecciones interpretativas que hacen como lectores son tan creativas como las que hacen los escritores; cada lectura específica es su propia historia.

«La mente», dice Satanás, lanzando un desafío de doble filo

ante su encarcelamiento infernal, «es su propio lugar, y en sí / puede hacer Cielo del Infierno o Infierno del Cielo».

—Para mí —dijo Melvin, de nueve años—, eso significa que lo que sucede en mi mente es realidad.

—O —añadió Rebecca— que siempre puedo esconderme en mi mente cuando la vida se pone muy dura.

Miriam, la católica devota, dijo:

—La Biblia dice: «El reino de Dios está dentro de ti».

—Eso me hace pensar en Stephen Hawking —comentó Percy— el científico que está en silla de ruedas y no puede hablar, pero su cerebro todavía funciona y puede concebir galaxias.

—Para mí —les dije a los niños—, significa que dondequiera que vaya soy el responsable de mi felicidad.

El viaje de Satanás es una representación visible y mítica tanto de mi recuperación de la depresión bipolar como de los viajes heroicos de los refugiados. Satanás implora que el Pecado y la Muerte le abran las puertas del Infierno, luego vuela por el enorme y peligroso cosmos, «el vacío profundo de la noche informe», negociando con el Caos, viajando «a través de los pantanos, los precipicios, los estrechos, a través de los elementos ásperos, densos o rarificados; con cabeza, manos, alas y pies sigue su camino, y nada, o se sumerge, o vadea, o se arrastra, o vuela», cada paso una lucha hasta llegar finalmente a la Tierra y saltar el muro al Paraíso.

Esta descripción del viaje físico le concedía un elemento de aventura a la monotonía de mis días, al ascenso diario de mi viaje mental; era una imagen que podía usar como ejemplo de la valentía perseverante que había que mantener durante el tedioso camino hacia la recuperación.

Un año después, les hablaría a los Kid Quixotes del viaje de Satanás como una analogía del nuestro como lectores y escritores; una aventura que requiere determinación implacable y resistencia diaria. «Piensen en sus padres, por lo que han pasado y por lo que pasan todavía».

Mi regreso a Bushwick en 2007 fue difícil. Tuve cuatro trabajos diferentes durante seis meses; daba clases de día y de noche en Brooklyn y en el Bronx para chicos que habían abandonado la secundaria e intentaban aprobar el examen de equivalencia, el GED (General Education Diploma).

En cada trabajo, me declaré en guerra contra la administración porque consideraba que oprimía a los chicos. Como había hecho en Bushwick High, permitía que los estudiantes fueran al baño cuando quisieran, sin pases de pasillo. Faltaba a las reuniones de maestros y me negué a seguir el plan de estudios. Pensaba que estaba allí para rescatar a los estudiantes porque me imaginaba que los obligaban a sacrificar su dignidad para aprobar un examen, y yo odiaba los exámenes, los guardabarreras de oportunidad.

Los administradores les gritaban órdenes a los muchachos, los obligaban a que se sentaran rectos y se sentaban frente a frente, invadiendo su espacio personal, mientras los humillaban en público. Un director daba palmadas y luego obligaba a estudiantes de diecisiete, dieciocho, diecinueve e incluso de veinte años a que las replicaran para mostrar su obediencia. Los jefes también reprendían a los maestros delante de sus estudiantes. Nos preguntaban qué estábamos haciendo si parecíamos desviarnos de su fórmula de éxito: obligar a los estudiantes a tomar exámenes de práctica una y otra vez durante seis meses. El trato era denigrante y contraproducente ya que despertaba los fantasmas de los años escolares brutales y fallidos y desencadenaba, a su vez, el trauma que había provocado que ellos dejaran los estudios inicialmente.

Como todavía no había interiorizado lo aprendido durante los dos años de psicoterapia, seguía convencido de tener la razón. Lo que no había entendido o, más bien, me negaba a entender por culpa de mi fervor, era que los jóvenes no estaban allí para rebelarse: iban a prepararse para aprobar el examen, y poder optar por mejores trabajos, evitar volver a la cárcel y recomponer sus vidas desde cero, y a mí me habían contratado para prepararlos para la prueba. Creo que mi manera de plantear la alfabetización desde una perspectiva social y de enfocar mis cursos en el aprendizaje basado en la interrelación de los miembros del grupo, sus vidas y la opresión común de la que eran objeto, tenía su mérito, pero estos estudiantes no podían darse el lujo de sentarse a esperar a que transformaran sus vidas. Después de un tiempo, dejé el trabajo, furioso, y los chicos siguieron sin mí.

Mientras tanto, también intentaba revivir Real People Theater. Llamé a los chicos, ya adultos, que todavía estaban por ahí y los invité a mi apartamento (volví al edificio dilapidado) en donde nos sentamos en el piso y reinventamos *Timón de Atenas*. En esta tragedia incompleta de Shakespeare, un hombre rico le da todo a quien se lo pida, siempre por amistad, para luego sólo ser abandonado por sus amigos cuando se queda sin dinero y les pide ayuda. Timón, el rico, luego escenifica un banquete, haciéndoles creer a los amigos que ha recobrado su fortuna. Les sirve piedras y luego las usa para expulsarlos de su hogar para siempre. Pierde la cordura y se va a vivir en una cueva frente al mar. Un día, cavando en busca de viandas para comer, encuentra un tesoro. La noticia llega al pueblo y un desfile de suplicantes visita a Timón, quien los maldice. Tras todos esos altibajos, Timón solo se adentra caminando en el mar y se ahoga.

Pero no fuimos capaces de revivir Real People Theater. No funcionó porque todos nos creíamos las víctimas del conflicto que había derribado al grupo. En la época de nuestro *Hamlet*, los chicos y yo habíamos ido juntos a hacernos tatuajes que decían «RPT», un escrito permanente, prueba de un amor que se desmoronó. Aquí estábamos nuevamente, los chicos ahora adultos, en una habitación llena de Timones maldiciéndonos los unos a los otros por la traición.

—¡Les di todo! —dije, a punto de llorar—. ¡Todo mi tiempo y dinero y educación! ¡Hasta dejé mi trabajo, mi pensión y mi seguro médico, y a mi novia también, para poder trabajar con ustedes! ¡Los escogí a ustedes sobre todo lo demás!

—Y nosotros te escogimos a ti —dijo Lucy—. Te dimos nuestro tiempo, dejamos nuestros trabajos, perdimos nuestra reputación callejera por andar montando obras con un blan-quito. Te considerábamos nuestro papá. Y te fuiste.

Como todos nos creíamos Timón, no podíamos seguir adelante, y decidimos dejarlo. Easy y Julius volvieron a vender drogas, y Lucy se mudó a Florida con su novia.

Entonces Angelo me preguntó si quería escribir algo con él; no para montar en escena, sino para escribir, leer lo escrito en voz alta, escucharnos, como habíamos intentado hacer en mi clase de Inglés en Bushwick High.

Esta invitación fue el inicio de Still Waters in a Storm.

Ya para ese momento, en primavera de 2008, había dejado mi cuarto puesto como maestro, y sobrevivía gracias al des-empleo, a los cupones de alimento, al seguro de incapacidad laboral y Medicaid, el seguro médico público para personas de bajos ingresos. Angelo se mantenía con el sueldo de su esposa, que estaba en el ejército. Nuestras reuniones nos brindaban lo que ambos realmente necesitábamos: la conexión que surge del diálogo, la intimidad del pensamiento compartido. No teníamos ganas de comunicarnos con nadie más allá de la ha-bitación. Sentados en el piso inclinado de mi apartamento, sin ningún plan en concreto, hallamos la paz.

Angelo y yo invitamos a amigos a unirse con nosotros, y pronto corrió la voz sobre la paz encontrada. Llegaron más exalumnos míos de Bushwick High y de los programas acadé-micos del Bronx y de todo Brooklyn, incluso una familia con la que había trabajado hacía mucho en un programa teatral en Manhattan. Llegaron con sus amigos y primos y hermanos e hijos. Mis antiguos colegas de la escuela y del teatro llegaron también, sentándose al lado de los chicos y jóvenes como compañeros intelectuales. Después de varios meses, Easy y Julius, recién salidos de la cárcel, volvieron. Mi sala era ahora demasiado pequeña.

———

La práctica de escucharnos, como también la meta de entendernos, requiere humildad. Al principio, el mayor obstáculo para el grupo era el deseo de algunos miembros de ejercer control sobre los demás, en vez de reconocer la provechosa fuerza colectiva de la amistad o comunidad. A Julius, el antiguo líder de pandilla, le encantaba decirle a la gente lo que estaba «bien» o «mal» en lo que habían escrito, y cómo podían mejorarlo, a pesar de que le había dicho muchas veces que dejara de hacerlo. Su comportamiento me recordaba lo que menos me había gustado de mi época en Yale: la manera en que los compañeros de clase se ganaban fama al destrozar e intimidar a los demás. Julius hablaba muy alto y a gran velocidad, y empleaba su estructura corporal (aun sentado parecía enorme) para amenazar a la gente. Su apodo, «Julioso», era la combinación de su nombre con «oso». Incluso cuando le tocaba intervenir a otro, sus reacciones hiperbólicas y ruidosas atraían toda la atención a sí mismo. Mi tarea autoimpuesta era asegurar que cada persona tuviera la oportunidad de ser escuchada y comprendida. Le dije al grupo que no se tolerarían acosadores y que estábamos aquí para crear un espacio seguro en donde podíamos ser vulnerables. Después de clase, en privado, lo desterré.

—Tienes que irte, no vuelvas más —le dije. Cuando exhaló, olí alcohol.

—No vas a joderles esto a los demás.

Sentí su respuesta, una sonrisa desdeñosa, como una inyección de veneno directa al corazón. Se dio la vuelta y se fue, sin decir nada.

Cuando recién empezaba Still Waters, una niñita llamada Abbie, de seis años, vino a una reunión. Su padre hacía entregas para la pizzería Joey's, cuyo salón de fiestas empezamos a usar para Still Waters después de ya no caber en mi apartamento. Abbie me preguntó lo que hacíamos.

Yo vivía solo, a la vuelta de la esquina, con mis dos gatos. Comía con frecuencia en Joey's y hablaba con quienquiera que pasara por ahí. Abbie y su hermano Noah, que tenía ocho años en ese momento, siempre se sentaban conmigo cuando llegaban, y empecé a ayudarlos con su tarea. Como les encantaba dibujar, llevaba papel y lápices y dibujábamos juntos para luego narrar lo que habíamos trazado.

—¿Qué es eso? —le pregunté a Noah, señalando a un dibujo inmenso de algo con alas.

—Es una mariposa.

—¿Y esos son dientes?

—Sí, muchos dientes. Es una mariposa muy peligrosa.

—¡Ay! ¿Y qué come?

—Seres humanos y pizza.

Otro día, Abbie preguntó:

—¿Qué hacen todos ustedes ahí arriba?

—Escribimos —respondí—. Comemos pizza, y luego leemos lo que hemos escrito en voz alta mientras todos escuchan.

—¿Podemos ir nosotros?

Abbie y Noah se convertirían en miembros asiduos del grupo. En su segunda sesión, Abbie explicó por qué le gustaba la reunión a pesar de que no le gustaba escribir en la escuela. Lo que escribió captó la emoción que compartíamos: «La clase es divertida. Me encanta tanto, tanto la clase. Tenemos la oportunidad de escuchar». No escribió que tenemos que escuchar, sino que tenemos la oportunidad de escuchar. Tenemos suerte; es un privilegio y una gran alegría sentir esta confianza. Existe una relación sagrada entre nosotros al ser los guardianes de nuestras verdades, las que, de otra manera, permanecerían ocultas: somos amigos.

───

La tímida Sarah, que al principio se escondía detrás de las piernas de su mamá, llegó a Still Waters con siete años en la primavera de 2016, ocho años después de Abbie y de nuestras reuniones en Joey's. Cuando Sarah cruzó el umbral, el grupo ya tenía su propio salón en el barrio, «la escuelita», como la llaman las familias, a tan sólo unas dos calles de Joey's y de mi apartamento. Un querido amigo mío de la infancia, a quien le iba muy bien como protagonista en un programa popular en la televisión, había donado y persuadido a sus colegas a donar suficiente dinero para pagar la cuota del agente de bienes raíces y un año de alquiler para un salón a pie de calle para Still Waters in a Storm (que ya no cabía en Joey's), más los muebles, la electricidad y las renovaciones adaptadas para el uso de los niños.

Entonces asistían a clase regularmente unos cuarenta niños de diversas edades, más del doble del número original. Sus madres habían descubierto a Still Waters de oídas. Las madres de Bushwick hablaban entre sí de un lugar donde los niños mejoraban rápidamente sus destrezas para leer y escribir; hasta se decía que a los niños les encantaba asistir. Los días de entresemana, los niños venían después de la escuela para que los ayudáramos con la tarea, para las clases de lectura en inglés y en latín, para pequeños talleres de escritura dirigidos por autores profesionales y para el grupo grande de los sábados que se reunía para escribir y escuchar. Todo era gratis, proveído por mí (que sobrevivía gracias a donaciones y asistencia pública) y los voluntarios, amigos escritores y estudiantes de Escritura y Literatura de universidades locales, donde había anunciado la oportunidad de participar. Todos los días, las madres traían a sus hijos a la puerta y preguntaban si había lugar para ellos en el programa. Casi siempre decía que sí, hasta que ya no pude aceptar más. Después empecé una lista de espera que pronto rebasó los doscientos nombres.

En aquel entonces Abbie tenía catorce años; poco después

se mudaría a Florida con su familia. El día en que llegó Sarah por primera vez, Abbie se acercó y le dijo:

—¡Hola! Soy Abbie. No te preocupes, estás a salvo aquí. Todos escriben y luego leen al grupo y todos escuchan. Es muy divertido, de veras.

Sarah compartió una silla con Abbie, que anotaba lo que Sarah le dictaba. Luego, cuando le tocó leer a Sarah, Abbie leyó por ella, respetando el deseo de Sarah de no revelar el nombre del autor. El salón enmudeció mientras viajaban por él las palabras.

De esta experiencia, Sarah aprendió que sus pensamientos le importaban al grupo, y, con el tiempo, se animó a escribir más y más, siempre anónimamente. Empezó a disfrutar del viaje que emprendían sus pensamientos; pasaron de ser ocultos a ser hablados, de privados a públicos, y le gustaba saber lo que sus compañeros estaban pensando cuando les tocaba a ellos leer. Jóvenes de todas edades, incluso adolescentes y estudiantes de universidad y adultos, le hablaban. Necesitaban que ella les prestara su atención cuidadosa. Sarah tenía un propósito: se sentía parte del grupo.

Después de un año, Sarah, de ocho años, está colaborando con sus amigos para componer lo que en este momento se llama «La canción de la amistad» y que luego será «La aventurosa canción de las aventuras». Ya está acostumbrada a leer sus propias palabras al grupo.

A medida que vamos acumulando centenares de ideas durante nuestras primeras conversaciones sobre el tema de la amistad, nos damos cuenta de que la amistad que describimos, que se basa en la confianza, se asemeja bastante a la idea de aventura, de lo que pueden lograr juntos dos amigos valientes que confían el uno en el otro.

En una de las sesiones, Sarah escribe que un amigo verdadero «te acompaña en las aventuras» y Alex escribe que un amigo fiel «camina contigo». Mientras contemplamos títulos para lo que estamos llamando «La canción de la amistad», los niños sugieren «La canción de andar por el camino», «La canción de los amigos viajeros» y «¿Qué quieres hacer hoy?».

Las aventuras de don Quijote comienzan con un solo protagonista, pero después de recibir una paliza bastante severa, decide que necesita un compañero. Cervantes le dedica sólo dos párrafos al reclutamiento de Sancho, y lo hace sin diálogo; resulta casi fortuita la mención de lo que será un amor duradero entre los dos personajes. Los Kid Quixotes optan por dramatizar y musicalizar el momento para mostrar cuán desesperadamente necesita don Quijote un compañero fiel y para también expresar el amor sincero que sienten el uno por el otro.

—Ésos somos nosotros —dice Sarah— ¡amigos que van de aventura!

Mi hermano Kevin, piloto de helicóptero de rescate en las fuerzas aéreas y veterano de tres guerras, dice que lo que lo inspiró a alistarse fue esto mismo: el espíritu de hermandad ante un propósito común. A pesar de haber sufrido trauma físico y mental severo, siente que perduran los lazos que lo unen a sus compañeros.

Un día, durante la fase inicial de la composición de «La canción de la amistad», decidimos que cada persona en el grupo escribiría una historia sobre el tema de irse de aventura con amigos. El formato sería el siguiente: escribirían cinco palabras en una lista vertical, una manera de llegar a las palabras claves a emplear en nuestra canción.

Antes de la clase, los niños han estado jugando en la acera, como siempre, cuando, de repente, desaparecen de mi vista desde la ventana. Salgo corriendo, busco a diestra y siniestra y los veo media calle más arriba, acostados sobre el pavimento, mirando por debajo de un auto estacionado. Estoy a punto de regañarlos por haber desaparecido cuando de pronto comprendo lo sucedido: han visto a un gato callejero. El gato, más bien gatita, me dicen, estaba deambulando por el área en donde jugaban y, preocupados al verla tan flaca y tan sucia, la siguieron. No tienen un plan en concreto; sólo quieren ayudarla. Les digo que no podemos hacer nada y que no deben tocarla porque es salvaje y probablemente tiene parásitos; además, entre los miembros del grupo y los invitados hay personas alérgicas a los gatos. Los niños bajan la cabeza, desilusionados.

Durante la clase, sus historias en forma de listas están protagonizadas por gatos, incluida ésta:

gata callejera
sola
parásitos

adoptada

amada

pertenecer

Desde el inicio del proyecto de *Las aventuras ambulantes*, los niños han querido ayudar a los gatos callejeros, de los cuales hay muchísimos en Bushwick. La gente deja latas de comida abiertas en las aceras y en los estacionamientos y los seres vagabundos y fantasmales se materializan alrededor de las ofrendas. Esta aventura se reflejará en el verso «Salvaremos a los gatos callejeros de los parásitos».

Las aventuras reales y colectivas del grupo se entrelazan con el camino de los protagonistas de la novela en su propósito de rescatar al mundo. Al componer esta canción, los niños se basan en sus amistades y celebran su amor y las experiencias compartidas. Experimentan con diferentes frases para usarlas como letras de canción; cada frase es una promesa hecha por Sarah, Kid Quixote, para persuadir a Wendy, que hace el papel de Sancho, a irse con ella: «Nos fugaremos de la escuela, de esta sombra que nos persigue y esclaviza, y haremos que el mundo sea nuestra escuela», que en la canción aparecerá finalmente como: «Nuestro salón de clase será toda España», refiriéndose a donde transcurre la acción de la novela. «Podemos corretear bajo la lluvia todo lo que queramos» se convierte en «Jugando bajo la lluvia» y «Podemos jugar en la grama, así no sangraremos al caernos» aparece en la versión final de la canción como «Prometo tierra blanda bajo nuestros pies / Caminaremos en la grama en vez de en el asfalto».

Cuando Sarah promete «tierra blanda bajo nuestros pies», se refiere a una fantasía exótica para los niños de la ciudad que pudimos hacer realidad cuando viajamos al norte de Nueva York a montar a caballo en una granja, un espacio abierto cubierto de grama. Experimentamos no sólo la sensación de tener contacto con la tierra, sino también el poder que los caballos poseen y confieren a sus jinetes, como hace Rocinante, el caballo de don Quijote, para su dueño. Los niños hacían eco de lo que habían escrito; estaban convirtiendo el mundo en su escuela.

Al principio, Sarah les tenía miedo a los caballos y se negó a montar. Luego, casi al final de la jornada, habiendo visto montar a todos los demás niños, decidió intentarlo. Se subió al caballo más grande, un gigante llamado Hero, que la llevó respondiendo a todas las señales sencillas que ella había aprendido para pedirle que girara, parara y anduviera.

Y cuando ella le ofrece a Wendy la promesa de «jugar bajo la lluvia», Sarah está recordando el día en que dejé al grupo salir a corretear por la acera durante un diluvio, desafiando la cautela paterna habitual. Fue un día en el que forjamos vínculos afectivos al romper las reglas, un día que se ha convertido, ahora, en todo un mito al repetirlo y recordarlo de manera magnífica en la canción.

Para organizar mejor las letras que estamos trayendo al mundo, el grupo necesita seguir un modelo. Les traigo el poema de Robert Frost, «Un alto en el bosque en una noche de nieve», cuyas dos primeras estrofas rezan:

De quién es este bosque, creo **saber**.
Su casa está en el pueblo, **empero**;
No sabrá que me detengo a **contemplar**
De nieve su bosque ahora **lleno**.

A mi caballito le parecerá **raro**
Parar donde no hay hogar **cercano**
Entre el bosque y el lago **congelado**
En la noche más oscura de todo el **año**.

—Probemos esta estructura —digo después de leerles el poema entero.

Durante cuatro semanas, los niños exploran y descubren rimas para las dos primeras estrofas que siguen el patrón AABA (en inglés):

| | |
|---|---|
| *I promise soft ground beneath our feet,* | Prometo tierra blanda bajo nuestros pies, |
| *Walking on grass instead of the street,* | Caminaremos en la grama en vez de en el asfalto |
| *Cartwheels, pinwheels, playing in the rain,* | Volteretas, molinetes, jugando bajo la lluvia, |
| *Making our own world, even broccoli will be sweet* | Creando nuestro propio mundo, donde hasta el brócoli será dulce |

y la estructura BBCB (en inglés):

| | |
|---|---|
| *Our classroom will be all of Spain,* | Nuestro salón de clase será toda España |
| *Riding the wind like a paper airplane* | Volaremos por el viento como un avión de papel |
| *Roller coasters, L train, discover what you never tried* | Montañas rusas, el tren L, descubre lo que nunca has probado |
| *Our adventures will be crowned with glory and fame* | Nuestras aventuras alcanzarán gloria y fama |

Les explico que este patrón de simetría rotatoria une a los dos amigos mientras permite que los versos avancen; las rimas giran como una rueda y viajan de un verso a otro. La rima B subordinada en la primera estrofa («*rain*» [lluvia]) se hace dominante en la segunda estrofa («*Spain*», «*airplane*», «*fame*» [España, avión, fama]), y así sucesivamente. Es un patrón que sugiere tanto «amistad» como «aventura».

Kim, a su vez, provee una melodía para estos versos rimados, otro elemento estructural que reconfigura el ritmo de las palabras y exige el cumplimiento estricto de verso a verso al repetirse el patrón. El grupo implementa cambios sutiles: añade y resta sílabas, condensa o alarga las sílabas, y recuerda que el énfasis siempre ha de recaer en las palabras más importantes, las que cuentan la historia.

Tras dos semanas de revisión colectiva de los dos primeros versos para ajustarlos a los requisitos de la melodía, Lily le dice al grupo:

—Hasta ahora la canción es dulce y cómica, expresa ternura y anhelo, pero creo que nos falta el espíritu de la aventura, la emoción, como diciendo: «¡Vámonos!».

Todos están de acuerdo.

—Podemos incluirlo en el estribillo —dice Joshua—. ¡Necesitamos el gancho!

En el piano, Kim empieza a tocar música bulliciosa de vaqueros en un ritmo mucho más alborotado que el de los versos. Grita por encima del piano:

—¡«Tempo» significa rapidez! ¡Este es un tempo más ligero!

Percy nos entretiene a todos al levantarse, alejarse de la mesa y bailar como un vaquero en un rodeo, haciendo girar un lazo imaginario sobre la cabeza.

Alex, parodiándolo con cara inexpresiva y voz monótona, grita:

—Arré, caballo.

Todos se ríen.

—¡Eso! —grita Lily— ¡Así se hace!

—Creo que esta parte debe ser muy tonta y divertida —sugiere Joshua— ¡A todos les tocará volverse locos!

Los niños más pequeñitos se ríen.

—¿Qué decimos? —les pregunto—. ¿Cuál es el mensaje?

—¡Es la hora de las aventuras! —grita Percy, aún bailando.

—¡Podríamos decir «¡Es la hora de las aventuras!» una y otra vez! —dice Rebecca, que ha relajado su actitud taciturna y tensa ante el proceso y ha empezado a reírse.

—¡Me parece que esto podría funcionar! —dice Kim—. Y

si todos bailan juntos y repiten «¡Es la hora de las aventuras!», ¡el público querrá bailar también!

—¡Me hace pensar en Bob Esponja! —dice Sarah, que hasta este momento sólo ha estado observando las travesuras—. Siempre dice: «¡Estoy listo! ¡Estoy listo! ¡Estoy listo!».

A los niños les encanta esta asociación y se ríen de nuevo.

—¿Y nuestros padres? —pregunta Alex, como ha hecho anteriormente—. El gancho debe incluir algo en español.

Lily dice:

—¿Qué les parece «La hora aventurosa»?

—«Aventurosa» no es una palabra en español —dice Joshua—. Supongo que es *spanglish.*

—¡Mejor! —dice Rebecca, sucumbiendo plenamente a la locura general— ¡Hemos inventado nuestra propia palabra y todos la entenderán!

Después de darle muchas vueltas al asunto, Kim, los niños y yo, tras un diálogo compuesto de baile y letras y canto y piano, le añadimos otra capa de lirismo juguetón y disparatero al ritmo alegre y galopante de la música. El estribillo ahora no es sólo bilingüe, sino que incluye también el *spanglish,* y su tema es cantar una canción aventurera sobre la aventura, una «*Adventurous adventure song*», o una «Aventurosa canción de aventuras» repetida una y otra vez, alternando entre «¡Vámonos!» y «*Let's go!*», en inglés.

—Quizás —dice Lily, empleando un razonamiento retroactivo— la canción en sí es una aventura, y somos aventureros sólo por cantarla.

Adventurous adventure song
Vá-mo-nos!
Adventurous adventure song
Vá-mo-nos!
Adventurous adventure song
Vá-mo-nos!
We're going on an adventure!


Aventurosa canción aventurosa
*Let's go!*
Aventurosa canción aventurosa
*Let's go!*
Aventurosa canción aventurosa.
*Let's go!*
¡Nos vamos a una aventura!


Al final de la canción, todos los niños, embelesados por la amistad colectiva, bailan al son de su ritmo alborotado, cogidos del brazo, girando como molinos de viento. «La aventurosa canción de aventuras» es ahora su título oficial.

Durante los tres meses que nos toma componer la canción, ninguno intenta obligar al grupo a seguir una pauta determinada. Más bien buscamos, y por fin logramos, llegar a un verdadero consenso. Lo mismo sucede cuando se ponen de acuerdo sobre nueve de los cincuenta y cinco artículos que originalmente estaban en la lista que Sancho compila para el viaje que harán los dos héroes. La lista incluye objetos que proveen la comodidad del hogar, como «mi manta fiel» (que en la versión final será «mantas»), «galletas», además de «llaves por si tengo que volver a casa» y «Por si me da nostalgia, un manojo de toronjil» (usado por las familias para hacer una infusión calmante; en la primera versión, en inglés, la planta era *chamomile*, o manzanilla).

Al componer una canción juntos, los niños forjan lazos de confianza y generosidad, adquieren la seguridad de saber las líneas de los demás, se hacen reír los unos a los otros y practican el canto coral, lo cual requiere atención mutua y cooperación; todo ello suma a la amistad necesaria para salir de aventuras fuera del salón de clase, juntos, para contar su historia.

El barrio, que vemos a través de un ventanal que también nos hace visibles, es parte de nuestro salón de clase. Así dice la letra de «La aventurosa canción de aventuras»: «Nuestro salón de clase será toda España». La acera estéril delante de Still Waters in a Storm es nuestro parque infantil. Durante la primavera y el verano, recibe la sombra de un pequeño cerezo que produce flores blancas pero no frutos. El árbol, enraizado en un cuadrado de tierra, está bordeado por una barandilla de hierro y hoyos cavados por ratas, y rodeado de asfalto. (Los niños, desesperados por un poco de naturaleza, lo trepan y arrancan sus ramitas para poder rozar sus caras en las flores).

Aquí, los niños aprenden a ser conscientes de los demás y a tener en cuenta a los desconocidos, lecciones importantes para sus viajes con *Las aventuras ambulantes*. Cuando están jugando o correteando en la calle, inmediatamente se detienen cuando oyen a alguien, a un niño o adulto, gritar «¡Peatón!», y esperan a que la persona pase. A veces, los transeúntes se detienen para fumar tabaco o marihuana, y les pido que por favor se alejen de los niños. Algunas personas ebrias han ido deambulando por la acera hasta encontrarse en medio de un partido de fútbol; sus sonrisas lentas y distorsionadas, y sus ojos fijos y llorosos, atemorizan a los niños, que saben que deben entrar inmediatamente al salón si éstos se acercan demasiado. Una vez, un borracho robó la pelota de fútbol de los niños y le insistí en que la devolviera, lo que hizo sólo después de que yo le advirtiera que llamaría a la policía.

Quiero que los niños estén a salvo afuera, y que también sean valientes. Eso significa que yo, *in loco parentis*, también tengo que ser valiente, o por lo menos aparentarlo.

Cuando mi hija Zadie corre por la acera delante de nuestro hogar, cada una de sus extremidades, cuatro vectores independientes reñidos entre sí, parece ir por su propio camino, impulsándola hacia adelante, y me parece que en cualquier momento se caerá al pavimento. Sin embargo, corre. Necesita hacerlo, y necesito permitírselo. Su cuerpo tiene fe, sabe que la vida no la dejará caer, y esta fe hace que me dé un vuelco el corazón.

A mi madre, la abuela de Zadie, una mujer diminuta y callada, tan delicada que el viento se la podría llevar, siempre le han encantado las tormentas, las mismas que hacían que nuestro enorme perro lobuno se encogiera de miedo en el sótano bajo la pila de lavar. Cuando éramos niños, mamá nos llevaba a mi hermano y a mí al ventanal enorme que había en la parte posterior de la casa para ver los temporales acercarse, azotar el patio y seguir su camino. En esos momentos, ella no conocía el miedo, más bien le sobrecogía la gratitud. Las tormentas, nos decía, son aventuras. Una vez, cuando fuimos a acampar en el norte de Ontario, nos sorprendió una tormenta mientras andábamos en canoa en medio de un lago. Detrás de mí oía a mamá exclamar «¡Guau!» con asombro cada vez que un rayo estallaba en el aire sobre nuestras cabezas.

Un día, durante la infancia de Still Waters, un tornado atravesó Bushwick. Los niños y yo lo observamos por nuestro ventanal. El cielo de mediodía se oscureció súbitamente; parecía medianoche y sentíamos la pulsación del aire, como si estuviéramos encerrados dentro de un corazón gigante. De pronto cayó una lluvia tan espesa que no podíamos ver nada, ni siquiera las luces de la calle que se habían prendido automáticamente por el prematuro anochecer. Cuando empezó a escampar, pudimos ver, más allá en medio de nuestra calle, un basurero y un toldo de metal volando por el aire. «No se preocupen», les dije, abrazando al grupo de niños acurrucados.

La tormenta se fue con la celeridad con la que había llegado. Todos salimos para ver el daño causado y maravillarnos ante el regreso del sol. Las calles estaban repletas de vecinos que deambulaban asombrados y estupefactos. Había basura por todas partes, ventanas rotas, y más tarde, cuando visité el parque local, vi que la tormenta había arrancado de raíz los antiquísimos olmos que ahora yacían en el área de juegos, destrozando las cercas que marcaban el perímetro del parque. Me dolió ver los árboles derrotados tras haber pasado siglos pacientemente observando los cambios a su alrededor. Sus raíces, ahora expuestas al sol, se desplegaban en el aire y eran más de tres veces mi estatura. Dejaron grandes hoyos en la tierra en donde podrían caerse los niños. Luego, estos hoyos se rellenarían de tierra para sostener árboles nuevos, jóvenes y flexibles.

La destrucción de las cercas también me disgustó. A pesar de que siempre fueron fáciles de escalar, habían delimitado una frontera sagrada, un lugar de encuentro en donde jugar. El hecho de que los árboles, que habían proveído sombra y los acogedores susurros de las hojas a muchas generaciones de niños, se habían convertido en una fuerza violenta que destruyó esa frontera y arruinó el área de juego me pareció una inversión terrible del orden de las cosas.

Pero la imagen que más me asombró y afectó al mostrarme mi propia vulnerabilidad fue la que vi a la vuelta de la esquina de Still Waters, donde estaba el Wyckoff Heights Medical Center. La fachada del edificio de cinco plantas del hospital había sido levantada junto con el aislante de color rosa. Grandes rectángulos rosados y gomosos se habían pegado a los demás edificios, como si un gigante hubiera mascado chicle y lo hubiera escupido con una actitud desafiante de bravucón. Sin el aislante, se veían los cables colgando donde antes sólo había ladrillo. Las paredes externas parecían muy frágiles de pronto, como si el hospital entero estuviera a punto de desmoronarse. Pensé en mamá y en la tormenta eléctrica que experimentamos en nuestra canoa agitada; con voz estremecida les dije a los niños: «¡Guau!».

Durante los ensayos, me toca desterrarles el miedo a los niños. Aparte de sugerirles poses físicas básicas, como arrodillarse, acunar o agarrarse de las manos, hago muy poco. Ensayar es repetir, y a los niños les hace falta la oportunidad de repetir sus líneas y canciones y movimientos con la mayor frecuencia posible. La repetición les da una confianza instintiva y, cuando finalmente abandonan sus guiones, las palabras que pronuncian y cantan —las que también han compuesto— son verdaderamente suyas. En cada ensayo, escucho a los niños recitar sus líneas mientras adoptan una pose simbólica y les pido repetidas veces que por favor lo hagan todo de nuevo.

Un amigo que asiste a uno de los primeros ensayos me pregunta en privado:

—¿Estás seguro de que Sarah puede hacerlo? —La ha visto meciéndose de lado a lado, luchando con el guión.

—Sí —respondo.

Le pido a Sarah que lea el discurso de la sentencia, su larga advertencia al terrateniente abusivo («cumple con lo que has prometido y jurado o sufre la pena de la pena») cinco veces seguidas; luego le pido que me dé el guión para poder servirle de apuntador, y que lo recite cinco veces más. A la quinta repetición sin guión, recita el discurso sin cometer errores, mirándome siempre a los ojos, mientras los demás observan expectantes y emocionados. Su voz tiembla y tambalea: es una acróbata verbal volando alto sobre el circo, y a veces parece que caerá, pero se repone, recita todas las palabras y acaba con un enfático resoplido y un gesto con el puño al aire como de futbolista celebrando un gol. El sonido y el gesto formarán parte de la obra.

—Anda —exclama mi amigo—, ¡lo logró!

Mientras van aprendiendo sus líneas, les digo a los actores de *Las aventuras ambulantes* que si se les olvida alguna cuando están en el escenario, sólo tienen que decir «¡Ayuda!», y uno o más de sus compañeros los ayudará con las primeras palabras. Esto también abarca la música; los niños se ayudan unos a los otros con las letras que se les olvidan, y Kim, acompañando la canción con el piano, esperará y se acoplará al cantante confuso. Practicamos pedir ayuda todos los días hasta que nos resulta habitual. Liberados del miedo de cometer errores, los niños rebosan alegría y confianza. En nuestra primera función, cuando llegamos a la escena de los azotes, Rebecca se queda en blanco y dice: «¡Ayuda!». En seguida, Sarah responde: «Por la pasión de Dios», y Rebecca repite las palabras y continúa. Todos los presentes, tanto en el escenario como en el público, sonríen. La práctica queda establecida.

—La interpretación no significa fingir ser otra persona —les digo a los niños durante los ensayos y lo repito antes de cada función—. Significa ser quienes somos mientras contamos una historia. Cuando el público los ve en el escenario, son testigos de cómo ustedes se muestran como son y reflejan la historia de su crecimiento. No tienen que hacer nada para que esto suceda, y no hay manera de equivocarse. Cuando hablan y cantan, las palabras cargan con todo lo que ustedes son, como barcos que zarpan; hablan y cantan estas palabras, sobre todo las que ustedes han escrito, como nadie más lo puede hacer, y con voces únicas.

Kim y yo nunca les indicamos a los niños cómo deben decir o cantar una línea, sólo les decimos que lo hagan en voz alta y claramente para que el público pueda entender la historia. Los actores tienen que enunciar y proyectar sus voces y llegar al tono cuando cantan. Aparte de esto, sus voces y personalidades son suyas.

—Y hacen esto el uno para el otro —continúo—, al escucharse cuando están en el escenario y al hacer contacto visual, así como la primavera toca a los tulipanes y despierta en ellos la promesa que llevan escondida dentro, pidiéndose entre ustedes que hablen y canten. La historia se desarrolla entre ustedes; la están contando juntos. Al escuchar a cada actor en el escenario, también están enseñándole al público cómo debe hacer para oírlos, y cuando se les olvida una línea y dicen «¡Ayuda!» y sus compañeros se las recitan, y luego ustedes repiten las palabras y siguen, también le están enseñando al público lo que es el amor.

———

Las funciones de nuestra gira son vehículos para nuestras historias personales, y nos llevan a centros de poder que han estado fuera del alcance de estos niños. Nuestros anfitriones reciben a los niños en su mundo y los niños reciben a estos desconocidos en el suyo; el teatro aquí funciona como una bienvenida recíproca.

En la primerísima representación pública de *Las aventuras ambulantes y seriadas de Kid Quixote*, que tuvo lugar en la sala amplia de unos amigos acomodados y generosos en Manhattan a principios de diciembre de 2018 ante un público de más de cincuenta personas, los niños montan su escenario en una alfombra cuadrada en el centro de la habitación. A pesar de que nuestros anfitriones se esforzaron por hacer que todos se sintieran bienvenidos, los padres y hermanos de los niños se quedan cerca de una pared a la entrada del apartamento, y el resto del público se sienta delante del área del escenario y a lo largo de la pared frente a donde están las familias de Bushwick. Hablo con los padres y les digo que el refrigerio servido en las mesas es también para ellos, pero se niegan discretamente. La próxima vez, Magui traerá una cesta llena de conchas (un pan dulce mexicano) y le dará un panecillo a cada miembro del público. Me dice que a ella y a los otros padres les cuesta aceptar comida sin haber contribuido algo también.

Nuestros niños actores establecen un territorio común en la alfombra que separa los dos grupos de espectadores, como harán en cada futura función. Interpretan la obra en el mismo suelo en donde se sientan los demás; nunca están en un escenario elevado, y nunca hay una brecha entre ellos y el público. Todos, desde todos los ángulos, pueden converger en el amor que sienten por los niños, que están ahí mismo, en medio de todos.

Dos meses después, en el Ayuntamiento de la ciudad de Nueva York, en Manhattan, los Kid Quixotes presentan la obra en un salón enorme de planta circular y techo alto llamado «Committee of the Whole» (El comité plenario), donde el alcalde se reúne por las mañanas con los miembros de su plantilla. Nos han mudado aquí a último momento porque el salón original no tenía cabida para todos los funcionarios de la ciudad que pidieron asistir. Ni bien entran los niños, se detienen y miran todo maravillados. Las ventanas imponentes son de la altura de los techos de los edificios en Bushwick en donde viven los niños.

Mientras configuramos el piano eléctrico, los atriles y los objetos para la función, y decidimos dónde colocar el escenario, nos damos cuenta de que la enorme mesa de reunión, antigua y maciza con unos cinco metros y medio de diámetro, no se puede desplazar del centro del salón. Queremos sentar al público ahí, pero es imposible; es demasiado pesada.

Los niños optan por colocar el escenario delante de la pared en donde está la chimenea, de cara al centro del salón. El público está dividido en dos grupos, uno a cada lado de la mesa. Una vez más, a los niños les toca la tarea de unificar un salón dividido por un obstáculo común. Cuando presentamos la obra en el apartamento en Manhattan, el obstáculo era una brecha cultural, lingüística y económica. Aquí, en el Ayuntamiento, el peso y la magnitud de la historia y del poder político (representados por la mesa inamovible) no impiden que el público se regocije, unido, al ver la obra. Un hombre se levanta durante la charla que celebramos después de la función y dice: «Me crié en Bushwick, y estoy impresionadísimo con ustedes. Éste es su lugar».

Durante la composición de lo que había comenzado como «La canción de la amistad» y terminó siendo «La aventurosa canción de aventuras», Génesis pronunció la palabra «poder».

Génesis, que ahora tiene once años, ha participado en el proyecto de *Las aventuras ambulantes* desde su comienzo, desde los ocho años, casi nunca habla. Asiste a todas las sesiones de lectura y escritura y a los ensayos. Canta y actúa en el coro de la obra, es irremediablemente bondadosa y casi nunca comparte sus ideas con el grupo durante la clase. Pero ese día, mientras confeccionábamos la lista de ideas que asociamos con la palabra «amigo», como «paciente», «humilde» y «abrazo», Génesis comparte:

—Pienso en el poder.

—¿Qué tipo de poder? —pregunto.

—Tu amigo te podría proteger. Cuantos más amigos tienes, más lugares tienes en donde estar a salvo.

—¿A salvo de qué?

—A salvo de los acosadores.

—¿Quieres decir que tus amigos se pelearían con los acosadores?

—No, sólo que cuando los acosadores te dicen cosas crueles no tienes por qué escucharlos porque tienes a tus amigos y los amigos te dicen cosas bonitas.

———

Lo que comenzó en Still Waters como empatía personal tiene ahora una agenda pública: hay una historia que debe contarse, la historia de los niños que viven al margen de nuestro amor como nación. La gente tiene que conocer a los que cuentan la historia para empezar a entablar una relación cara a cara, como individuos y no masas.

Salir de aventuras puede resultar en el descubrimiento de que uno tiene puntos en común con los que están en el otro bando: uno se arriesga, confía en la valentía, e incluso en la suerte. Como dicen los Kid Quixotes en «La aventurosa canción de aventuras»: «Lo que nos salvará del miedo es enfrentar lo desconocido». Contar tus historias a gente que te conoce pero que podrá no comprenderte requiere valentía, y así pides que te conozcan más. Viajar con tus historias a hogares ajenos, salones de clase y despachos gubernamentales, todos estos dominios desconocidos, es una especie de conquista en la que intentas ganarte los corazones de los demás, cosa que requiere aun más valentía de la que mostramos en nuestro salón de clase.

Cada local donde representamos nuestra obra es único con respecto a sus dimensiones, su acústica y el tamaño y la demografía del público. Nos preparamos para semejante diversidad al enfrentar y resolver los problemas cuando surgen durante los ensayos, sea una línea olvidada, un objeto extraviado, una entrada equivocada, la interrupción causada por una sirena de ambulancia o alguien que entra de la calle preguntando si somos una biblioteca. Miguel, que formaba parte del grupo de *El paraíso perdido* antes de que su familia se mudara, apareció una vez durante un ensayo de *Las aventuras ambulantes*, dos días antes de una función. El grupo se detuvo, lo saludó con la mano y dijo, «¡Hola, Miguel!», y volvió a su tarea. Él se quedó a mirar un rato, y luego se fue. La respuesta ante toda interrupción es siempre la misma: reconocerla y luego retomar la historia.

Menos mal que durante nuestros ensayos hay muchísimas distracciones. En las funciones, los niños han tenido que lidiar con un perro que atravesó el escenario, bebés que hablan o lloran, celulares que suenan y una niña de tres años que entró al escenario y se sentó al lado de Sarah para disfrutar de la obra desde el centro de la acción. Los actores mantienen la calma con equilibrio, reconocen la distracción —acarician al perro, saludan a la niña e incluso se ríen de los bebés y de los celulares— porque saben que se les presentarán obstáculos y que éstos nos permiten reconocer la realidad que nos rodea, y decir que todos, tanto los actores, como el público y el perro, estamos presentes en este espacio, y no fingimos lo contrario.

Al darle la bienvenida a una variedad de invitados en nuestros ensayos, nos acostumbramos a una variedad de reacciones ante la obra. Algunos encuentran todo muy cómico y se ríen mucho, mientras otros observan calladamente, prestando mucha atención sin reír ni aplaudir, y luego irrumpen en vítores al final de la obra.

Durante las dos primeras funciones de nuestra gira, los niños se acostumbran a la idea de que la gente aplaude después de cada canción, y entonces empiezan a dejar tiempo para los aplausos. Cuando en el día de la tercera función, en un salón en Hunter College, el público (de unos cincuenta estudiantes y profesores) no aplaude después de la primera canción, los niños esperan un par de segundos, se dan cuenta de lo que sucede y continúan. Cuando el público no aplaude tras la segunda canción, los niños ya se han adaptado a la situación y siguen adelante sin pestañear. Al final, cuando los niños hacen su reverencia, el público aplaude larga y enérgicamente. Luego, después de una breve conversación entre actores y público —el diálogo formal entre grupos que siempre hacemos— varios espectadores se toman el tiempo de hablar con los niños cara a cara, felicitándolos de manera detallada. Han estado prestando especial atención.

En la casa de una amiga en el Bronx, los niños se adaptan al espacio más pequeño de todos, una alcoba poco profunda de no más de dos metros de ancho para un grupo de quince actores. El público cuenta con unas cincuenta personas que se amontonan en la sala, en la cocina colindante, en el pasillo y en las escaleras, sentándose en el piso con las piernas encogidas para hacerles lugar a los demás y a nosotros. Sus pies y los nuestros se tocan. Los actores tienen que limitar sus movimientos corporales, pero pueden hablar en un tono conversacional normal, lo que hace que esta función sea menos una representación teatral y más bien una charla entre amigos. Sin una frontera entre el público y los actores, los miembros del público podrían abrazar fácilmente a los niños al final de la obra, sólo tienen que extender los brazos.

Ya adentrados en nuestra gira, en Drexel University en Filadelfia, nos toca presentar la obra en un lugar y un público más grande de lo acostumbrado: doscientos estudiantes y profesores en una sala de conciertos de gran profundidad y altura que tenía, además, balcón. Hasta esta función, nuestro público más grande había sido de unas cincuenta personas, y no había nadie sentado a una distancia de más de cuatro metros y medio de los actores. A los niños se los podía oír aun cuando susurraban, y sus gestos faciales sutiles se podían percibir con facilidad. En Drexel, la persona más alejada está a una distancia de por lo menos treinta metros y medio, y unos nueve metros por encima del escenario. La gente en el balcón se pierde las caras de los niños, quienes tendrán que proyectar sus voces. Les digo a los desconocidos que para nosotros la sala es gigantesca, y que necesitamos su ayuda para poder probar el alcance de nuestras voces. Les pido a los actores, uno por uno, que reciten una línea de la obra para los que están en el balcón, y le pregunto al público si logra oírlos. Si al niño no se lo oye, le pido que repita la línea hasta que el público diga que oye cada palabra.

Estamos contando una historia, y es la historia de la gente en la sala, un diálogo entre actores y público. Ahora ya no hay tanta presión: ni los actores sienten la necesidad de sostener el artificio perfectamente, ni el público siente la necesidad de creer que el artificio es real. A todos se los ha liberado de la presión de emitir un juicio para que la conversación florezca. El público de Drexel reacciona durante la obra con alegría bulliciosa; aclaman a estos niños que ahora han llegado a conocer.

Lo mismo sucede en New York University. El público, estudiantes de actuación en una sala de ensayos, se presenta individualmente a los niños antes de la función. El profesor de la clase y yo hemos animado a los universitarios a hacerlo; durante unos diez minutos, todos caminan alrededor de la sala, dándose la mano, saludando y sonriéndose mutuamente. Aquel público, compuesto de nuestros nuevos amigos, retienen cada palabra y nota musical de la obra, expresando su alegría. Al final, les otorgan a los niños una ovación de pie.

Cuando viajaba con Real People Theater tenía que anticipar desastres de todo tipo.

Después de representar nuestro *Hamlet* en Repertorio Español, un teatro que monta obras en español en Manhattan, casi me atropella una camioneta mientras cruzaba la calle con los muchachos. Angelo le pegó un manotazo a la camioneta mientras pasaba y el conductor se detuvo, dio marcha atrás, se detuvo, salió y, con una palanca en la mano y echando fuego por los ojos, vino hacia nosotros. Easy, que caminaba tan ligera y ágilmente que siempre parecía estar caminando sobre la luna, agarró un cubo grande lleno de rosas amarillas de la bodega de la esquina, se deslizó detrás del conductor y echó todas las rosas y agua sobre la cabeza del agresor. Éste se dio la vuelta rápidamente, miró a Easy y levantó la palanca en el aire. Inmediatamente intervine, gritando: «¡Por favor, pare! ¡Son mis estudiantes! ¡Acabamos de representar *Hamlet*! ¡Perdone!». El conductor ensopado pestañeó para sacarse el agua de los ojos, jadeante y estupefacto mientras procesaba lo que le había dicho. Se dio la vuelta y volvió a la camioneta, que estaba bloqueando la calle. A los conductores que protestaban con las bocinas les gritó: «¡Cállense, carajo!» y se fue, atropellando las flores con sus ruedas.

Antes de que despegara el avión para un vuelo al otro extremo del país, Lucy inclinó su asiento hacia atrás, bajó su bandeja y apoyó los pies sobre ella. Cuando la azafata le pidió que bajara los pies y que devolviera la bandeja y el asiento a su posición original, Lucy la miró fijamente sin moverse. La azafata repitió su petición, y Lucy, una vez más, permaneció inmóvil.

—¿Acaso le resulta difícil cumplir con las regulaciones de aviación federales? —preguntó la mujer.

—Lucy —dije desde el otro lado del pasillo—, por favor, haz lo que te pide, hazlo por nosotros.

Sin dejar de mirar fijamente los ojos autoritarios de la azafata, Lucy, muy, muy lentamente, accedió.

Mi experiencia al viajar con los Kid Quixotes es diametralmente opuesta. Siempre son educados y respetuosos con todos: con los desconocidos en el metro, los conductores de nuestros autobuses, los desconocidos con los que nos cruzamos durante el trayecto de nuestro salón de clase al lugar de representación, y con los que nos reciben al llegar. Los niños siempre dicen «por favor» y «gracias».

Cuando más se han alborotado ha sido cuando se han puesto a cantar en el metro las canciones que han escrito para la obra y brincado por las aceras al acercarse a su destino. Al llegar al lugar, están emocionados y alegres y hablan más alto de lo normal, pero pronto vuelven por sí solos a su volumen natural. Huelga decir que nos desplazamos con tanta despreocupación gracias a las madres atentas que viajan con nosotros, y gracias a nuestros adolescentes, que entienden su función como protectores y ejemplos a seguir para los más pequeños. También se debe a lo que practicamos en clase al prestarle atención al prójimo y estar conscientes de lo que los demás necesitan.

Al viajar a lugares diferentes y adaptarse a gente nueva, los Kid Quixotes también están aprendiendo a adaptarse a las ausencias experimentadas dentro del grupo mismo.

Faltar a la escuela pública típicamente conlleva que el estudiante se ha perdido una lección y que al volver tiene que ponerse al día. Pero el retraso no afecta a nadie más; es un compromiso individual que el maestro evaluará, y el maestro no requiere la participación del estudiante para seguir adelante con los demás. La clase es una agrupación arbitraria de niños cuyo sentido de unidad no es esencial para lo que se propone lograr. Los métodos del maestro probablemente cambien de acuerdo con el tamaño del grupo: enseñar a un niño es muy diferente a enseñar a unos treinta. Pero, aunque cada niño sea muy querido por todos, si uno falta, la clase continúa; se sigue estudiando el material. Esto me pasaba en Bushwick High. Cuando faltaba un muchacho, lo extrañaba en lo personal, pero seguía con la lección que había preparado.

Lo que hacemos en Still Waters no sólo está hecho por los niños sino que ellos, además, son su materia prima; es la relación que tienen y el diálogo que establecen entre sí. La ausencia de un niño cambia todo radicalmente: falta una voz, una voz única. Claro que el diálogo continúa, pero en realidad nadie puede remplazar a otro. Una conversación entre Sarah y Alex es muy diferente a una conversación entre Sarah y Joshua.

El hecho de que alguien los necesite de esta manera es nuevo para los niños; aquí no hay castigo ni amenaza de castigo por faltar. Sólo hay gente que los espera.

Necesitamos a cada uno de los niños, pero la paradoja es que la función tiene que representarse independientemente de quién llegue o no.

Nuestros ensayos para *Las aventuras ambulantes*, en los que desarrollamos el guión por medio de nuestras conversaciones, requieren la presencia de los actores que hacen los papeles, pero los actores a veces faltan. Cuando esto sucede, otro niño se encarga de hacer el papel del ausente durante un ensayo, o incluso durante una función pública. El matiz de la obra cambia según cuáles de los varios actores (y sus personalidades) representan un papel; para cada papel, tenemos dos, como mínimo, y con frecuencia tres, suplentes.

El día antes de ir a New York University, nos enteramos de que ninguno de los tres niños que han preparado el papel de Andrés (el pastor de la escena de los azotes) puede asistir a la función. Cleo, de siete años, que ya ha perfeccionado su papel como la niña refugiada y encarcelada en la segunda parte de la obra y que ya entona su solo con absoluta y brillante confianza, se ofrece a salvar el día. Como la mayoría de los niños, ha visto la escena muchas veces y sabe exactamente lo que tiene que cantar, decir y hacer.

—Cleo, tienes que hacer el papel del pastor mañana, te necesitamos —le digo.

—Había una vez —me dice sólo a mí en una voz muy, muy baja— una niñita que pensaba que era sólo una niñita, pero en realidad era una estrellita muy pequeña que brillaba en el cielo y que a veces bajaba a la tierra si la gente necesitaba más luz, como cuando estás haciendo la tarea pero la bombilla de mi cuarto se está desgastando. Iba a todas partes para ayudar a todos los que estaban en la oscuridad y ellos ni siquiera sabían que era ella, sólo veían la luz. Un día le cantó una canción a otra niñita que se sentía sola de noche y la niñita tuvo dulces sueños.

Cleo hace esto a menudo; responde a preguntas directas con historias hilvanadas de fantasía, cuentos de hadas espontáneas que ella, de alguna manera, relaciona con lo que se le acaba de preguntar.

Después de un ensayo al día siguiente, donde se repitió la escena sólo dos veces, Cleo interpreta los dos papeles y canta los dos solos; gracias a ella, pudimos seguir adelante. Después de la función le digo al público lo que ha logrado Cleo y todos la aclaman. Es nuestro héroe.

Las asociaciones de ideas que acumulamos en clase forman la base de nuestro guión y de nuestras canciones, y las asociaciones de amigos (del latín *socius,* «el que pertenece»), pueden formar la base desde la cual rehacemos nuestras vidas.

Magui, la madre de Sarah, que intentó entrar siete veces a los Estados Unidos y ha vivido en Brooklyn durante quince años, de pronto se encuentra en peligro de deportación porque alguien cercano a ella la ha denunciado a ICE.

Magui me llamó por medio de Mónica, una amiga de Still Waters que es mexicano–estadounidense y bilingüe, porque quería asegurarse de que yo entendiera exactamente todo lo que estaba sucediendo. A Magui la habían separado de sus hijos por primera vez (sin contar el tiempo que pasan en la escuela), y se estaba mudando de hogar en hogar, hospedada por hermanos, primos y vecinos.

Mónica y yo nos pusimos a llamar a todos aquellos que podrían ayudarnos: abogados, funcionarios tanto de la ciudad de Nueva York como del estado, amigos que podrían conocer a gente de poder e influencia, periodistas y grupos de defensa

de inmigrantes. Esas personas llamaron a otras y así sucesivamente. La comunidad de Still Waters se extiende mucho más
allá de Bushwick.

Como escribió Robert Louis Stevenson en una carta pri-
vada, los actos de bondad pueden crecer exponencialmente
«haciéndonos felices a través de los otros y cosechando beneficios que se multiplican por treinta, por cincuenta o por
mil». Tres excelentes abogados ofrecieron representar a Magui
de gratis, y nuestro movimiento político voluntario bilingüe
buscó por todos los cinco condados de la ciudad hasta encon-
trarle un lugar donde vivir a salvo y un lugar donde poder
reunir, con el tiempo, a su familia.

El tener que esconderse le recuerda a Magui que su nombre
no está en el contrato de arrendamiento de su hogar, un apartamento de tres dormitorios que su familia comparte con otras
dos familias y donde viven unas quince personas en total. Esto,
a su vez, le recuerda a su padre en una de sus furias etílicas, a
sus costumbres violentas, blandiendo un látigo, gritando que
sus hijos vivían en su terreno, en su propiedad, y que por ende
podía hacer lo que quería. Para Magui, la tierra que pisa le ha
sido siempre ajena.

Nuestros esfuerzos por correr la voz mediante llamadas
puede que no salven a Magui, pero por lo menos ahora no está
sola. Mónica la llama todos los días, hablándole en español y
comunicándose con los abogados, ofreciéndole una amistad
verdadera a una mujer que dice que no tiene amigas. «Nunca
salgo», dice Magui, una y otra vez, apelando repetidas veces
a la justicia del universo, o a quien sea que decide lo que está

bien y lo que está mal. «No bebo ni fumo ni salgo a bailar. No tengo amigas. Lo único que hago, día y noche, es cuidar a mis hijos».

Mientras Sarah está separada de su madre, hace un dibujo.

—¿Es un tigre? —le pregunto cuando me lo muestra.

—Sí.

—¿Es el mismo que llevó a tu mamá por el desierto?

—Sí.

—¿Y quién está allí a lo lejos?

—Mi mamá.

—¿Y por qué están tan separados?

—El tigre se escapó del Centro de Control de Animales y está perdido y mi mamá lo está buscando.

—¿Y qué hará cuando lo encuentre?

—Darle un abrazo.

—¿Algo más?

—Lo llevará a un lugar seguro.

—¿Dónde puede estar un tigre a salvo en la ciudad?

—No lo sé. Tendré que pensarlo. Quizás vuelvan a México.

«No lo sé» y «quizás» son expresiones difíciles para Sarah, que se siente responsable de que su madre esté separada de sus hijos. Se culpa a sí misma; piensa que habrá hecho algo malo. Y como cree que ha causado lo que la familia ahora denomina «El problema», siente que ella, Sarah, con sus nueve años, tiene que encontrar «La solución».

Pero ¿qué puede ella decir o hacer?

# — 3 —

# Dueña de mí misma

En el verano de 2018, después de trabajar durante casi dos años en *Las aventuras ambulantes*, el grupo compone una canción basada sobre un ejemplo extraordinario de inclusión y atención. Las andanzas de nuestro héroe, don Quijote, lo llevan al entierro de Grisóstomo, un joven pastor y poeta que se ha suicidado, según nos informa póstumamente en verso, porque Marcela, una bellísima pastora, no ha correspondido a su amor. Los amigos de Grisóstomo también culpan a la muchacha y la vituperan, tachándola de cruel y desagradecida. Se refieren a ella como «basilisco» y dicen que hace más daño que la pestilencia.

Durante el entierro, aparece Marcela y, desde la colina ante los muchachos, se defiende mediante un monólogo que se extiende por varias páginas, sin ser interrumpida ni criticada. Les pide a los pastores que dejen de seguirla y de idolatrar su belleza. En nuestra adaptación al inglés, Marcela dice: «Yo nací libre, y para poder vivir libremente, escogí la soledad de los campos. Los árboles de estas montañas son mis compañeros, las claras aguas de estos arroyos son mis espejos; con los árboles y con las aguas comunico mis pensamientos y hermosura. La conversación honesta de las demás pastoras de estos valles me entretiene. Soy un fuego apartado y una espada a lo lejos».

Al no haberle prometido nada a Grisóstomo, Marcela no es culpable ni de la decisión del mozo de cortejarla, ni de su decisión de quitarse la vida. Al advertirle a los muchachos que se aparten, se describe como una mujer peligrosa, como «fuego» y «espada».

El hecho de que se detenga la trama de la novela para permitirle a una muchacha defenderse y refutar, punto por punto, las acusaciones hechas en contra de ella por parte de los muchachos, es valiente y muy inusual, especialmente si se toma en cuenta que el libro fue escrito hace más de cuatrocientos años y por un hombre. Las niñas de *Las aventuras ambulantes* quieren sacarle provecho a esta anomalía.

—Quiero ser ella —dice Alex—. Quiero cantar su canción.

Nuestra adaptación musical del discurso de Marcela, que se llamaba originalmente «La canción de los niños y las niñas», porque según Lily «de eso se trata lo que dice Marcela», está basada también en un ensayo escrito por Alex. El resultado es una aseveración, igual de audaz y original, de la autodeterminación. «Elegimos amar de la manera en que amamos», afirma el Coro, desafiando así los prejuicios en contra de la gente LGBTQIA+, y Alex canta que ella y su familia son «dientes de león». Los niños escogieron esta metáfora para describirse a sí mismos, a sus familias y a su gente, los inmigrantes, como flores que crecen en el lugar equivocado. Son fuertes y bellas, y brindan luz y comida. La canción lanza la pregunta: «¿Quién decide si una flor es una mala hierba?».

Al empezar a trabajar en la escena en donde Marcela corrige la historia que le ha sido impuesta por los pastores, les pido a los niños que escriban sus respuestas a la pregunta: «¿Soy dueño de mí mismo?». La pregunta proveerá el título de la canción, ya que presenta la lucha de poder ligada a la idea de que somos de alguien, o que le pertenecemos a alguien.

—Es obvio —dice Alex del título, después de que hemos terminado de componer la canción—. Esta es la gran batalla de mi vida.

La mayoría de las respuestas se refieren a figuras de autoridad: maestros, padres, entrenadores, hermanos mayores, la policía, todas las personas que pueden decirles a los niños lo que tienen que hacer y a quienes hay que obedecer para evitar un castigo.

Cuando le toca a Alex leer lo que ha escrito, la esperamos atentamente, pero no dice nada. Como pienso que se niega a hablar para molestar a su compañero Joshua, otro adolescente (que en latín significa «en vías de crecimiento»), jugando con sus ganas de escucharla leer, digo:

—Vamos, Alex, estamos esperando.

Alex lleva casi la mitad de su vida asistiendo a Still Waters; empezó cuando tenía sólo siete años y venía con su hermana mayor, a la que era muy apegada. Su hermana era la que siempre hacía todo bien, y cuando dejó de venir a Still Waters y pasó a otras cosas, Alex, la hija del medio, dejó de asistir durante un periodo de dos años. Un día, ya con once años, Alex, bastante más alta, volvió. Sus padres dijeron que necesitaba ayuda, que estaba fracasando en la escuela y parecía estar deprimida. Alex pidió volver a Still Waters, su santuario, y prometió empezar a hacer su tarea.

Ahora, tres años después de su regreso, conoce bien la práctica de compartir nuestros escritos al grupo. Lo ha hecho muchísimas veces ya, aunque calladamente, con frecuencia pidiéndoles a otros que lean por ella. Con suerte, Alex habla en clase una vez por sesión, escondida dentro de la capucha de su sudadera.

Sin embargo, el silencio prolongado y total que experimentamos hoy al esperar que lea es inusual. Podemos oírla inhalar y exhalar por lo que nos parece una eternidad, y los niños se miran los unos a los otros y a mí como si preguntaran: «¿Y ahora qué hacemos?».

Lo que hacen es esperar, silenciosa y pacientemente, dándole espacio.

Después, Alex lee lo siguiente:

—A veces soy dueña de mí misma. A pesar de tener miedo. Hay mucha gente que me acepta, pero me da miedo de que cuando salga de la burbuja de la ciudad de Nueva York, el odio triunfe. Tengo miedo de nunca tener la vida que quiero tener con ella. Sí, ella, no él. No soy ni lesbiana ni bisexual. Soy pansexual. No me gustan sólo los chicos o las chicas, me gustan las personas que se consideran a sí mismas de género fluido, cuando no te identificas ni como chico ni chica. Creo que todos deben sentirse amados sin importar nuestra raza, religión, orientación sexual y ninguna otra cosa. Irme de Nueva York es mi sueño, pero también mi pesadilla. Temo lo que otros podrían decir de mí. Nunca siento vergüenza cuando la gente me llama gay. Quiero ser libre, pero mi edad y mi género no me lo permiten. O soy demasiado joven para conocer el amor o demasiado joven para entender realmente la sociedad. La gente con la que me rodeo me hace ser quien soy; mis elecciones determinan mi camino. Mis padres me dicen que soy libre para ser quien quiero ser, amar a quien quiero amar, soñar lo que quiero soñar. Pero siempre seré su niñita, la revoltosa, la que tiene problemas emocionales. Dejo que todo suceda a mi alrededor. No intento controlar nada, porque estoy confundida con respecto al rumbo de mi vida. Mis padres sólo quieren que sea feliz, pero parece que siempre elijo mal. Están desilusionados conmigo. Puedo despojarme del dolor que siento. Pero disfruto de los viajes eternos en auto en México, y cuando el viento que me acaricia se siente como libertad. Por mi raza también tengo derecho a todo lo que representa mi país y mi cultura. Puedo ser dueña de mí misma; es sólo que dejo que otros dicten lo que me conviene o no. Sólo estoy rodeada de aquellos que son menores o mayores y que han experimentado tanto. Todos me han enseñado algo; influyen en mis pensamientos y elecciones y atiendo a sus consejos. Todos influyen en mi vida; mis propias experiencias no son suficientes.

Después de otro silencio prolongado, Sarah dice:

—Es una oración en la que nos pide que la entendamos.

Todos sabemos de inmediato que el manifiesto de autodeterminación de Alex será nuestra próxima canción. Ahora, Marcela y Alex se convierten en una, en muchachas que afirman su derecho y el poder de narrar su propia historia y definirse a sí mismas. El deseo de hacer esto, de decir, como hace don Quijote, «Yo sé quien soy», es tan insistente que pide ser expresado con música.

El grupo entero conoce el potencial opresivo de las historias. Todos los días, los niños y sus familias soportan las pesadas cargas impuestas sobre los inmigrantes y refugiados. Es un discurso que los define como «criminales, violadores y asesinos» y «hombres malos», miembros de pandillas, «una infestación», siempre el «otro», el «extranjero», el desconocido cuyo ser y cuya vida entera es, por definición, ilegal.

—La palabra «definir» —les digo a los niños— proviene del término latín que significa «el final», donde algo o alguien llega a su punto límite, donde yo dejo de ser «yo» o tú empiezas a ser «tú».

—Pienso en la piel —dice Alex cuando le ofrezco al grupo esta definición de «definición»—. Nuestra ropa, o la silueta de tiza que dibuja la policía alrededor de un cadáver en la calle.

En los límites de nuestro ser, tenemos un cartel colgado mirando hacia fuera. Al principio de *Don Quijote*, vemos al protagonista, un lector compulsivo de novelas de aventuras por las que incluso sacrifica el sueño, bautizarse «don Quijote» (antes se llamaba el «señor Quijano»), nombre que alude a una pieza de armadura. Decide que es un caballero andante, un héroe cuya misión en la tierra es rescatar a los necesitados y defender a los indefensos. También le cambia el nombre a su caballo, un rocín viejo y cansado, llamándolo Rocinante, apelativo nacido de «quién había sido antes que fuese de caballero andante, y lo que era entonces». Luego le concede el nombre Dulcinea (por «dulzura») a su amada dama imaginaria. Al salir en busca de aventuras, está forjando su narrativa.

Al principio de *Las aventuras ambulantes y seriadas de Kid Quixote,* después de leer obsesivamente noche y día, aun cuando su madre la está preparando para la escuela, Sarah, de camino a la escuela y lejos de la mirada materna, se quita la falda del uniforme, bajo la que lleva pantalones. Agarra la falda y la sacude enérgicamente al declarar: «¡No me gustan las faldas!». Después, alza el libro sobre la cabeza y grita: «¡Yo soy don Quijote!». Tras interrumpir los azotes que recibe el pastor, se autodenomina «El desfacedor de agravios y sinrazones», lo que los niños traducen como «*The Righter of Wrongs*» (El que corrige las injusticias).

Durante una sesión de escritura le pregunto a Sarah si quiere que los demás personajes se refieran a ella como «él» o «ella»: opta enfáticamente por «él». Antes de esto, Sarah, de ocho años, ha revelado en clase que se siente tanto niña como niño, y que odia ponerse vestidos. En nuestra obra, Sarah, tanto en su vida real como en su papel de Kid Quixote, también está forjando su propia narrativa.

Un año después, cuando Alex, con quince años, reúne el

valor para decir quién es y admite que le da miedo decirlo, le da las gracias a la pequeña Sarah, que ahora tiene nueve años, por haberle abierto el camino. Sarah mira atónita, con los ojos y boca abiertos, y pregunta:

—¿Gracias a mí?

Todos se ríen ante su reacción sorprendida, que ya conocen y aprecian.

—Sí —dice Alex—: gracias a ti.

La afirmación de Alex, el viaje de autoconocimiento que comparte con los demás, se basa en oposiciones binarias tales como «ni niño ni niña», «sí, es una ella, no un él», «no soy lesbiana ni bisexual» y «otros me dictan lo que está bien o mal». En cada ejemplo, Alex se presenta en oposición a las restricciones binarias para así construir el andamiaje de su propia narrativa, más allá del binarismo. Si quiere que los demás la comprendan, tiene que empezar por conocerse a sí misma. Este proceso de autodefinición fluctúa con el tiempo: «La gente con la que me rodeo me hace quien soy», escribe Alex. Se define por medio de una multiplicidad de relaciones que transcienden fronteras y repite, al final del discurso: «Todos me han enseñado» y «Todos influyen en mi vida».

Después de su revelación, Alex falta a clase por un mes. Suele hacerlo, y nunca pregunto dónde ha estado ni qué ha estado haciendo; sólo celebro su regreso con los demás.

Durante su ausencia, el resto del grupo busca asociaciones, imágenes e historias que conecten las palabras de Alex con nuestras vidas para que nos sintamos identificados todos con la canción que estamos componiendo. Determinamos, tras leer cuidadosamente y hacer varias rondas de votaciones, cuales son las palabras más significativas del ensayo de Alex. Luego, tras otra sesión de lluvia de ideas, escribimos lo que pensamos cuando oímos cada una de las palabras clave:

TEMEROSO: separado de mi familia, niñita en la oscuridad, monstruo en el armario

DEFÍNETE: diccionario, nacer, a quien amo = quien soy

SENTIRSE AMADO: abuela me besa en la cabeza cuando salgo de la fábrica donde ella trabaja, abrazos como pétalos de rosa, ¿qué es una mala hierba?

LIBRE: se acabó la escuela, ir al parque sola, la Estatua de la Libertad

ELECCIÓN: dos puertas para entrar al baño y ninguna es la correcta, ¿cuál lápiz de color utilizo?, ponerle el nombre a un bebé

COMPRENDER: vibraciones simpáticas, enséñame polaco durante la hora de recreo, un signo de interrogación

SENTIR EL VIENTO: jugar en el parque sobre la grama, el aleteo de la lengua de mi perro cuando se asoma por la ventanilla del auto, una cometa que se va volando

BIEN O MAL: ¿Acaso está mal ponerse a bailar en un lugar público?, las respuestas en la escuela, la balanza de la justicia

TODOS: tomarse de las manos, canto coral, abrazo de grupo

Como siempre, tomo apuntes mientras todos se turnan leyendo.

Con las ideas que hemos reunido durante dos semanas, nos enfocamos en la clasificación binaria que se nos ha asignado a todos: «niños» y «niñas». Les pido que hagan listas de lo que se espera de los niños y de las niñas usando los encabezamientos «A los niños les toca» y «A las niñas les toca». Después de escribir, nos turnamos leyendo nuestras listas al grupo y recojo las respuestas, junto con los resultados de la lluvia de ideas que hemos hecho sobre las palabras claves de Alex. Pasaré todo a máquina para luego distribuirlo al grupo; es el material preparatorio para nuestra canción. Esta segunda fase nos ha tomado otras dos semanas.

A su regreso, Alex hereda todas estas ideas colectivas que confirman su valentía y proporcionan la materia prima para su canción.

Las listas de expectativas que se imponen a niños y a niñas contienen más de cien por cada género.

—¿Podríamos resumir las listas? —le pregunto al grupo.

Hay un largo silencio mientras los niños, Alex entre ellos, leen las hojas.

—«A las niñas les toca» —dice Tabitha, una adolescente de voz dulce que acaba de integrarse al grupo—: se puede resumir, creo, al decir «complacerlos a todos». «A los niños les toca ser fuertes» resumiría lo que se espera de los niños.

Los Kid Quixotes de ambos bandos se niegan a cargar con una identidad impuesta. Dicen que no les gusta sentirse como fracasados al no encajar con estas definiciones; son limitaciones dictadas e impuestas como la geometría de una jaula. Se preguntan cómo nacieron estas ideas y se oponen a las decisiones que se toman por ellos, sin consultarles, pareciéndoles todo muy injusto. Rebecca, que ahora tiene doce años, habla con tanta autoridad que podría hacer que el destino dudara de sí mismo:

—Está mal que el mundo decida quiénes somos cuando ni siquiera nos conoce.

Las compañeras de clase que tienen hermanos varones protestan que ellas tienen más quehaceres en la casa; tienen que ayudar a sus madres a cocinar y limpiar mientras que los niños hacen lo que quieran.

Sarah reitera que odia los vestidos, pero su madre se los sigue poniendo. Cuando Sarah se pone un vestido, es como si la prenda la persiguiera mientras ella intenta eludirla. Me recuerda la vez que mi gato, Robin Hood, metió la cabeza por el asa de una bolsa de compras vacía y luego se asustó y empezó a correr y correr sin poder deshacerse de ella.

—Además —añade Sarah— odio a las princesas porque sólo esperan que los niños las salven.

Lily se emociona.

—¡Eso es muy cierto! —grita, de pronto incorporándose en su silla—. ¡Todos piensan que las niñas tienen que complacer a todo el mundo! ¡Como si nos tocara hacer todo lo que se nos pide! Es como si naciéramos bajo un peso enorme, como si estacionaran un autobús encima de un jardín. ¡Tenemos que quitarnos el autobús de encima sólo para ver el sol!

Doce meses después de leer el poema «La flor» de George

Herbert, hemos vuelto a su metáfora principal, esta vez por iniciativa propia.

—Sí —responde Alex, cuyos ojos abiertos revelan su pasión, imperceptible en su voz monocorde y humilde—. Es como si hubiera una sola manera de ser niña, un solo tipo de niña, cuando, en realidad, hay muchas flores diferentes en el jardín.

—¡A veces ni sé lo que soy! —dice Sarah con insistencia—. Mi papá dice que soy como un varón.

Joshua levanta la mano y exclama:

—¡Un momento! Eso de tener un autobús encima no sólo les pasa a las niñas. ¡Fíjense en las dos listas! Los niños también llevan la carga de las expectativas.

Joseph, un niño de siete años que acepta la mayoría de las ideas mencionadas en la lista dedicada a lo que «a los niños les toca», protesta que a veces necesita llorar, como cuando su padre, que está separado de su madre, prometió llevarlo al cine y nunca apareció, o cuando Joseph se cayó y se lastimó la rodilla.

—Me siento mejor cuando lloro —dice, experimentando de nuevo el dolor mientras habla con la convicción de un activista político. Le digo que estoy de acuerdo, y que mi madre siempre me decía que podía llorar cuando necesitaba hacerlo y que, cuando lo hago, siempre siento un gran alivio al descargar la tensión causada por retener lo que debo soltar.

—Y los inmigrantes —añade Percy—: Para los inmigrantes también hay una lista de expectativas.

Tabitha dice que en el supermercado alguien les dijo a ella y a su madre: «¡Estamos en los Estados Unidos! ¡Hablen en inglés!».

—Nací en la luna —dice la pequeña Talia, y todos se ríen.

—Bueno sí, pero en serio —dice Joshua.

—¡Estoy hablando en serio! —responde Talia—. Nací en la…

—Talia —le advierto.

—Adelante, Joshua —digo.

—Muchos ya nacen necesitando una segunda oportunidad —continúa.

Felicity se une a la conversación:

—Como aquella mujer y su bebé que hasta en invierno duermen afuera en una caja de cartón al lado de la estación de tren.

Se nota a leguas que está al borde del llanto.

—Y como Oscar Wilde, a quien encarcelaron por ser gay —añade Alex.

Esta conversación formará después parte de la letra para la canción «Dueña de mí misma»:

Un jardín de flores
De todos los amores

Al principio, los niños han escrito «colores» al final del segundo verso, pero Alex protesta al decir que «colores» implica que se trata sólo del color de piel o tipos de persona en lugar de maneras de amar. La canción, la obra y nuestra forma de acercarnos al aprendizaje en sí, según ella, se basan en las relaciones amorosas.

—Pero ahora que lo pienso —añade—: nosotros no somos las flores. Somos los jardineros, y las flores son los diferentes amores.

Alex insiste en que la copla se cante en español para que sus padres la entiendan.

***

Al describir la belleza de Marcela, antes de que aparezca ésta en la novela de Cervantes, Pedro el cabrero dice que la cara de la madre de Marcela «Del un cabo tenía el sol y del otro la luna». Los Kid Quixotes deciden aplicar esta misma descripción a Marcela, y la traducen directamente como «*One side of her face held / had the sun and the other the moon*» (Un lado de su cara llevaba / tenía el sol y el otro la luna).

Luego empieza un debate sobre lo que significa la frase. ¿Su cutis tendrá dos tonos, amarillo de un lado y blanco del otro? ¿Será que su cara muestra continua e ininterrumpida belleza, desde la mañana hasta la noche? ¿Inspira su cara el asombro de todo el cosmos a la vez? ¿Estamos ante una contradicción que quiebra fronteras, o ante un choque de opuestos? Nos fijamos en algunas traducciones publicadas, incluidas las siguientes:

«The sun in one cheek and the moon in the other»
(El sol en una mejilla y la luna en la otra)
—JOHN RUTHERFORD

«That face that rivaled the sun and moon»
(Aquella cara rival del sol y de la luna)

—SAMUEL PUTNAM

«Looking as if she had the sun on one side of her, and the
moon on the other»
(Parecía que tenía el sol de un lado, y la luna del otro)

—E. C. RILEY

«That face that had the sun on one side and the moon on
the other»
(Aquella cara que tenía el sol de un lado y la luna del otro)

—TOM LATHROP

«That face of hers shining like the sun on one side and the
moon on the other»
(Aquella cara que brillaba como el sol de un lado y la luna
del otro)

—EDITH GROSSMAN

Sólo la traducción al inglés de Edith Grossman ofrece un
verbo específico y visible («*shine*» [brillar]), pero el significado
de la frase y el efecto que Cervantes quería lograr al empa-
rejar «sol» y «luna» siguen confundiendo al grupo. Los niños
quieren hallar su propia palabra, una expresión que de alguna
manera repararía la imagen binaria fragmentada y le confe-
riría un significado específico al conjunto. Insatisfechos con
nuestra investigación, y con la imaginación atascada como
hormigas sobre miel, decidimos quedarnos con nuestra traducción literal inicial por el momento, y prometemos reem-
prender esta batalla más adelante. Cuando volvemos a ella la

semana siguiente, decidimos omitir la frase por completo del guión y seguir adelante, sin volver a la imagen tan poética cuyo significado nos ha eludido.

O eso pensamos...

———

Antes de aparecer Marcela en sí, cuatro muchachos diferentes narran su leyenda, entre ellos el suicida Grisóstomo por medio de escritos hallados póstumamente alrededor de su cadáver. Los muchachos controlan la historia de la muchacha. Todas estas perspectivas masculinas desatan una avalancha de prejuicio en contra de la mujer.

Los Kid Quixotes deciden presentar estas historias por medio de títeres de mano, una decisión que muestra el poder que tiene el narrador de manipular (que viene de la palabra «mano» en latín) el relato con el fin de dominar a una muchacha fuerte. El títere de Marcela, hecho por los chicos y manipulado por un niño, es caricaturesco: con arrogancia y mezquindad, le escupe al noble y devoto títere de Grisóstomo.

Para cuando llega Marcela a la escena del entierro, ya ha sido vilipendiada; su respuesta, que los niños reescriben como un himno en el que reclama su historia y se redefine a sí misma, rechaza el retrato que los muchachos han pintado de ella, creando así un diálogo donde antes existía una única perspectiva prejuiciada.

Los muchachos dicen que aman a Marcela; tallan su nombre en todos los árboles del bosque, culpan al poder de su belleza por su desesperación y cantan su dolor de amor no correspondido.

—No es amor —aclara Alex en clase mientras leemos y hablamos de la escena—. Es veneración.

Según Alex, venerar la belleza de Marcela es un acto de agresión, y forma parte del intento de los muchachos de definirla y, de esta manera, dominarla. A medida que contemplan esta idea de veneración agresiva durante los ensayos, los actores quieren volver a las imágenes de sol y luna, los cuerpos celestiales, para exaltar a Marcela como diosa. Cuanto más intensa es la veneración que sienten los muchachos, más poderosa y valiente es Marcela al rechazar su deificación.

Al volver al español original «aquella cara que del un cabo tenía el sol y del otro la luna» recordamos que el verbo «tener» nos había resultado problemático al no producir ninguna imagen. En su lugar, los niños sugieren que la cara de Marcela «tiraba de», «mantenía en órbita», «tragaba», «capturó», «devoró» o «eclipsaba» el sol y la luna en su traducción al inglés. Todas estas opciones llevan verbos que son más específicos, activos y visuales que «tener».

Otro problema que surge es la idea de que la cara de Marcela está partida en dos. Esta imagen confunde a los niños, y al imaginarla ven algo aterrador, más parecido a un demonio que a una diosa. Alex les recuerda a todos que, en este momento de la trama, los muchachos retratan a Marcela como un monstruo que conquista. Joshua responde que los dioses nos infunden miedo porque son poderosos y están más allá de nuestra comprensión. Tabitha dice que el poder de Marcela es su belleza. Felicity, que ahora tiene diez años, dice que la belleza consiste en más que la apariencia física, pero Tabitha responde que los muchachos que acosan a Marcela no la conocen, sólo están obsesionados con su aspecto. La belleza, dice, tiene que transcender, tiene que ser divina.

Entonces surge la revelación. Pharaoh, un niño de ocho años que, en el papel de Pedro, cuenta la historia de Marcela en esta fase de la escena, dice:

—Quizás podríamos decir: «*She is the sun and the moon*» (Ella es el sol y la luna).

Pharaoh no sólo ubica el enunciado en el presente, anticipando la llegada venidera de Marcela, sino que también está usando la palabra «es». Esta palabra pequeñísima transforma a Marcela, la eleva más allá del cielo y la convierte en dos cuerpos celestiales al mismo tiempo. El eliminar la imagen de la cara y las referencias a sus dos lados («aquella cara que del un cabo tenía el sol y del otro la luna») significa que ya no está partida. Al ser a la vez sol y luna, se transforma en un lucero universal, un poder siempre visible pero inaccesible desde la superficie de la tierra. La afirmación clara y sencilla «Es el sol y la luna» conlleva el ritmo y el equilibrio mítico de opuestos utilizados tanto como para definir a Dios como para desafiar su definición, citando el libro bíblico del Apocalipsis: «Yo soy el Alfa y la Omega, el primero y el último, el principio y el fin». El afirmar que los opuestos son uno es fácil de decir y de leer, pero semejante afirmación nos transporta al corazón de lo incognoscible, al lugar donde nace el asombro.

Cuando mi padre me enseñó los números imaginarios por primera vez, sentí este mismo asombro, y decido compartir con los Kid Quixotes aquella lección. Como descubrimos anteriormente, √x significa «la raíz cuadrada de *x*» y la raíz cuadrada es el número que, al cuadrarlo, equivale el número dentro del símbolo; es decir, √25 es 5 porque 5 x 5 = 25. Pero ¿qué pasa si escribimos: √–1? Estamos preguntando qué número, multiplicado por sí mismo, resultaría en –1.

Normalmente, cualquier número entero, sea positivo o negativo, multiplicado por sí mismo siempre da un número positivo y conmensurable. Sin embargo, la raíz cuadrada de –1 no tiene significado geométrico visible en nuestras vidas diarias y parece ser una contradicción insoluble. Los matemáticos representan este número teórico con la letra «*i*»; todos los múltiplos de *i* son «números imaginarios», no porque no existan, sino porque se descubrieron gracias a la imaginación.

Los matemáticos, deseosos de expresar esta idea visualmente, le concedieron un lugar en la recta numérica, la representación horizontal de todos los números no imaginarios, al añadir un eje vertical imaginario en el número cero (también llamado «el origen»). En este gráfico, los pares ordenados forman lo que llamamos «números complejos», como la complicada relación entre la fantasía de don Quijote y el sentido común terrenal de Sancho. Los Kid Quixotes se referirán a menudo a esta imagen durante sus ensayos para recordarnos que el lugar de encuentro, el diálogo entre opuestos, le concede a nuestra historia su concepto multiperspectivista de la verdad.

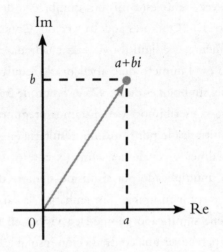

Tomar en cuenta los números imaginarios y complejos nos ha abierto las puertas del pensamiento a un mundo totalmente nuevo en donde nos preguntamos con asombro lo que significa ser real.

La frase de Pharaoh, «Marcela es el sol y la luna», enuncia el mismo tipo de contradicción aparente, y provoca el mismo asombro.

Al volver al fragmento de prosa poética que habían abandonado y que tanto les había costado entender, los Kid Quixotes encuentran una metáfora transcendente que se convierte en instrumento de las obsesivas y opresivas acciones de los muchachos que veneran a Marcela.

Marcela intenta desengañar a los muchachos de la opresiva ilusión de que ella los amará algún día, pero ellos se aferran a su fantasía. La palabra «desengañar», en sus múltiples variantes, se reitera a lo largo de estas pocas páginas.

Les sugiero a los niños que el desengaño implica abrirnos a más de un punto de vista. Ambrosio, el mejor amigo de Grisóstomo, compara el desengaño final de Grisóstomo con cruzar el umbral de la esperanza a la desesperación, y asevera que es la causa de su suicidio. Sin embargo, mi propio desengaño, mi habilidad de aceptar más de una versión de una historia —una versión que quizás no concuerde con mis creencias— me ha salvado, por muy doloroso que ésta haya sido.

Cuando los Kid Quixotes leen la descripción que ofrece Pedro de las «desesperadas endechas» de los pastores que siguen a Marcela, la traducen rápidamente como «réquiems desesperados». Encuentran «réquiem» en el diccionario y lo prefieren a «canto fúnebre», «himno» y «canción» porque en latín significa «descanso», y les encanta el latín. También les gusta la idea de «descanso», un calmante para los muchachos alborotados.

Una profesora amiga nuestra nos visita y nos explica que sería problemático para Cervantes representar explícitamente la muerte de Grisóstomo como suicidio porque las leyes católicas lo consideraban un pecado mortal y una blasfemia mencionarlo. Lo que hace, entonces, es presentar el suicidio de manera más ambigua al valerse de la palabra «desesperación» (del latín «sin esperanza»).

Después de enterarnos de las dificultades inherentes a la representación o mención del suicidio en la época de Cervantes, tenemos que tomar una decisión. ¿Deberíamos ser fieles a la historia al usar la palabra «desesperado» o nos alejamos de Cervantes y su contexto y optamos en vez por «suicida»? Les repito mi historia a los niños: les cuento lo difícil que ha sido para mí compartir que tengo una enfermedad mental por temor a que me tengan miedo y de que huyan de mí los que me consideren «loco». A pesar de que ya no se prohíbe hablar del suicidio, sigue existiendo la ignorancia; los prejuicios pueden dificultar el acceso al tratamiento y al compañerismo para quienes los necesiten por temor a pedir ayuda.

Los niños están callados cuando Alex dice en voz baja, como siempre:

—Creo que si no decimos que se suicidó, el público no entenderá. Además, duele no poder contar la historia de uno.

Alex, que ha tenido sus propias luchas con la depresión, habla con la autoridad que concede la experiencia.

Los demás concuerdan en que el público debe saber exactamente de lo que se trata, para que el problema no sea secreto y la gente pueda sentir compasión por los que padecen de enfermedades mentales, a pesar de que el comportamiento agresivo y misógino de Grisóstomo hacia Marcela haya sido muy incorrecto.

—Hablando de compasión —dice Joshua—. Creo que tenemos que cambiar «réquiem» a «canción de cuna». Suena más íntimo y bondadoso. En nuestro guión, Pedro ahora dice «*If you listen, you can hear their suicidal lullabies»* (Si prestas atención, puedes oír sus canciones de cuna suicidas). Según los niños, la cadencia en inglés de *«suicidal lullabies»* se acopla bien con las «desesperadas endechas» del texto cervantino, ya que ambas frases te hacen pensar en una cuna mecedora. El origen de la palabra inglesa *«lullaby»* (canción de cuna en inglés) es el sonido suave y reconfortante que los padres hacen para sus niños al acostarlos, «lu, lu, lu»; son sonidos que significan: «No te preocupes, cariño, todo está bien». Si le añadimos los dos sonidos sibilantes de «suicida», nos resulta una frase trágicamente tierna en inglés.

Tras cinco años sin vernos, Lucy se apareció en Still Waters una tarde: entró por la puerta, se sentó en el sofá y se puso a mirar alrededor del salón, como si se hubiera olvidado de algo.

Me senté a su lado y dije:

—Hola, Lucy. Bienvenida.

—Gracias, Haff.

Le presenté a los pequeños y sugerí que quizás podría ayudarlos con la tarea.

—No, ya tengo que irme. Gracias por dejarme entrar a tu santuario.

Nos pusimos de pie y me abrazó de la misma manera que me abrazaba al final de cada ensayo, cuando me decía: «Cuídate. Te necesitamos, papá».

Pero esta vez, mientras salía por la puerta, sólo dijo: «Adiós».

Iba de regreso a Florida, donde dos semanas después se quitaría la vida.

No hay día en que no piense en ella con gratitud; me enseñó a tener agallas. Precisamente porque la sociedad les enseña a las niñas de *Las aventuras ambulantes*, y a mis propias hijas, que ellas deben complacer a todo el mundo, ser generosas y compasivas, quiero que también lleven por dentro algo del espíritu que tenía Lucy.

Más tarde ese día, mientras ensayábamos la escena de los azotes, ayudo a la diminuta Talia, que hace el papel de Andrés ahora que la familia de Rebecca ha tenido que mudarse al no poder pagar el alquiler en este barrio. Inspirado por la visita final de Lucy, y pensando en su feroz fortaleza, le digo a Talia que exprese más ira hacia mí, el terrateniente cruel.

—Mírame a los ojos —le digo—, y háblame como si no tuvieras miedo.

Nos concentramos en la frase «Más le valdría pagarme lo que me debe». Le pido con insistencia a esta niñita de ocho años, que me llega a la cintura, que luchemos y que me intimide, pensando que a todo niño cuya vida está controlada por adultos le emocionaría semejante oportunidad. Además, he experimentado la ira de Talia en tiempo real, como cuando entró al salón la semana pasada quejándose de la comida de la escuela y las tareas redundantes que le dan.

—Todos los días la comida es la misma, siempre hamburguesas y acompañantes blanditos que saben fatal, como a agua de inodoro —dijo, frunciendo el ceño y hablando más alto de lo normal—. Y todos los días la tarea es la misma. ¡Ya practiqué la división ayer! ¿Por qué tenemos que ir a la escuela? ¿Por qué no nos dejan elegir?

Su hermana, Roxana, de seis años, le hizo eco:

—Es verdad, ¿por qué no nos dejan elegir?

Elogié a Talia por expresar sus sentimientos con las palabras adecuadas y por ayudarme a entender lo que sentía por dentro.

—Aunque no puedas cambiar tu situación, puedes no estar de acuerdo.

—¿Y eso qué tiene de bueno? —preguntó, como hace siempre, con pura e intensa curiosidad, deseando entenderlo todo.

—Es como ensayar —explico—. Practicas pensar y articular tus pensamientos y luego, cuando tienes la oportunidad de efectuar un cambio, ya estás preparada.

—¿Y eso lo has hecho tú alguna vez? —indagó.

—Sí, muchas veces.

—Cuéntame de una de esas veces.

—En una época vivía con una persona que se portaba mal conmigo y le dije que no me gustaba cómo me trataba.

—¿Qué hacía?

—Me dijo que todo lo que yo hacía estaba mal.

—¿Y qué es lo que hacías mal?

—Traje el pan equivocado a casa del supermercado.

—¿Qué te dijo?

—Dijo: «Te dije que trajeras pan moreno, no pan integral. Nunca me escuchas».

—¿Y qué dijiste?

—Le dije que su tono de voz, su manera de hablar, me estaba hiriendo.

—¿Y entonces qué hiciste?

—Le dije varias veces que no me gustaba que me hablara así y le pedí que no lo hiciera más.

—¿Y dejó de hacerlo?

—No, y por eso me fui.

—¿Adónde te fuiste?

—A mi propio apartamento.

—Oh.

Se puso a pensar.

—Recuerda, Talia —dije—. Nunca está bien que te hagan daño, nunca.

Siguió pensando.

Durante otro ensayo, una semana después de elogiarla por articular su ira, la presiono demasiado, repitiéndole «Vamos, Talia, ¡enójate conmigo!» y Talia empieza a llorar. Abrazo su cuerpecito y la intento tranquilizar diciendo: «Ay, cariño, perdóname. Fue demasiado, ¿verdad?». Asiente con la cabeza, sorbiendo y tragando aire. Puedo sentir la fragilidad de su cuerpo de pajarito, un cuerpo demasiado ligero para la pesadumbre que lleva dentro.

—¡Pensé que te encantaría enfrentarte a mí! —le digo.

Se tranquiliza, respira hondo un par de veces, y dice:

—Pero no me puedo enojar contigo. ¡Eres el jefe!

—Ay, ya veo. Recuerda que sólo estamos fingiendo. Cuando

te pido que te enojes conmigo, en realidad le estoy pidiendo a tu personaje que se enoje con mi personaje. Estamos contando una historia juntos.

—¿Cuál historia?

—¿Cuál es la historia, en tu opinión?

—Una niña hizo algo malo y el jefe la castiga con azotes.

—¿Qué fue lo que hizo mal?

—Perdió una oveja.

—¿Es justo el castigo?

—No, el jefe ni siquiera le paga.

—¿Y qué te parece eso?

—Me enoja.

—¡Bien!

—¿Por qué bien? Pensaba que enojarse era algo malo.

—El estar enojado significa que te importa y que quieres justicia.

—¿Qué es justicia?

—Es la sensación de felicidad que experimentamos cuando todo es equitativo.

—Entonces, ¿es bueno enojarse?

—Sí, puede llevarnos a hacer algo con respecto a nuestros problemas.

—Pero se supone que sea una niña buena.

—¿Qué significa «buena»?

—No enojarme.

—Está bien que las niñas se enojen.

—No está bien.

—Sí está bien.

—No.

—¿Y qué me dices de Sarah?

—¿Qué te digo de Sarah? ¡Sarah es muy buena!

—Sí, es bondadosa, pero también se enoja. Me llama cobarde y me da órdenes y ataca a cualquiera que diga cosas malas sobre su mami, y ataca a los guardias para liberar a los galeotes.

—Pero todo eso es actuado.

—Sí, pero Sarah tiene que creer en lo que está haciendo cuando actúa. ¿Recuerdas cuando dice «No me gustan los vestidos»?

—Sí.

—Pues, así se siente ella de verdad.

—¿Y tú?

—¿Qué quieres decir?

—¿Estás de acuerdo con tu personaje?

—No, pero he castigado a mis alumnos en la secundaria.

—¿Los azotaste?

—No, pero les grité y arrojé cosas.

—¿Qué cosas?

—Libros, tiza, una silla.

—¿Les arrojaste todo eso a los muchachos?

—No directamente a ellos, pero cerca. Los asusté.

—¿Y por qué lo hiciste?

—Porque estaba enojado.

—Pero dijiste que está bien enojarse.

—El enojo es una emoción que nos puede ayudar a hacer bien pero también a hacer mal, todo depende de lo que te enoja y de lo que haces con el enojo.

—¿Por qué te enojaste con los muchachos?

—No me estaban escuchando.

—Eso no significa que puedas arrojarles cosas.

—Tienes razón, cariño, prometo no volver a hacerlo.

La próxima vez que ensayamos la escena, la voz de Talia irrumpe como un cohete al decir «¡Más le valdría pagarme lo que me debe!», y cuando salgo del escenario, me sigue con los ojos hechos brasas.

—¿A eso le llama paliza? —grita—. ¡Más bien me pareció el aletazo de una mariposa!

La niña es indómita.

Mientras adaptamos el ensayo de Alex en canción, el grupo estudia el poema «Milagros» de Walt Whitman, que vivió gran parte de su vida en Brooklyn. Nos interesa ver cómo la extensión variante de los versos corresponde a la amplitud del deseo inclusivo de Whitman.

Ruth dice:

—Las palabras fluyen más rápidamente a medida que se va emocionando.

—Y se articulan más palabras en un solo respiro —añade Joshua.

—Siento que las palabras son milagros y, como cree que

todo es milagroso, intenta incluirlo todo dentro de un poema, y a veces hasta todo está incluido en un verso —elabora Alex.

—O incluso en una palabra —dice Felicity—, como «maravillosidad».

Leo el poema en voz alta al grupo, valiéndome de sus ideas para modular mi forma de hablar. Inhalo de forma exagerada al principio del verso y no respiro de nuevo hasta el final. El ritmo del poema de pronto resulta obvio con este ejercicio:

¿Por qué pensar tanto en los milagros?
De mí puedo decir que no conozco más que milagros,
Sea al caminar por las calles de Manhattan,
O al lanzar la mirada hacia el cielo sobre los techos de las
    casas,
O al vadear con pies desnudos por la playa justo a la vera
    del agua,
O al pararme bajo los árboles en el bosque,
O al hablar por el día con quien amo, o al dormir en
    cama por la noche con quien amo,
O al sentarme a la mesa cenando con los demás,
O al observar a los extraños que viajan sentados frente a mí,
O al mirar las abejas hacendosas en la colmena de una
    mañana de verano,
O los animales paciendo en los campos,
O los pájaros, o la maravillosidad de los insectos en el aire,
O la maravillosidad del atardecer, o de las estrellas
    brillantes, calladas y claras,
O la curva delgada, delicada y exquisita de la luna nueva
    en primavera;

Para mí, todos y cada uno son milagros,
Cada uno distinto y en su lugar, cada uno parte del todo.

Uniéndose al entusiasmo de Whitman por la inclusión, Alex, tomando de la fuente de material proporcionado por el grupo, también construye el puente de su canción empleando líneas similares de distinta extensión que se acentúan al cantar cada una con un respiro separado y único:

| | |
|---|---|
| *I believe in hugs* | Creo en los abrazos |
| *People stuck together like the petals of a rose* | Gente allegada como los pétalos de una rosa |
| *En mi familia de dientes de león* | En mi familia de dientes de león |
| *Growing love for everyone* | Cultivando el amor para todos |
| *I believe everyone should feel loved* | Creo que todos deben sentirse amados |
| *no matter their* | sin importar su |
| *looks, language, idioma, capacidad, raza, religion* | aspecto, idioma, capacidad, raza, religión |
| *no matter their* | sin importar |
| *country, status, dinero or difference* | su país, estatus, dinero o diferencia |
| *orientación* | orientación |
| *anyone at all* | todos, sin excepción |
| *Un jardín de flores* | Un jardín de flores |
| *de todos los amores* | de todos los amores |
| *Who decides if a flower is a weed?* | ¿Quién decide si una flor es una mala hierba? |

Después de leer «Milagros», Kim pone a los niños a escuchar canciones que utilizan una estructura flexible para presentar la historia de una búsqueda de amor propio y de amor universal. Entre ellas está «Bohemian Rhapsody» de Queen. Es una historia que se presenta en seis movimientos, cada uno con su propia clave, ritmo y personalidad. El grupo escucha la canción unas cinco veces, fijándose en dónde cambia la emoción de la música que va desde un soñar melancólico, a confesión desesperada, a ópera cómica, mientras la letra expresa un ruego doloroso por ser comprendido: «*Is this the real life? Is this just fantasy?*» (¿Es esta la vida real? ¿O es sólo una fantasía?). La idea es que los Kid Quixotes también pueden confeccionar una canción con múltiples tonos y perspectivas según las reglas que cambian de verso a verso.

Ahora Kim trabaja de cerca con Alex en privado, ofreciéndole la intimidad que muchos adolescentes necesitan y no siempre reciben.

Mientras trabaja uno a uno con Kim, Alex también se apoya en el entusiasmo de los demás adolescentes que se han embarcado en sus propios viajes de autodefinición. Todos los días tocan lo que han compuesto para el grupo, y los otros niños, que han estado ensayando sus diálogos conmigo, aclaman y explican cómo la canción los hace sentir. «¡Me hace sentir valiente!» o «¡Me dan ganas de cantar yo también!» o «¡Sé lo que es tener miedo!» y hasta «Me siento confundido con respecto a lo que debo sentir».

Al principio, la canción empieza con ira justificada, «*I want to love who I love»* (Quiero amar a quien amo), entonada como un mandato. Pero los niños pequeños dicen que esta ira les da miedo, y que no suena a la Alex que conocen, así que Alex y Kim revisan el primer verso para que exprese el deseo de que la escuchen e intenten entenderla. Este acercamiento más modesto, construido sobre notas suaves y prolongadas (*«I want to loooove who I loooove»*) permite que les llegue el mensaje a todos.

La segunda estrofa (*«Am I too young?»* [¿Soy demasiado joven?]) se compone de preguntas que surgen cuando Alex le explica al grupo la idea para el verso «Me pregunto: "¿qué será de mí?"». Los niños le lanzan tantas preguntas que Alex no da abasto para anotarlas todas y tiene que pedirles que se las repitan.

Los más jóvenes dicen que el cantante parece tener miedo.

—Parece que quiere huir y esconderse —dice Percy—. Pero también tiene que seguir adelante.

La revisión de la estrofa incluye un redoble que acelera el ritmo de la música y una nueva melodía basada mayormente en preguntas («¿Soy demasiado joven? / Tengo miedo / ¿A dónde voy? / ¿Seré valiente?») con ritmos idénticos. La dinámica del volumen cambia del latido titubeante de un corazón nervioso al latido audaz de ese mismo corazón al ritmo del embate que impulsa los remos en una galera. Y el segundo verso, *«I am afraid»* (Tengo miedo), es nuevo. Es una afirmación entre preguntas, una muestra de valor al articular y enfrentarse al miedo. A Sarah le gusta esto, y le dice a Alex:

—Ahora parece que sabes que tienes miedo, pero que eso no te va a detener.

El puente, que cambia de la clave de mi mayor a la clave de sol mayor, y tiene su propio tempo y ritmos, es una declaración confiada de un credo personal. Incluye el poema de Tabitha, «*I believe in hugs / People stuck together like the petals of a rose*» (Creo en los abrazos / Gente allegada como los pétalos de una rosa), y la frase de Alex, «*Everyone should feel loved*» (Todos deben sentirse amados). Empieza con una melodía elegante que añora un mundo que en estos momentos sólo se puede imaginar; los acordes menores en una clave mayor expresan la distancia entre aspiración y realidad. Luego pasa al estilo recitativo, «cantar-hablando», como lo llama Kim, y aquí la canción enumera una serie de personas que necesitan aceptación. Al final de la lista, la canción despega con una aria breve y alta, «*Anyone at all*» (Todos, sin excepción), un canto a la inclusión total.

Tabitha, que se unió al grupo cuando empezábamos a trabajar en «Dueña de mí misma», tiene trece años y es una especie de puente entre los adolescentes y los más jóvenes. Pide un cambio:

—Si decimos que los dientes de león son inmigrantes, y decimos que están «esparciendo amor», la palabra «esparcir» hace pensar que los inmigrantes son malas hierbas. La letra dice: «¿Quién decide si una flor es una mala hierba?». Creo que ahí estamos diciendo que estas malas hierbas en realidad son flores, ¿no? Quizás podamos cambiar «esparciendo» a «cultivando». Suena más positivo.

Alex asiente con la cabeza lentamente.

Percy dice:

—¡Un momento! ¡Tengo una idea genial! ¿Qué tal si dices «todos» dos veces seguidas ya que es muy importante?

Alex asiente nuevamente.

—Y haz que el segundo *todos* sea larguísimo —continúa Percy—. Es decir: *Toooodooooos*.

Los niños se ríen, encantados. Percy ha sido valiente al compartir su idea.

—Como si la palabra fuera lo suficientemente amplia para abarcarlos a todos.

Alex y Kim hacen el cambio sugerido.

Las palabras «bien» o «mal» no tienen lugar en este proceso porque realmente no comunican información útil. Para revisar la canción, Alex y compañía necesitan saber cómo se siente el grupo y qué piensa al escucharla.

Esta conversación dura tres meses. El trabajo en privado se alterna con las respuestas colectivas, y el resultado es el siguiente:

| | |
|---|---|
| *I want to love who I love* | Quiero amar a quien amo |
| *Dream what I want to dream* | Soñar lo que quiero soñar |
| *Feel the wind as if it's my freedom* | Sentir el viento como si fuera mi libertad |
| *I want to understand this frightened little girl* | Quiero entender a esta niñita temerosa |
| *Am I the ruler of myself?* | ¿Acaso soy la dueña de mí misma? |

| | |
|---|---|
| *Am I too young?* | ¿Soy demasiado joven? |
| *I am afraid* | Tengo miedo |
| *Where do I go?* | ¿A dónde voy? |
| *Will I be brave?* | ¿Seré valiente? |
| *Where is my path?* | ¿Cuál es mi camino? |
| *Who will I follow?* | ¿A quién seguiré? |
| *Do I have to follow?* | ¿Acaso tengo que seguir? |
| *Am I the ruler of* | ¿Acaso soy la dueña de mí |
|   *myself?* |   misma? |
| | |
| *I believe in hugs* | Creo en los abrazos |
| *People stuck together like the* | Gente allegada como los |
|   *petals of a rose* |   pétalos de una rosa |
| *En mi familia de dientes de león* | En mi familia de dientes de león |
| *Growing love for everyone* | Cultivando amor para todos |
| *I believe everyone should feel* | Creo que todos deben sentirse |
|   *loved* |   amados |
| *no matter their* | Sin importar su |
| *looks, language, idioma,* | aspecto, lenguaje, idioma, |
|   *capacidad, raza, religion* |   capacidad, raza, religión |
| *no matter their* | sin importar su |
| *country, status, dinero, or* | país, estatus, dinero o |
|   *difference* |   diferencia |
| *orientación* | orientación |
| *anyone at all* | todos, sin excepción |
| *Un jardín de flores* | Un jardín de flores |
| *de todos los amores* | De todos los amores |
| *Who decides if a flower is a* | ¿Quién decide si una flor es |
|   *weed?* |   una mala hierba? |
| | |
| *We choose to love how we* | Elegimos amar de la manera en |
|   *love* |   que amamos |
| *Believe in what we dream* | Creer en lo que soñamos |

| | |
|---|---|
| *Feel the wind and feel our freedom* | Sentir el viento y sentir nuestra libertad |
| *I am no longer that frightened little girl* | Ya no soy aquella niñita temerosa |
| *I am the ruler of myself* | Soy la dueña de mí misma. |
| | |
| *Yes I am young* | Sí, soy joven |
| *And I am brave* | Y soy valiente |
| *And I will go* | E iré |
| *where injustice goes* | a donde va la injusticia |
| *And I will stay* | Y me quedaré |
| *for those who need my help* | para los que necesitan mi ayuda |
| *¡Soy valiente!* | ¡Soy valiente! |
| *Yo sé mi propósito* | Yo sé mi propósito |
| *Y domino mi destino* | Y domino mi destino |
| *I am the ruler* | Soy la dueña |
| *I am the ruler* | Soy la dueña |
| *I am the ruler of myself!* | ¡Soy la dueña de mí misma! |

La canción carece casi totalmente de rima. La estructura es el resultado de repetición («¿Acaso soy dueña de mí misma?») y ritmos correspondientes («Orientación / Todos, sin excepción»). Es un viaje dinámico que parte de un anhelo pianísimo «Quiero amar a quien amo» expresado por acordes menores plañideros hasta remontar el vuelo en un fortísimo estrepitoso en clave mayor que expresa orgullo («Soy la dueña de mí misma») ante el descubrimiento de Alex: «Yo sé mi propósito / Y domino mi destino».

El puente bilingüe es un espejo polarizado: las dos primeras estrofas en inglés que preceden al puente expresan deseos y preguntas, respectivamente, cada una a su propio ritmo.

Después del puente, las dos siguientes estrofas imitan el ritmo de las estrofas anteriores, sólo que ahora son afirmaciones, respuestas a los deseos y las preguntas, e incorporan tanto el español como el inglés, completando así el autoconcepto de Alex. La estructura de la primera mitad de la canción se refleja en la segunda, y el gancho «dueña de mí misma», cumple su función en ambas mitades.

La estructura se ideó en una de las conversaciones entre Alex y el grupo, justo después de haber compuesto el puente. El grupo se fijaba en la letra ya escrita y pensaba en cómo continuar cuando Tabitha, taciturna y con ojos luminosos, levantó la mano y dijo:

—Me he fijado que en la primera parte de la canción hay cosas que ella desea y otras que cuestiona. Quizás pueda responder a todo esto en la segunda parte. Podría preguntar: «¿Acaso soy la dueña de mí misma?» y responder: «Soy la dueña de mí misma».

—¡Ajá! —gritó Kim—. ¡Acabas de reducir nuestro trabajo por la mitad! ¡Ya tenemos la segunda parte de la canción escrita! ¡Bravo, Tabitha!

Alex asiente con la cabeza.

La simetría de la estructura intensifica el cambio de emoción entre la primera y la segunda mitad. La canción es una trenza de tres argumentos musicales: de deseos a elecciones; de preguntas a respuestas, y, en medio, una revelación.

—¡Un momento! —dice Tabitha—. Tengo algo que añadir. Creo que en la segunda parte todas las niñas del grupo podrían cantar las respuestas como si Alex fuera una influencia para ellas, y como si, gracias a ella, se sintieran más valientes también.

En la obra, las respuestas y las animosas afirmaciones se cantan en primera persona plural, es decir: «Elegimos amar de la manera en que amamos» por todas las niñas del grupo, «las que necesitan [su] ayuda», sentadas en el piso, mirando hacia arriba a Alex.

Sin embargo, cuando empezamos a ensayar la canción, Alex no la canta. Falta a los ensayos, y en las tres primeras funciones públicas, su mejor amiga Ruth canta en su lugar mientras ella la acompaña con el ukelele. Para Ruth, esto conlleva un sacrificio extraordinario, ya que es una persona que valora muchísimo su intimidad y que sufre de ansiedad crónica y paralizante; la angustia que le provoca la escuela y los eventos públicos quedan reflejadas en su postura encorvada. Kim le enseña a mantenerse recta y a respirar, y cuando canta que es dueña de sí misma, el público es testigo de cómo domina las emociones que hasta hace poco la dominaban. Raras veces la veo sonreír, pero cuando Ruth canta, sus ojos destellan como un relámpago lejano. Todo esto lo hace por su amiga.

Luego, en Filadelfia, ante nuestro público y teatro más grande, Alex decide cantar. Ruth cambia al ukelele, se sienta al lado de su amiga para tranquilizarla y la acompaña cantando tan suavemente que sólo Alex puede oírla.

La letra de la canción traza el viaje hasta ese momento preciso, desde su primera estrofa, «Tengo miedo», hasta el verso correspondiente en la última estrofa, «Soy valiente», seguido por «Ya no soy aquella niñita temerosa».

Después de la función le pregunto a Alex por qué le da tanto miedo cantar, incluso más que hablar, quizás. Me responde: «Es que cuando cantas, el enfoque está en tu voz más que en lo que dices, y tú eres tu voz. Ya no te puedes esconder».

———

—¿Qué hace la mamá de Kid Quixote mientras estás rescatando a los niños? —pregunto.

—No sé —dice Sarah.

—¿Qué crees que está haciendo?

—Quizás se preocupe por mí.

—¿Le podrías enviar un mensaje?

—No, porque si hago eso me dirá que vuelva a casa.

—¿Y no quieres regresar a casa?

—Ahora mismo, no. Tengo que rescatar a estos niños.

—Dijiste que te tomaría cinco años rescatarlos.

Sarah se queda callada por un rato.

—Ya no soy bebé. Puedo tomar mis propias decisiones.

Las lágrimas se acumulan en el borde inferior de sus párpados.

Pestañea y éstas desaparecen.

# — 4 —

# La canción de las necesidades básicas

Es otoño de 2018: llevamos dos años con el proyecto y nuestra primera función está pautada para principios de diciembre en un hogar privado en Manhattan. Lily y Rebecca se han mudado y no participan de la composición de la próxima escena ni canción, pero volverán de vez en cuando los sábados para ensayar. Los Kid Quixotes, anticipando la gira y la primera función, ahora emplean los sábados para ensayar en lugar de escribir. Después de esta primera función, apenas las vemos. Felicity también desaparece al acercarse la fecha de la función inaugural. Tiene miedo de actuar y su mamá se preocupa de lo que pueda pasarle a su pequeña lejos de casa.

La próxima escena de nuestra obra es una adaptación del encuentro entre don Quijote y el grupo de galeotes, los prisioneros del rey que van a cumplir su condena en las galeras en donde remarán por muchísimos años. Los hombres están encadenados y van custodiados por oficiales armados. A don Quijote se le concede permiso para preguntarle a cada prisionero la causa de su desgracia.

El primer galeote admite que ha robado una canasta de ropa limpia, el segundo que confesó bajo tortura, y el tercero que le faltó dinero para pagar a un abogado o sobornar a un escribano. Los niños deciden quedarse con el robo de la ropa porque les parece cómico.

—¡Yo haría eso! —dice Percy, y los demás se ríen—. ¡La ropa recién lavada tiene un olor irresistible!

No tarda en asegurarse ese papel de payaso.

Pero los niños cambian el segundo crimen, el confesar bajo tortura, a no hacer la tarea. En su mundo, dicen, la tarea es una tortura, y el no hacerla constituye un delito grave.

La infracción del tercer galeote, la de la pobreza, la comparten todos. Al ir haciéndose consciente de la injusticia de su situación, los niños han interiorizado la vergüenza de tener menos que los demás. Rebecca, que antes de mudarse con su familia hacía el papel del pastor en la escena de los azotes, cuyo jefe no le pagaba por su trabajo, venía a clase todos los días después de la escuela sin merienda y, al decir que tenía hambre, miraba al piso.

En la novela, el cuarto galeote es un anciano con una barba

larga y blanca. Cuando don Quijote le hace la pregunta, se niega a hablar y comienza a llorar. Otro galeote habla por él y explica que el anciano era alcahuete, al que le pagaban por procurar prostitutas. Decido no explicarles esta profesión a los niños y les comento que no es relevante para nuestra historia.

Deciden, basándose en las historias que oyen en las noticias y que de noche los asustan más que los monstruos debajo de la cama, que este cuarto prisionero será una niñita mexicana llamada Cleo, de siete años, que es la hermana en la vida real de Sarah. Los niños dicen que aquí es donde empieza la canción, que será su respuesta ante el silenciamiento de niños migrantes encarcelados y separados de sus familias.

—Esto es lo que podemos hacer —dice Tabitha, en voz muy baja—. Podemos hablar por ellos.

—Tiene que ser completamente inocente —asegura Joshua—. Para que el público sienta la injusticia. Cuando miro a Cleo, la primera palabra que se me ocurre es «inocente».

—¿Tú que piensas, Cleo? —pregunto—. ¿Cleo?

Todos miran a su alrededor.

—¿Dónde está Cleo? —pregunto. Es algo que repito a menudo.

—Está en el baño—contesta Sarah.

Su hermana pasa mucho tiempo en el baño. Cuando me di cuenta de esto, me preocupé por la salud de Cleo, pero me ha dicho que el baño es su «espacio privado», el único refugio en donde puede cerrarles la puerta a todos los demás. En la escuela, y en su casa atestada, esta hija del medio tiene fama de ser difícil; su madre me pregunta todos los días si Cleo se ha portado bien y siempre digo que sí, aun cuando ha estado garabateando frenéticamente con lápices de color con ruidos y movimientos que denomino «comportamiento de ardilla».

—Imagínense —les digo a los chicos— lo que sería tener una ardilla aquí en la mesa. Nunca lograríamos hacer nada.

Después de unos cinco minutos, Cleo regresa al grupo.

—Bienvenida de regreso, Cleo —le digo— ¿Oíste lo que estábamos diciendo?

—Sí.

—¿Lo harás? ¿Representarás a las niñas encarceladas?

Cleo, asintiendo una sola vez con la cabeza, acepta ser valiente.

---

En la escena de los galeotes, cuando la niña se niega a hablar, Sarah intenta distraerla de su tristeza patente haciendo monerías, pero no funciona. Cleo permanece callada, mirando al suelo.

Entonces Sarah canturrea, muy lentamente, una serie de preguntas escritas por el grupo. Les había preguntado qué les preguntarían a los niños refugiados de los que leemos a diario, los que han sido separados de sus padres, si pudieran conocerlos. Los niños dicen que quieren saber de dónde viene la niña, quién es su familia, qué le ha sucedido durante su viaje cruzando la frontera y por qué está sola.

La idea de enfatizar los cinco sentidos plasmados en las respuestas es de Sarah.

—Nuestros sentidos —dice— son nuestra manera de entender lo que nos rodea.

Ruth, que ha perdido la voz por un dolor de garganta, me pasa una nota escrita a mano que dice: «Por favor lee esto al grupo». Leo en voz alta:

—Si podemos ver la casa de colores que ve la niña, y si podemos saborear los tamales que hace su mamá, podemos imaginarnos lo que es ser ella.

—¿Qué quieres decir con «casa de colores»? —pregunto.

Ruth responde por escrito:

—En México, la gente pinta las casas de colores intensos, como el amarillo, turquesa y rosado, por dentro y por fuera. El tejado normalmente es de color plateado, una hoja de metal ondulada. Cuando de niña veía los tejados, pensaba que estaban hechos de plata de verdad.

Alex dice que la letra sobre los tamales tiene que ser en español al ser tan íntima la relación entre la niña y su madre y la comida y el idioma que definen su cultura.

Los detalles sensoriales, la casa y los tamales, animan al grupo a encontrar otro detalle sensorial, el sonido del canto de un coyote, que aquí designa tanto una especie de perro salvaje como una persona a quien se le paga para escoltar refugiados a través del desierto.

Rápidamente, después de sólo un par de días, el grupo tiene la letra inicial para una canción en forma de diálogo:

KID QUIXOTE: Where is your home?

CLEO: A rainbow house with a silver roof where the sun will always shine.

KID QUIXOTE: Who is your family?

CLEO: El aroma de los tamales que mamá me hizo para mí.

KID QUIXOTE: How did you come here?

CLEO: We followed the path of the singing coyote.

KID QUIXOTE: ¿Dónde vives?

CLEO: En una casa arcoíris con un techo plateado en donde el sol siempre brillará.

KID QUIXOTE: ¿Quién es tu familia?

CLEO: El aroma de los tamales que mamá me hizo para mí.

KID QUIXOTE: ¿Cómo has llegado aquí?

CLEO: Seguimos el sendero del coyote cantor.

La imaginación y la compasión son puentes que construimos entre nosotros cuando la brecha parece imposible de franquear. El imaginar y el tener compasión constituyen la primera fase de nuestra misión de rescate, nuestro intento de salvar y presentar las historias de los niños que han sido separados de sus familias en nuestra obra para traer estas historias a los amigos y desconocidos que nos encontramos por el camino, para que muchos puedan empezar a imaginar lo que significa «ser ella». La necesidad básica de no estar solo tiene que comunicarse a través de una canción para que la música llegue a donde las palabras solas no pueden, creando así vibraciones compasivas en los corazones cercanos.

La fidelidad basada en compasión a la hora de traducir puede otorgarle un anhelo moral a la práctica, no en forma de una lección sobre lo correcto y lo incorrecto, sino más bien un deseo de hacer el bien, de tener como meta un canto verdaderamente compasivo.

Cuando don Quijote les pide a los guardias que liberen a los galeotes porque, según razona, los prisioneros no les han hecho nada a ellos, uno de los hombres armados lo ridiculiza al decir que su pedido era una «¡Donosa majadería!», que significa, como descubren los niños en sus diccionarios bilingües y sus diccionarios de sinónimos: «¡Qué disparate / estupidez / tontería más divertida / cómica / graciosa!». Pero ninguna de estas palabras concuerda con la sensibilidad de los niños, que rechazan este tono cruel y desdeñoso. Entienden que don Quijote se encuentra con gente poco amable en sus andanzas, como también les sucede a ellos en sus vidas, pero lo quieren a él y quieren a Sarah. Se ponen a buscar palabras que puedan expresar el asombro que experimenta el guardia ante la idea de liberar a los prisioneros sin que nadie en el grupo tenga que ridiculizar a su querido hermano o hermana.

Los insultos despectivos lanzados por el guardia a Kid Quixote, como la escenificación realista de la violencia física, representan desprecio verdadero y le restarían valor a la contemplación de justicia y bondad que comunica la escena. Hay palabras, como «estúpido/a» o «loco/a», que los Kid Quixotes no pronunciarían en sus vidas diarias, ni dirían a nadie. Cuando se sugieren estas palabras como traducciones posibles de «donosa majadería», los niños tienen una reacción visceral e inmediatamente rechazan la posibilidad. Las palabras, dicen, detonan como bombas en la cabeza del agredido, bombas que le dicen que no vale nada. Los niños se niegan a maltratar a Sarah así aun cuando están fingiendo.

De pronto Sarah dice: «¡*Holy guacamole!*» (¡Santo guacamole!).

Todos se ríen y le pregunto por qué lo dijo.

—El guardia podría decir eso —responde—. Indicaría su sorpresa sin que él tenga que decirme nada cruel.

—Y es cómico de la misma manera en que los niños son cómicos —dice Roxana, de seis años, que hace el papel del guardia.

El grupo acepta esta respuesta ante el problema de la fidelidad indeseada. «¡Donosa majadería!» es ahora «*Holy guacamole!*» Los Kid Quixotes redefinen la «fidelidad» en la traducción y convierten lo que se podría percibir como «incorrecto», es decir «*Holy guacamole!*», en lo correcto.

———

Para la última canción de la obra, Kim cambia su manera de abordar el proceso de composición colectiva. Desde un principio, se sienta al piano en nuestro salón e improvisa música sobre la marcha que corresponde a las letras que el grupo está componiendo.

Esta canción no tendrá ni rima, ni repetición, ni puente, ni gancho, ni patrón rítmico, sólo una reacción espontánea a las preguntas que nos permiten ir profundizando más y más en el corazón de la niña. La única estructura la proveen el diálogo y los cinco sentidos.

—Las demás estructuras ——dice Joshua— ya no funcionan. En esta situación, lo que era normal antes ya no existe. Lo único que queda es el cara a cara.

A lo largo de los dos primeros años del proyecto, y al componer las otras canciones, Kim les ha enseñado a los niños sobre el ritmo, el tempo y las claves mayores y menores. Ahora pueden reaccionar ante sus improvisaciones al pedirle, por ejemplo, que revise la canción para que se vuelva triste pero esperanzada, que pase de clave menor a clave mayor, que el tempo lento ceda después a un tempo más rápido, en vez de pedirle que simplemente sea triste.

Esto sucede durante la composición de «La canción de las necesidades básicas» cuando la pequeña Cleo, que hace el papel de la niña refugiada encarcelada, le responde a las dos primeras preguntas de don Quijote: «¿Dónde vives?» y «¿Quién es tu familia?» al cantar y responder, respectivamente: «Una casa arcoíris con un techo plateado en donde el sol siempre brillará» y «El aroma de los tamales que mamá me hizo para mí».

Kim primero intenta con una clave menor y tempo lento, pero el resultado que expresa el dolor de la niña al ser separada de su familia es irremediablemente apesadumbrado. En este momento, al principio, el grupo entero canta porque Cleo necesita el apoyo de los niños y Kim quiere que todos sientan la canción en su interior.

Joshua reacciona diciendo:

—En realidad, creo que son recuerdos felices. Ama su casa y ama los tamales hechos por su mami.

Después de que los niños piden un tempo más rápido en clave mayor, el verso se vuelve muy bullicioso al comunicar la alegría que alivia a la niña del dolor de su enorme pérdida.

A lo largo del proceso de composición, el diálogo progresivo entre palabras y música, significado y emoción, se repite.

Luego, cuando Kid Quixote pregunta: «¿Cómo has llegado aquí?», la niña canta: «Seguimos el sendero del coyote cantor». Kim le pregunta al grupo cuál emoción debe evocar este verso. Le responden que es el inicio de la parte triste de la canción, una tristeza dulce que se acopla a los deseos de los inmigrantes. «El viaje conlleva esperanza», responde Ruth, que ahora habla más después de que Lily se fue a la universidad fuera de la ciudad, aunque esto lo comunica por medio de un papel, continuando la práctica que inició recientemente con la laringitis. «Pero será peligroso».

Kim responde con una melodía que escala el registro, como si intentara alcanzar la libertad en la clave optimista de la mayor, sólo para luego bajar a si menor y acordes en do sostenido menor en la última frase, las tres sílabas de la palabra «co-yo-te». El tono de este recuerdo ha remplazado el tono del verso sobre los tamales.

Las familias que me rodean en Bushwick preparan la comida como habían hecho sus antepasados; sus recetas tienen una larga ascendencia. La madre de Sarah hace el mole poblano como lo había hecho su madre, y la madre de su madre y así sucesivamente. En su casa, a los nietos les tocaba moler seis diferentes tipos de chiles y mezclarlos hasta formar una pasta. Ésta se tapaba y se guardaba por un mes para adquirir sabor. Una semana antes de la comida, la familia juntaba los demás ingredientes: maní, almendras, semillas de sésamo blanco, canela, azúcar y plátanos. Con la excepción de los plátanos, que se freían, los demás elementos se tostaban.

El día de la comida, se derretía un trozo grande de chocolate en una olla enorme a la que se le añadía manteca y se revolvía hasta formar burbujas. Luego, el chocolate se echaba en otra olla mientras que en la olla original se derretía azúcar para hacer caramelo. El chocolate volvía a unirse al caramelo y a todo lo demás, menos la pasta de chiles. Se revolvía hasta tener una consistencia cremosa. Una hora después, la pasta picante se añadía y la olla entera se revolvía y revolvía y revolvía por ocho horas antes de servirse.

La receta exige amor, el amor del pasado entero de toda una cultura que, con sus múltiples capas históricas y tradicionales, nos alienta a lo largo de los siglos como una gran cuna mecedora. «Éste es tu lugar», dice el arrullo de fragancia y sabor «tu lugar, tu lugar, tu lugar».

Tener tareas o deberes le permite al niño desempeñar un papel en la familia, salón de clase o barrio. A mis hijas les gusta ayudar en casa, traerse comida la una a la otra, consolar a otros miembros de la familia y regalar los dibujos que han hecho. Si me veo triste, Zadie inmediatamente viene hacia mí y pasa sus deditos por mi pelo. Este año, en Navidad, mi hija mayor, Kiki, se sintió muy orgullosa de haber escogido nuestro árbol, e insistió en ayudarme a cargarlo a casa. Zadie siempre pide que la dejemos dirigirnos a casa ahora que conoce el camino. Los niños de Still Waters siempre quieren ayudar a repartir lápices, papel o zanahorias o a recoger los guiones al final del ensayo y guardar los accesorios. Se ofrecen a barrer los pisos y sacar la basura. La responsabilidad de ir a buscar el correo es un premio muy especial. En el estribillo de «La canción del rescate» cantan «¿Podemos ayudar?, ¿Podemos ayudar?, ¿Podemos ayudar?», mostrando así su deseo de salvar a sus compañeros inmigrantes.

—¿Qué es eso? —le pregunto a Sarah señalando el siguiente dibujo en los márgenes de su ejemplar de *Don Quijote*.

—Es un charco grande que hizo la persona de ICE al derretirse.

—¿Por qué se derritió?

—Porque lo escuché.

—Pero pensé que escuchar era algo bueno.

—No siempre.

—¿Qué quieres decir con eso?

—A veces la gente no quiere hablar.

—¿Por qué no?

—Porque los podría poner demasiado tristes o temerosos. Pueden perder el control de sus emociones si empiezan a hablar.

—¿Y quién es éste que está aquí? —pregunto señalando una figura humana como muñeco de palitos.

—Es el primer niño al que puedo alcanzar.

—¿Y esto qué es?

—Es el sendero de agua de la persona de ICE derretida. Por ahí puedo llegar a donde la niña.

—¿Y aquí qué pasa?

—Estoy abrazando a la niña.

—¿Y qué hay a tu alrededor?

—Ella está llorando.

—¿Y qué le dices?

—Nada. Sólo la abrazo durante un rato muy, muy largo.

—¿Durante cuánto tiempo?

—Cinco horas.

—Es un abrazo súper largo.

—Lo sé. Es que le estoy exprimiendo todas las lágrimas. Tiene muchas lágrimas dentro.

—¿Qué le dices cuando se termina el abrazo?

—Le digo: «Te voy a sacar de aquí. Te lo prometo».

—¿Cómo lo vas a lograr?

—Todavía no lo sé. Ya se me ocurrirá algo.

Sarah dibuja esta parte de su historia durante el receso de la misma sesión de clase en la que el grupo escribe las últimas dos preguntas de «La canción de las necesidades básicas». Sarah le pregunta a Cleo: «¿Por qué estás sola?» mientras Kim expresa preocupación por medio de la música al tocar en una clave menor. Ahí mismo, en clase, la más pequeña improvisa la respuesta: «Me solté de la mano de mi mami». Kim repite estas palabras inmediatamente, cantando y tocando el piano, y termina en una cadencia suspensiva que refleja el momento de distanciamiento y desorientación, el terror inconcluso de una niña separada de su madre. Esta imagen tan simple, las dos manos que se buscan a la vez que la distancia entre ellas crece, representa el miedo más profundo de los Kid Quixotes y de sus familias; la música, con su falta de resolución, es inquietante. Del conjunto nace un recuerdo indeleble.

—Necesitamos otra pregunta —dice Tabitha—. No puede terminar así.

Todos se ponen a pensar.

«¿Cuáles son sus otras necesidades básicas?», pregunta Ruth por escrito, dándonos así lo que será, con el tiempo, el título de la canción.

El grupo dice: «dormir», «bañarse», «materiales de arte», y Felicity dice: «purpurina».

Vuelven todos a pensar.

—Formulemos la pregunta primero —sugiero— y luego quizás nos llega la respuesta.

—¿Cuáles son tus necesidades básicas? —pregunta Sarah.

—¿Qué es lo que quieres exactamente? —pregunta Felicity, cuyo deseo de aprender es tan fuerte como en el primer día del proyecto, hace dos años.

—Ábreme tu corazón, por favor —dice Joshua.

—¿Qué debo saber de ti? —pregunta Alex, que sigue siendo un enigma, incluso después de haber compuesto su propia canción sobre su orientación sexual.

La letra de pronto irrumpe, íntegramente, de Ruth, que me pasa un papel con las letras escritas en su meticulosa caligrafía: «¿Qué debo saber para entrar en tu corazoncito frágil?».

—Es precioso —dice Kim.

—Probémoslo —digo, incorporándome.

Les pido a Sarah y a Cleo que se pongan de pie juntas, apartadas de la mesa, y que canten basándose en lo que Kim improvisa para ellas en el piano.

Pero ¿dónde está Cleo?

—Está en el baño —responde Sarah, que siempre está al tanto de su hermanita.

—¿De nuevo? —pregunto—. ¿Cuántas veces ha ido ya hoy?

—Cuatro, por lo menos —responde Sarah.

Kim aprovecha este tiempo para experimentar con las

melodías mientras los niños comentan sobre lo que tienen en mente. Por fin, regresa Cleo.

Kim toca una melodía para acompañar «¿Qué debo saber para entrar en tu corazoncito frágil?», que, según los niños, es abrumadora. Sarah, que mide un pie más que su hermana, le canta el verso a Cleo, y parece demasiado dominante.

—Ella no recibirá una respuesta sincera si la avasalla —dice Joshua.

Sarah entonces decide ponerse de rodillas, para que su cara esté por debajo de la de Cleo. Kim improvisa nuevamente, empezando con un acorde menor grave que hace eco de la postura suplicante de Sarah, y luego asciende la escala hasta llegar a Cleo, terminando en un acorde mayor generoso que coincide con la palabra «corazón» en inglés, componiendo así una melodía que reproduce la sensación de curiosidad compasiva.

Cuando Sarah canta esta versión, todos la celebran.

—¡Eso es! —exclama Joshua—. Así es que uno se le acerca a una niñita temerosa.

—Bien, Cleo —pregunto —: ¿Y ahora qué responderías en esta situación?

Cleo no dice nada. Sólo me mira.

Después de un largo silencio, Talia, de ocho años, levanta la mano.

—Si yo estuviera en su situación —dice cuando le doy la palabra— querría que Sarah hiciera lo que hace mi mamá cuando me despierto tras una pesadilla. Me abraza fuerte,

fuerte y me dice que cierre los ojos. Me dice que estoy a salvo y que fue sólo una pesadilla. Eso siempre me tranquiliza.

—¡Genial, Talia! —digo—. ¡Vamos a cantarlo! Cleo, responde a la pregunta de Sarah con lo que ha dicho Talia, por favor.

Sarah ahora canturrea su pregunta y Cleo, en voz muy baja, le responde (no se atreverá a cantar hasta unos días después): «Abrázame fuerte, dime que cierre los ojos, dime que estoy a salvo y que esto es sólo una pesadilla», mientras Kim toca una melodía descendente que corresponde a la pregunta ascendente que hace Sarah, creando una simetría que se quiebra al final cuando la melodía asciende a la última nota, rogando, por medio de la música, que se disipe el miedo. Este es el confort, dicen, que pedirían en esta situación.

El tacto, como vemos en la frase «abrázame fuerte», puede hacernos sentir más a salvo que cualquier tipo de barricada. Si estamos en casa viendo una película de terror, Zadie se acurruca debajo de mi brazo; en ese momento soy su refugio. Las acciones expresadas en la letra y música de la canción de Cleo imitan el anhelo primigenio por la seguridad, una necesidad que se les niega a los refugiados detenidos. Sarah abraza a su hermana. A pesar de que a los refugiados no se les permite este tipo de contacto, decidimos mantener el abrazo en la obra.

El silencio inicial de Cleo en esta escena representa la invisibilidad general de las historias de los inmigrantes. Son historias que, en manos de la persona equivocada, podrían destrozar sus vidas. Después de la primera función de *Las aventuras ambulantes*, en la sala del hogar de una amiga de Still Waters, un miembro del público les pregunta a los niños quiénes entre ellos son Dreamers (soñadores), el sobrenombre que se les ha dado a los niños migrantes que tienen permiso de quedarse en este país gracias a un programa llamado Deferred Action for Child Arrivals (Acción Diferida para los Llegados en la Infancia), que fue el blanco de ataque del soberano. Ni uno levanta la mano. A pesar de sentirse confiados en este ambiente, han aprendido a no decir nada con respecto a su estatus migratorio o el de sus padres. Los demás sólo ven lo que los niños les permiten ver. Me siento afortunado de que me hayan permitido entrar en su mundo.

———

—No pertenezco aquí —dice mi madre por teléfono. Estoy en casa, en Brooklyn, y ella en una residencia de ancianos en Canadá, en Waterloo, donde me crié.

Mamá, como Cleo en «La canción de las necesidades básicas», ha sido separada de su hogar y de su familia.

—Todos los que me rodean aquí están locos; no estoy loca y recuerdo absolutamente todo lo que pasó ayer y lo que pasó cuando era niña. Mi mente funciona perfectamente bien.

—Mamá, me parece que el problema es que te puedes caer. Cada vez que sufrías una apoplejía te caías y fracturabas un hueso.

—Lo sé —dijo, indicando renuncia con la voz.

Padece de osteoporosis, agujeros pequeñísimos en los huesos que los vuelven frágiles como lochas secadas y blanqueadas por el sol. Nos encantaba recoger lochas en la costa de Florida cuando era pequeño. Siempre era un reto traerlas a casa sin que se desbarataran, y nos hacía conscientes tanto de la potencia destructora de nuestras manos como de la pertinaz fuerza de la gravedad.

—Éste no es mi hogar —continúa mamá—. Yo ya tengo un hogar. Deben dejar de llamarle a esto un hogar.

—Mamá, papá ya no te puede cargar. Si regresas a casa ahora, ¿cómo harías para llegar hasta la cama desde la silla de ruedas? Y, en primer lugar, ¿cómo te meterías en el auto para llegar a casa? Ese es el problema que hay que resolver. Papá ya no es tan fuerte como era antes, y tú tienes miedo de caminar, y con mucha razón.

—No es que tenga miedo de caminar, es que tengo miedo de caerme.

—Lo sé, mamá. Te extraño.

—Yo también te extraño, cariño.

Detecto sus ganas de llegar adonde mí. No puede huir del encierro de esos pasillos atestados de ancianos olvidados que miran las paredes fijamente.

La última vez que visitamos a mamá, Kiki y Zadie la abrazaron suavemente porque les había advertido de la fragilidad de sus huesos. Kiki dijo que le daba la sensación de abrazar a un ángel, a un ser de pura luz. A mamá siempre le han encantado los abrazos, y nos enseñó a mi hermano y a mí a alinear nuestros cuerpos para abrazarnos pecho a pecho, para que el corazón de uno pudiera sentir los latidos del otro. Zadie le dibujó a mamá un corazón «pitando», como dice ella; el dibujo ilustra los latidos por medio de varios corazones concéntricos. Ella aprendió la técnica de multiplicidad de una foto de las pinturas rupestres de bisontes en pleno ataque. Mamá apretó el corazón que pita contra el suyo. Me vino a la mente la letra de Tabitha en la canción «Dueña de mí misma»: «Creo en los abrazos / Gente allegada como los pétalos de una rosa». Este bendito allegamiento se basa en la fe en el prójimo; es una traducción milagrosa, incluso religiosa, de la vulnerabilidad emotiva a la vulnerabilidad física. Le canté los versos a mamá y sonrió esa sonrisa asombrosamente amplia que no reconocía ninguna barrera entre ella y el mundo que la rodea.

Lo que más aprecia de ese mundo, aparte de sus hijos, han sido siempre las flores. Se refugiaba en los jardines de al frente y atrás de nuestra casa. Al trabajar la tierra con las manos, convocaba ciclo tras ciclo de flores primaverales y estivales, desde el azafrán blanco y morado que se asomaba en medio de los restos del hielo invernal hasta los narcisos soleados; los iris perezosos y extravagantes; las peonías exuberantes que parecían tener infinitas capas de fragantes pétalos rosados; los tulipanes renacidos de bulbos enterrados en la fría oscuridad, y una familia extensa de margaritas que inclinaban sus cabezas, asintiéndole a la brisa.

Sin embargo, su obra maestra era la parcela de alverjillas que brotaban de las enredaderas que escalaban por cordones fijados a un armazón de madera construido por mi padre.

Todo en ellas resultaba discretamente sorprendente, especialmente la ternura y vulnerabilidad de sus zarcillos ambiciosos. ¿Cómo es posible que un ser tan frágil no sólo sobreviva, sino que también sea capaz de levantarle el ánimo a quien sufre el peso de la depresión?

A lo largo de los años, nuestra casa se llenó de objetos rotos que mamá no podía desechar sabiendo que estos electrodomésticos, contenedores de plástico y herramientas de jardinería no serían reciclados por la municipalidad y terminarían sepultados en la tierra. Mamá esperaba el día, que todavía no ha llegado, en que estos objetos por fin puedan rehacerse y reutilizarse.

Nunca conocí un hogar en donde se produjera menos basura. Mamá compraba en el mercado agrícola, evitaba el plástico y usaba los restos de comida para abono. No solía haber muchos restos porque mamá no desperdiciaba nada, usaba las cáscaras de naranja para hacer mermelada, y los huesos del pollo para la sopa de vegetales: la basura de una semana entera cabía en una taza de café.

Mamá se crió durante la Gran Depresión, que la preparó para estos actos heroicos en pro del medio ambiente. Durante aquella época de carencia, todo se usaba y se usaba de nuevo. Los retazos de la ropa vieja o desgastada, incluido un vestido formal hecho para mamá por su madre, se trenzaban para hacer alfombras (dos de las cuales sobreviven en mi casa de infancia), y calcetines con agujeros, o pantalones rotos por la rodilla, siempre se cosían o remendaban. Una gallina criada en el patio de casa podía alimentar a una familia de cinco durante una semana. Tales necesidades pasaron a ser virtudes morales, y el desperdicio pasó a ser pecado. Los hijos de la Gran Depresión aprendieron a reconocer y a respetar el valor de todo.

Durante la Depresión, mamá también aprendió a valorar a los demás, una lección que todavía lleva consigo. Escucha atentamente a sus compañeros en la residencia que suelen ser ignorados; son personas cuya comprensión de la realidad se va atenuando. Vienen a hablarle a ella de sus visiones y miedos.

—Creo que estoy desapareciendo —susurra Martha a mi madre en confianza, una y otra vez—. Creo que estoy desapareciendo. ¿Dónde estoy?

—Estás aquí mismo —responde mamá—. A mi lado.

Durante la niñez de mi madre en Nebraska en los años cuarenta, como también durante la de mi padre en California, el vecindario funcionaba como una familia. Si una madre vecina estaba enferma, los que estaban cerca venían a su casa a limpiar y a cocinar. El médico local atendía a sus pacientes libre de costo. Durante la guerra, los vecinos sembraban Jardines de la victoria en terrenos baldíos en donde cosechaban y compartían vegetales. Era lo que se hacía; la gente se ayudaba, como hace el vecino bondadoso con don Quijote al principio del libro. Este acto de bondad sirvió de inspiración para la letra de «La canción del rescate». Los Kid Quixotes cantan: «Te limpiaremos el polvo de la cara / Te levantaremos, te llevaremos a casa y nos abrazaremos».

Mi madre me ha resucitado muchas veces, de cerca y de

lejos. De niño, cuando estaba aprendiendo a montar en bicicleta, siempre me caía, y siempre me lastimaba la rodilla izquierda; se trataba del mismo rasguño en la misma rodilla cada vez. Iba tambaleando por la calle, con la sangre chorreando por mi pierna, y gritaba, «¡Estoy muerto!», lo peor que se me ocurría. Mamá podía sanarlo todo, y era una experta a la hora de ponerme la venda sobre la herida sin hacerme daño. Al día siguiente, ya estaba de vuelta en mi bici.

En Yale, tomé mis exámenes comprensivos a lo largo de cuatro días, ocho horas al día. La primera noche, no pude dormir por todo el estrés; sentía la cabeza tensada, hueca, y en ella retumbaba el replicar del tambor que se aporrea para animar a los galeotes a remar. No había paz, y cada vez que miraba el reloj, el pánico hacía que mi corazón latiera más rápido y fuerte. Si no dormía, no podría tomar el resto del examen y reprobaría. A las cuatro de la mañana del tercer día, llamé a mi mamá por teléfono. Como estaba durmiendo, el teléfono sonó una docena de veces antes de que despertara y contestara. Sólo recuerdo haberle dicho: «Mamá, no puedo dormir, por favor, ayúdame».

Cuando era pequeño, mamá me ayudaba a dormir paseando la yema de su dedo por el contorno de mi oreja, una vez tras otra, en silencio. Ese punto de enfoque tan suave me apaciguaba. Ahora, sentado en el piso de la cocina, insomne y lejos de su tacto, tuve que enfocarme en su tierna voz. Me decía que respirara y que me centrara en el aire frío que entraba por mi nariz y el aire tibio que exhalaba. Me repetí esto a mí mismo hasta que por fin me dormí. Completé el examen y me gradué.

¿Cómo la puedo ayudar ahora?

———

Diez años después de haber desaparecido, Ezekiel toca a la puerta de vidrio de Still Waters in a Storm. Abro la puerta y lo rodeo con los brazos. Tiene el cabello espeso y una barba tupida, su cuerpo se siente pesado, muy diferente de cuando era Easy, cuando cada uno de sus movimientos era una danza en el aire. Ninguno de los niños ha llegado todavía, así que tenemos tiempo para hablar.

Acaba de ser liberado tras pasar cinco años en la cárcel. Apresuradamente, me cuenta que mientras estuvo encarcelado pensó en mí todos los días y en todas las buenas experiencias que habíamos compartido, todas las oportunidades que le había dado; que se avergonzaba de cómo las había desperdiciado y de cómo se había jodido la vida, y que no veía la hora de venir a verme al salir, que ha venido derechito aquí para pedirle a su verdadero padre que lo perdone. Dice:

—Quiero darte las gracias por todo lo que intentaste enseñarme. Te juro que ahora lo entiendo. He cambiado, te lo prometo. ¿Me perdonas?

Claro que lo perdono, aunque no estoy muy seguro de lo que eso significa.

Los Kid Quixotes empiezan a llegar y los presento a Ezekiel. Les cuento que fue mi estudiante en Bushwick High hace casi veinte años, antes de que ninguno de ellos naciera. Los niños le dan la bienvenida, como hacen siempre.

La brecha entre la transparencia radiante de los niños y la oscuridad y pesadez de Ezekiel, su sonrisa tentativa y media oculta, es enorme. Las lágrimas empiezan a asomarse en el umbral de mis ojos, como queriendo inundar esa brecha para que Easy pudiera zarpar de su costa solitaria y llegar a puerto seguro. Tengo que tragarme el nudo que tengo en la garganta y morderme el labio inferior para no llorar. Él necesita la bendición de estos niños inocentes que no saben nada de su pasado.

Estamos traduciendo y adaptando la escena de los galeotes, en el momento en que don Quijote le pregunta al tercer galeote cuál ha sido su crimen y le responde que no tenía suficiente dinero para sobornar a los oficiales de la corte. Ezekiel, mi querido Easy, sugiere, tartamudeando levemente:

—Quizás podemos hacerle decir: «Estoy aquí por ser pobre».

Utiliza la primera persona plural, «podemos». «Quizás podemos».

Oigo su súplica, pero no respondo a ninguna de sus llamadas subsiguientes.

Una y otra vez, a lo largo de mis veinte años en Bushwick, docenas de mis estudiantes me han dicho que soy su padre, o han pedido llamarme «papá», o simplemente lo han hecho sin pedir permiso. Por su propia voluntad, se convirtieron en mis hijos.

En el primer viaje de Real People al recinto forestal de la universidad en donde se inscribirían Julius y Ezekiel, y donde Angelo, que nunca terminó la secundaria, hubiera querido asistir, al atardecer nos paramos todos juntos cerca de un estanque rodeado de árboles. Los muchachos estaban inquietos ante el nuevo entorno.

—¿Qué es eso? —pregunta Angelo, con los ojos abiertos.

—Son ranas —respondo. Algunas cantaban con voces agudas y aflautadas, y otras cantaban con voz grave, como un bombo.

Los muchachos baten las manos, pensando que las luciérnagas son brasas que han venido flotando hacia nosotros de una barbacoa cercana o de un cigarrillo de marihuana.

Señalo hacia arriba y digo:

—¡Miren! ¡Allá arriba!

Los árboles se habían convertido en siluetas que enmarcaban el trozo pálido del cielo que oscurecía y donde volaban criaturitas oscuras en círculos trémulos, dando vueltas y vueltas.

—¿Qué son? —preguntó Easy con voz nerviosa.

—¡Murciélagos! —dije—, ¡pero son inofensivos!

Mis palabras de consuelo llegaron demasiado tarde; los muchachos pusieron pies en polvorosa y corrieron hacia la casa en donde nos estábamos hospedando.

Érase una vez, ellos también eran niños.

Angelo me escribió desde la cárcel una vez. El sobre contenía dos poemas y había una nota encabezando uno de ellos, dirigida a mí: «Papá: ¿podrías leer ésto en voz alta al grupo, por favor? Es el último favor que te pido».

El primer poema, «*My Reflection in Still Waters*» (Mi reflejo en Still Waters), era una canción de autodesprecio, una profanación del nombre metafórico y agradecido con el que originalmente había bautizado al grupo, su refugio, años antes:

Still Water nunca se confesará
No puede huir de sí mismo
Desde lejos, Still Water parece mágico
Tranquilo, fuerte, oscuro y profundo.
No es hasta que te acercas
Que ves sus aguas turbias
Y lo superficial que es en realidad
Still Water nunca se confesará
Él es sucio y malvado
Va contaminado por su barrio
Nunca lo han tratado bien
Hasta los patos lindos cagan en sus aguas
Dejando plumas y sucio
No hay manera de que se libre
Está atascado en un agujero
Hecho por el hombre para contenerlo, para constreñirlo
Atrapado, asquerosamente asqueado y disfrazado
Ensuciándose más y más a cada momento.
Still Water nunca se confesará
Porque ahora está tan condicionado que no puede
    moverse
Y aunque se abriera el desagüe

Y todas las aguas sucias y oscuras pudieran fluir
  libremente
Al océano fuerte y siempre cambiante
No iría
Porque Still Water nunca se confesará
Porque el alma entera de Still Water está contaminada
Hasta el pájaro hermoso que lo mira desde lejos
Que quiere experimentar lo que ella percibe como belleza
No puede sobrevivir
Él sólo la ahoga en lodo y autocompasión
Es un juego de amor en el que nadie gana.
¿Te has preguntado por qué los patos sucios acuden en
  bandada a los estanques sucios?
Ellos son lo único que él se merece
Ellos son el espejo del corazón de Still Water.


Creo que Angelo pedía ser comprendido, ser visto allí, en el agujero en donde estaba atascado, ser visto detrás de sus ojos amplios y extáticos, ser visto hasta lo más profundo, hasta el lodo que lleva dentro y que ahoga a los que, como el pájaro hermoso, se acercan demasiado.

El segundo poema se llamaba «*Inside*» (Dentro):

El encarcelamiento
Es igual a laceraciones diarias
Multiplicadas por los años que te tocan
Divididas por las lágrimas que gastas
Menos la probabilidad de la celda en la que te meten
Sumado a la raza de la población

No habrá mucha comunicación
Sólo muchas hombrías arrebatadas
Probablemente tendrás la oportunidad de sobrevivir
Si te consigues un cuchillo casero
O si tienes a como 20 dioses de tu parte
Y las almas de 4 negros que murieron
Y las cenizas de 8 negros que frieron
Y las lágrimas de 12 negros que lloraron
Te digo que es posible si lo intentas
He visto a un ángel correr por el Infierno disfrazado
Empezó a rebelarse contra los demonios de los sabios
Y pudo volver al Cielo vivo
Yo compro verdades, no vendo mentiras
Lo vi con mis propios ojos
Esto se dirige a aquellos que buscan el gran premio
   americano
Parecerá tan fácil como hacer un pastel
Cuando, en realidad, es tan difícil como escupirle a una
   mosca
En el cielo
Demasiado pequeña para la vista humana

Nunca le respondí, temiendo ahogarme si lo hiciera.

Un día, años antes de que lo encarcelaran, Angelo y yo encontramos abierta la puerta del auditorio de Bushwick High,
una rareza, y decidimos ensayar nuestro *Hamlet* allí mismo,
sobre un escenario en un teatro de verdad en vez de nuestro
salón de clase. No sé cómo, pero durante el ensayo, mientras me enfocaba en Easy y Lucy, que interpretaban la escena

donde Hamlet finge nunca haber amado a Ofelia, dejándola con el corazón partido y la mente trastornada, Angelo grafiteó todas las superficies con un rotulador grueso de tinta negra permanente que estaba prohibido en la escuela. Grafiteó al «estilo salvaje» con letras grandes zigzagueantes sobre todo el suelo del escenario, las cortinas, el atril, la pared detrás del escenario y las paredes del ascensor, el cual confesó haber usado para llegar al último piso. Dondequiera que miraba veía su alias, «Satanás», lo que yo traducía como «Estoy aquí». «Estoy aquí. Estoy aquí. Estoy aquí».

De vez en cuando, veo «Satanás» escrito en una pared del barrio y espero que signifique que él no está en la cárcel, aunque podría ser una reliquia de hace mucho tiempo o que otro haya empezado a usar su alias.

Cervantes también pasó tiempo en la cárcel. Al volver de la guerra, en donde luchó valientemente por el imperio español y perdió el uso de la mano izquierda, fue capturado y esclavizado en Argel durante cinco años. Cervantes, esperando recompensa y gloria, fue ignorado por el rey. Perdió casi todos los dientes y vivió en la miseria, incluso estuvo preso varias veces por asuntos financieros; el escritor estaba totalmente desmoralizado.

Aislado, avergonzado y acongojado, Cervantes empezó entonces a escribir *Don Quijote*, la historia de un hombre que cree en los valores antiguos y que se propone, en nombre de Dios, rescatar a los necesitados, proteger a los vulnerables y corregir toda injusticia. Una y otra vez el personaje, como su autor, es derrotado y ridiculizado, pero se niega a abandonar sus ideales.

—¿Qué es esto? —le pregunto a Sarah, señalando los dibujos nuevos en el margen de su *Don Quijote*.

—Son todos los otros niños que me necesitan.

—¿Cuántos hay?

—No sé. Demasiados para contar; siguen llegando y la nevera parece no tener fin.

—¿Y esto qué es?

—Esa soy yo. Estoy dibujando un mapa del lugar.

—¿Y el mapa también es infinito?

—Sí. Me va a tomar mucho tiempo.

—¿Por qué necesitas un mapa?

—Es un mapa mágico. Mira.

—¿Es un círculo?

—Un agujero. Un agujero grande en el piso.

—¿Hay un agujero muy grande en el piso de verdad?

—No, sólo en el mapa.

—¿Y cuál es su función?

—Te metes dentro y de ahí puedes salir de la nevera.

—¿Y qué es lo que está pasando allá?

—Le estoy diciendo a la niña que se meta en el agujero, pero tiene miedo de desaparecer.

—¿Es la niña que abrazaste durante cinco horas?

—Sí, es ella. Tiene miedo.

—¿Qué le dices?

—Le digo: «Confía en mí».

—¿Y se mete en el agujero?

—Sí. Mira aquí. Ya no está.

———

Al acercarse a los galeotes, don Quijote aprende, horrorizado, que los prisioneros «van de por fuerza, y no de su voluntad».

Para traducir la palabra «voluntad» al inglés, usamos nuestro conocimiento del latín *volo* (quiero), el inglés *volunteer* y el español «voluntario», alguien que actúa porque simplemente quiere hacerlo, para llegar a *wanting* (querer). La minúscula palabra «de», puede significar en inglés *of* o *by* o *from*.

Sarah, como ha hecho tantas veces antes Alex, nuestra «Cerradora», lo reúne todo en: «Van por la fuerza y no porque quieren».

Joshua, el adolescente elocuente, ofrece otra alternativa: «Van por la fuerza y no por su propia voluntad».

Esta versión sonaba más familiar, y contenía la referencia común, aunque elegante, a la «propia voluntad». La versión de Sarah se acercaba más a la voz de una niña auténticamente sorprendida y disgustada ante lo que ve e intenta captar con su vocabulario, la idea de que los prisioneros no quieren ir a donde van.

En este caso, el grupo está de acuerdo en que es más importante preservar la voz de la niña en vez de la elegancia de la frase.

Como los galeotes, los niños con los que trabajo se encuentran en situaciones que no pueden controlar y que están fuera de mi alcance. «Dime que estoy a salvo», entona Cleo, pero no puedo afirmarlo.

Un niño llamado Melvin, querido por todos en Still Waters, era un payaso benévolo que escribió una serie de historias llamadas *Las aventuras del Loco y del Inteligente*. El Loco siempre tergiversa todo, ya que cree a pies juntillas que arriba es abajo, y el Inteligente siempre llega justo a tiempo para rescatarlo. Melvin leía sus historias al grupo todas las semanas, provocando risas y alegría: les encantaban a todos. Tras cuatro años en Still Waters, desde sus seis a diez años, Melvin y sus padres fueron desalojados de su apartamento para hacer lugar a inquilinos que podían pagar más, y se mudaron a Filadelfia. Las familias indocumentadas rara vez luchan contra el desalojo; el proceso judicial los expone a atención indeseada y a la posibilidad de ser devueltos a su país de origen. En vez de luchar, se mudan.

Tampoco puedo proteger a los niños de los acosadores dentro de sus hogares o sus escuelas, o los acosadores de los noticieros, pero cuando están aquí, en su «segundo hogar», su «segunda escuela», como ellos y sus padres llaman a Still Waters, nuestro grupo es un albergue, no por casualidad ni por su esencia intrínseca, sino por la práctica diaria. Con la cooperación de todos, podemos mantenernos a salvo de la violencia verbal que disminuye la autoestima. Tanto la crítica interminable en la escuela como la humillación en el patio de juegos y el discurso nacional que ataca verbalmente, y excluye a su gente, son discursos que los hace sentir que son, intrínsecamente, malos.

En la escena de los galeotes, Sarah se sitúa entre los guardias violentos y los cautivos, haciendo de su cuerpo un albergue, y después ataca a los guardias y libera a los prisioneros. Antes de arriesgarse, sin embargo, nuestra Kid Quixote le pregunta al cuarto galeote, la pequeña Cleo, su hermanita en la vida real, por qué está presa. El quinto galeote responde por ella y, en nuestra versión, dice: «No ha hecho nada malo, está aquí por ser inmigrante».

El niño que recita esta línea es Paulo, de diez años. Se integró al grupo cuando empezábamos a trabajar en la escena de los galeotes. Al principio, no se lo puede oír durante los ensayos. Aprieta los dientes y masculla las palabras. Paulo también maneja los títeres de mano en la escena de «Dueña de mí misma», y observo que, cuando es el titiritero, abre la boca, como hacen los muñecos. Después de señalarle esto, Paulo logra transferir el poder de la buena articulación a su papel de galeote, hablando por Cleo. Cuando habla más alto y con precisión, su voz adquiere autoridad y valentía.

La respuesta desafiante «No ha hecho nada malo» es un acto de resistencia. Al leer y escribir esta escena, los niños aprenden a desafiar, a construir su propio refugio psicológico, un camino seguro para sobrellevar el trauma, dondequiera que vayan.

---

El dúo cantado por las dos hermanas en la vida real, una que quiere saber lo que contiene el corazón de la otra, y la otra pidiendo consuelo después de cantar «Me solté de la mano de mi mami», adquiere un significado especial cuando las niñas se enfrentan realmente a esta situación con su madre en peligro de ser deportada.

El personaje de la mami de Sarah, que remplaza a Dulcinea, la amada inventada por don Quijote, la abraza a lo largo de las escenas que comparten. La tranquiliza al acostarla y la consuela después de que un acosador la ha golpeado al suelo. También le canta una canción tradicional que las madres de los niños les suelen cantar cuando necesitan ser confortados:

Los pollitos dicen, pío, pío, pío
cuando tienen hambre, cuando tienen frío
La gallina busca el maíz y el trigo
les da la comida y les presta abrigo.
Bajo sus dos alas acurrucaditos,
duermen los pollitos hasta el otro día.

Los pollitos cantan sus necesidades, comida, calor y seguridad, y la gallina responde al proveerles lo que necesitan. Al incluir esta conocida y hogareña canción en la obra, los niños reconocen que ellos mismos reciben cuidado y atención dondequiera que vayan en nuestras giras. La obra, como la canción y como sus madres, les pertenece. Los hispanos que están en el público reaccionan con sonrisas dulces y risas de alegría al oír la canción. Los anglófonos, aun cuando no entienden la letra, sienten el consuelo que comunica la melodía suave y ligera.

Las madres de los Kid Quixotes nos brindan su apoyo constante. Preparan comidas típicas para el grupo, como tamales, tacos, quesadillas y empanadas; limpian el salón, ayudan a los niños a aprenderse las líneas y a cantar sus canciones en voz alta. Nos acompañan durante los viajes y me ayudan a desplazarme con más de veinte niños por toda la ciudad de Nueva York, entre otros lugares. Se encargan de llevarlos al baño; corregir su comportamiento en público; supervisar el proceso de limpieza de los espacios que usamos de teatro, el recogido de basura y juguetes y guantes perdidos; sanar a los niños enfermos; y están pendientes de los peligros de la calle, o de los niños que se alejan del grupo. Se fijan en detalles que se me escapan durante las funciones, como, por ejemplo, la costumbre de algunos niños de morderse las uñas en el escenario (cosa que ellas previenen al pintarles las uñas con esmalte no tóxico que sabe muy mal). Me ayudan a mejorar mi español y su propio empeño en practicar el inglés eleva los estándares de valentía, ejemplo que siguen sus hijos con orgullo y admiración mientras ensayan la obra. La participación de las madres concede estabilidad a la aventura, y le otorga una suerte de integridad que nos centra a todos.

Y, dentro del grupo, nuestros adolescentes hispanos, Joshua, Alex, Tabitha, Lily y Rebecca (quienes regresan los sábados cuando sus padres pueden traerlas a la ciudad) y Ruth ahora son tutores bilingües expertos. Todos son estudiantes magníficos en sus escuelas públicas y escritores y críticos literarios excelentes en nuestro grupo. Son amigos, guardianes y amorosos padres postizos de los más pequeños.

Mientras escribimos el breve diálogo para «La canción de las necesidades básicas», un proceso que nos tomará sólo semanas y no los meses que les hemos dedicado a las canciones anteriores, surge la oportunidad de cartearnos con un grupo de adolescentes guatemaltecas refugiadas que están en un centro de detención lejos de sus padres. Los Kid Quixotes, por supuesto, quieren liberar a las jóvenes inmediatamente, pero, tras aceptar que esto es imposible, empiezan el proceso de liberar sus historias.

Alex sugiere que les preguntemos a las jóvenes cuáles preguntas quieren que les hagamos. Hacerle preguntas a alguien es una afirmación de poder que restringe y decide de antemano lo que es importante con respecto al otro, dice. Aquí tenemos la oportunidad de dejar que las chicas encarceladas se definan a sí mismas.

Recibimos una respuesta de una refugiada llamada Dolores que nos proporciona la pregunta que nos servirá de guía durante estas relaciones epistolares: «¿Qué llevas dentro de ti?».

Antes de empezar el intercambio de cartas, y para mostrarles la importancia de escribirlas, les cuento a los Kid Quixotes que he guardado todas las cartas manuscritas que mi madre me ha enviado desde que me fui de casa hace treinta y cinco años. Estas cartas, centenares de ellas, sobre temas como el tiempo, el jardín y el patio, los pájaros y el mercado agrícola, me resultan más preciadas que nunca ahora que mi madre está en una residencia y apenas puede escribir. Hace poco, después de unos cinco años de no hacerlo, mamá de pronto me ha escrito; las líneas están algo torcidas, pero la elegancia de su letra perdura. Saco la carta de mi chaqueta y leo en voz alta:

—¡Gracias Kiki, Zadie y familia por las flores de papel coloridas que nos han hecho! ¡Son muy especiales! ¿Han escuchado alguna vez la canción «Paper Roses» (Rosas de papel)? Cada vez que la escucho, pienso en ustedes y en su amabilidad. Me propongo hacer tantas cosas y luego me doy cuenta de lo que significa completar aunque sea un solo deseo, enviarlo por correo, por computadora o por teléfono. Cada día se acerca más al invierno. Se supone que esta semana haga mucho frío y caiga nieve. Probablemente les toque alguna a ustedes también. Pongo la mano en el vientre y recuerdo la bendición que es tener un hijo. Con mucho amor, Momo.

«Momo» es el nombre que le tiene Zadie a mi mamá.

Les explico a los niños que mamá confunde el orden de los acontecimientos, como si escuchara la canción «Paper Roses» y le recordara a las niñas, cuando en realidad, las niñas le han recordado la canción. También está estableciendo una conexión con las niñas a través del clima, algo que siempre mencionaba antes en sus cartas; un recordatorio de nuestra presencia compartida sobre la misma tierra.

La correspondencia en sí tiene valor, les digo a los niños, quienes nunca han escrito una carta. Es a la vez un acto de desafío en contra de la distancia o los límites impuestos por la detención, y un gesto de amor entre parientes, amigos o desconocidos.

Percy le escribirá a una chica llamada Flor en una carta en forma de una rana de origami. Flor responderá de la misma manera, y cuando le entrego la carta a Percy, le dará la vuelta y la abrirá lenta y delicadamente, como si intentara abrir las alas de una mariposa. El grupo entero se queda pasmado ante este silencioso espectáculo.

—El tener en la mano una hoja de papel que otra persona ha tenido en las suyas —les digo a todos mientras levanto la carta de mi madre en alto—, es tocar y ser tocado por la otra persona. Incluso antes de leer las palabras escritas en el papel, el mensaje se entiende: tú, en tu aislamiento, no estás solo.

Las niñas detenidas siempre escriben en español, y la mayoría de los Kid Quixotes responden en inglés. Esto significa que se necesitan traductores de ambos lados, o, mejor dicho, que las jóvenes encarceladas, que no hablan inglés, necesitan ayuda bilingüe para entender la mayoría de las cartas que reciben, y que la mayoría de los Kid Quixotes, que son todos bilingües y hablan español en sus casas, aunque no siempre lo leen, necesitan la ayuda de nuestros adolescentes para entender las cartas que reciben.

Un elemento notablemente ausente en la correspondencia con las jóvenes refugiadas es el humor; en lugar de chistes, las parejas epistolares intercambian palabras de solidaridad y compasión. Muchos de los Kid Quixotes escudriñan sus propias historias personales para encontrar momentos de sufrimiento que puedan compartir con ellas, cuyo dolor ante el aislamiento les parece incomparable con lo que ellos mismos han experimentado.

Nuestra Bernadette le escribe a Lola que se fracturó ambas piernas y brazos en un tobogán en un parque de atracciones. Sin embargo, cuando le pregunto a su madre después de clase, me asegura que sólo se golpeó. Lola le contesta: «Lamento mucho que te hayas fracturado las piernas y quiero decirte que te quiero mucho».

Tabitha, una de las Kid Quixotes adolescentes que puede leer y escribir en español, le escribe a Azalea: «Un día me golpeé la cabeza en la mesa y me dolió tanto que hasta lloré. Pero después mi mamá me hizo galletas para que me sintiera mejor. Me sentía triste pero luego estaba contenta, como si nada hubiera sucedido».

Casi todas las cartas que han intercambiado ambos grupos incluyen el dibujo de una flor, algunas veces dibujada sólo a lápiz, otras veces vibrando a color. Una carta de nuestra Cleo, de siete años, lleva trece dibujos grandes de flores, cada una de ellas resplandecientes con todos los colores del arcoíris. Las palabras son relativamente pocas:

> «Lo que llevo dentro es tristeza porque estás en una cueva
> y no quiero que estés en una cueva y quiero ayudarte
> en la cueva y te quiero».

Cleo ha oído que las niñas están en una jaula (*cage* en inglés), y su imaginación ha trocado *cage* en *cave* (cueva). Esta traducción imprevista me hace imaginar que las flores colo-

ridas de Cleo han sido pintadas en las paredes interiores de
un templo de piedra para convocar la bendición de las flores
reales, de la misma manera que nuestros ancestros de la Edad
de Piedra parecen haber conjurado con sus pinturas rupestres
la bendición de los bisontes reales que los mantenían vivos.

Como la flor de George Herbert representa el retorno
del amor de Dios, estos dibujos parecen prometer el retorno
del amor en sí en las vidas despojadas de sus seres amados,
el retorno a la primavera después de un invierno largo y oscuro. Casi todas las cartas contienen las palabras «Te quiero»
y muchas, al cerrar, afirman que los correspondientes son,
ahora, mejores amigos o preguntan simplemente: «¿Somos
amigas?». Wendy, que ahora tiene diez años, hasta le ofrece
a su nueva amiga un collar que dice «Mejores amigas», «para
que podamos estar conectadas». Ruth, la hermana adolescente de Wendy, se ofrece a ser la hermana de Gloria, su
amiga aislada:

«Me apena mucho saber que no tienes una familia que te
abrace».

El tema de la familia aparece reiteradamente en todas las
cartas. La separación de sus familias es, claro está, el mayor
dolor que se expresa en estas relaciones. Nuestra Talia, de
ocho años, a quien le cuesta muchísimo leer y escribir, como
si estuviera atascada en una gran telaraña, empieza su carta
con: «Me gustan los cachorros. ¿Te gustan los cachorros?», y
luego inmediatamente escribe:

«Mi papá trabaja en un lugar en donde la gente pierde cosas y él duerme por la mañana y trabaja de noche como un búho y por eso nunca lo veo».

Justina le contesta a Talia:

«Mi papá me dejó con mi mamá cuando tenía dos años. Yo nunca conocí a mi papá. Mi mamá estaba embarazada de mi hermanito y mi hermanito nació. Hoy mi hermanito tiene catorce años. Pero nosotros no estamos cerca de mi mamá. Mi mamá nos abandonó hace tres años. Por ese motivo estoy aquí. Me gustaría estudiar».

Talia le responde:

«Me gusta tu nombre. Me siento mal por ti porque tu mamá te abandonó. ¿Qué llevas dentro de ti? Lo que yo llevo dentro es feliz. Lo que me hace feliz es que puedo escribirte. ¿Qué es lo que más te gusta de *Don Quijote*? Me gustan los galeotes porque me hacen pensar en ti. Te quiero».

La segunda carta de Cleo se la transcribe al español Alex, que la ayuda con esto en vez de escribir su propia carta. Cleo le propone a María:

«Si la comida ahí es mala, te mandaré un tamal, porque mi abuela hace tamales en Navidad. Una vez mi abuela se fue a México y me quedé sola. En ese momento extrañé mucho a mi familia. Tengo siete años. En el día de mi cumpleaños desearé que Dios te libere».

La mera idea de los tamales de la abuela es un remedio para la soledad y la pérdida. Cleo nunca supo más de María, ni Talia de Justina. Las refugiadas vienen y van; es un proceso que está fuera de nuestro control, a pesar de la robusta afirmación de Joseph, de siete años, a su correspondiente Venus: «Nosotros controlamos nuestro futuro».

Nuestro Paulo, de diez años, le dice a su compañera:

«Una vez me perdí en el centro comercial y pensé que estaría perdido para siempre. Afortunadamente no fue así porque mi mamá me encontró y me sentí muy a salvo. Espero que tus padres vuelvan por ti. Dentro de mí llevo cariñosidad por ti».

Al dorso, ahora con los papeles trocados, Amelia responde:

«Mi mami está enferma y quiero dejar este programa [a las jóvenes se les ha dicho que están en un «programa», y no en la cárcel] para ayudar a mi mami».

Amelia dice «mi mami» una docena de veces en dos párrafos. Cierra la carta a Paulo con *I love you* (Te quiero) en inglés. ¿Qué significa «Te quiero»? En Still Waters, practicamos escucharnos recíprocamente, y es esto lo que les ofrecemos a las jóvenes refugiadas. Ruth, que dijo que sería una hermana para Gloria, describe lo que esto implica en su carta, escrita en español:

«Cuéntame tu historia. Estoy aquí para escucharte».

A pesar de padecer de ansiedad generalizada crónica, Ruth tiene una capacidad enorme para aliviar el dolor ajeno.

Joshua, después de escribirle en español a Belinda y decirle que le encanta su nombre, añade:

«Si quieres, podemos hablar de tus problemas, inseguridades y tristezas. No puedo estar contigo físicamente, pero por medio de estas cartas puedo escuchar tus problemas y servirte de diario. Claro, sólo si quieres. Y si no, podemos emplear este espacio para divertirnos».

Tanto la carta de Ruth como la de Joshua se despiden con las palabras «No estás sola». Ninguna recibe respuesta.

Dentro de esta correspondencia colmada de sufrimientos, hay una excepción espectacular. En las cartas entre nuestro Rex, de seis años, y una adolescente llamada Dahlia, ninguno de los dos habla de penas, sólo del fútbol. Rex describe su partido favorito, entre España y Portugal, con un apasionado recuento jugada por jugada de quién pasó la pelota y quién la recibió, de los tiros fallados y de los goles anotados. Al final de la segunda página —dos páginas escritas por un niño que dice que no le gusta escribir— dibuja la cancha con los arcos y un grupo de figuras de palo con una leyenda en letras grandes que dice: «¡MIRA!». Concluye diciendo que cuando España ganó el partido, se sintió «feliz como un perro que ladra».

Dahlia, de diecisiete años, le responde con una descripción de su partido favorito, entre Barcelona y Real Madrid, que incluye hasta ilustraciones. Su respuesta podría ser un acto de bondad e indulgencia hacia su correspondiente de seis años, o quizás una especie de alivio, una mirada agradecida a algo más allá de los confines de su detención.

Durante los dos últimos años, Sarah ha estado explorando los confines de esa experiencia por medio de la imagen de la hielera gigante y subterránea y la narrativa de su misión de rescate que dibuja en los márgenes de *Don Quijote*. Ahora, mediante su correspondencia con Dolores, tiene la oportunidad de verbalizar, en la vida real, el amor que se imagina.

«Tengo nueve años», escribe, «pero puedo ser fuerte. Me gusta ser don Quijote porque tengo la oportunidad de ser cómica y de rescatar a la gente. Así que estás encerrada en una jaula y puedo ayudarte al contarte una historia».

La historia cuenta lo que pasó el día que tuvo que ir al hospital para que le pusieran puntos en la pierna («¡Era SANGRE!») después de haberse caído contra una verja de hierro mientras comía helado.

Al final de su carta inicial, después de la historia de la visita al hospital, Sarah responde a la pregunta de Dolores: «Llevo dentro de mí el corazón, el destino, amor, familia y memorias.

Las memorias que llevo son de cuando fui al Central Park con mi familia y lo pasé muy bien corriendo por la grama».

La respuesta de Dolores, adornada de dibujos complejos de rosas, llega rugiendo, como un huracán de pena y necesidad:

«Hola, querida Sarah. Gracias por la carta. Me gustó
mucho. Estaba muy triste pero entonces llegó su carta y
lo que me contó me hizo feliz. Pero a veces me siento
muy débil, sin fuerzas, siento que no puedo más. Ahora
lo que llevo dentro de mí es amargura, tristeza, mi alma
está llena de lágrimas porque extraño tanto a mi familia.
Necesito estar con ellos. Y más en la Navidad. Quiero
salir pronto de este lugar. Y estar con mi abuela en los
Estados Unidos. Pero sólo le pido a Dios que me ayude.
Cada noche lloro. Y le ruego a Dios que me dé paciencia.
Y le pido a usted, niña hermosa, que me apoye, que
me dé ánimo para pedir ayuda a Dios. Es usted una
gran niña. Disfrute de todo corazón de los momentos
que pasa con su familia. Espero su respuesta. Por favor,
mándeme un dibujo de algo bello para alegrarme.
Quiero estudiar inglés».

Dolores se dirige a Sarah, la «gran niña», que es menor que ella y que tiene el poder de alegrarla, con «usted» en vez del «tú» familiar que usan los demás en sus cartas.

Sarah recibe esta respuesta en medio de «El problema» en casa, dos semanas antes de Navidad; es la primera vez en su breve vida que se encuentra separada de su madre. Al sentirse ahogada por el miedo y la pérdida, se aferra a la pena de su compañera como si fuera una tabla desprendida del casco de un buque naufragado:

«Querida Dolores: espero que estés bien. Me encanta tu carta y era triste pero espero que pases una Navidad muy linda a pesar de no tener a tu familia. Tú y yo podemos pasar tiempo juntas aunque sólo nos escribamos. Por favor no me dejes. Quiero quedarme contigo porque eres la mejor amiga que jamás he tenido».

Cuando recibimos el próximo envío de cartas, no hay rastro de Dolores; ninguno de nosotros sabe dónde está.

El próximo paso, tras recibir dos rondas de cartas manuscritas durante nuestra correspondencia, es proveerles un espacio a las voces de las jóvenes refugiadas en nuestra obra ambulante. Venimos cultivando la idea desde el principio de estas relaciones epistolares. Las jóvenes no sólo están encarceladas, sino también silenciadas, sin poder comunicarse con nadie más allá de los confines de la prisión. Los Kid Quixotes podrían compartir sus historias con nuestros públicos y así despertar conciencia de su nefasta situación.

La escena de los galeotes nos parece la más propicia para esta inclusión. Habíamos decidido dramatizar esta escena como respuesta ante la política del soberano de separar familias migrantes y encarcelar a sus hijos. El silencio del cuarto galeote, y el hecho de que tuviera que valerse de otro para comunicar su historia, nos llamó la atención porque consideramos que es nuestra misión hablar por los silenciados. En nuestra versión, el anciano ahora es Cleo, una niñita, y su silencio representa el silencio de todos los niños perdidos y desconocidos. «La canción de las necesidades básicas» está basada en lo que imaginamos que esos niños añoran.

Nuestro grupo le hace hueco a la realidad después de la última pregunta de la canción: «¿Qué debo saber para entrar en tu corazoncito frágil?». La idea es que las respuestas de las refugiadas se conviertan en las respuestas a la pregunta, historias que nos ayudan a nuestro público y a nosotros a entenderlas y, por ende, a ocuparnos de ellas. Nuestra primera respuesta cantada, antes de haber recibido las cartas, «Abrázame fuerte, dime que estoy a salvo y que esto es sólo una pesadilla», la sentimos como una verdad universal; cantamos el deseo de consuelo y de seguridad que todo niño experimenta.

Sin embargo, lo que debemos cantar o decir después de esto sigue sin resolverse. Los Kid Quixotes debaten la manera en que debemos introducir las voces de las jóvenes detenidas en la obra. ¿Le añadimos estrofas a «La canción de las necesidades básicas» al adaptar las cartas como letras, como hicimos con el ensayo de Alex en la canción «Dueña de mí misma»? Pero si hacemos esto, ¿cómo sabrá el público que estamos cantando las historias reales de jóvenes en específico? ¿Acaso el arte disfraza la cruda realidad? ¿El disfraz enfoca la atención del público en la realidad de la misma manera en que los colores y patrones de las flores atraen a las abejas que necesitan para florecer?

También tenemos que tomar en cuenta el tema de la privacidad. Dolores le pide a Sara que hable por ella, que interceda ante Dios, como hace Jesús en *El paraíso perdido* o la Virgen de Guadalupe en México. ¿Debería incluirse una oración íntima en una presentación pública? Sarah misma ha pasado de ser tímida a valiente durante la trayectoria del proyecto de *Las aventuras ambulantes* —todos los que la conocen la han felicitado por esta transformación—, que se debe al poder transferido a ella por la atención de los públicos, de tanto los conocidos como los desconocidos ante quienes ha actuado. Quizás estos mismos desconocidos, por medio de Sarah y sus compañeros, pueden prestarles su atención a Dolores y a sus compañeras. Puede que esta atención más amplia nunca llegue a las refugiadas directamente, pero existe la posibilidad de que la compasión pueda irradiar e irradiar e irradiar de persona a persona y, con el tiempo, traer luz y calor a la fría oscuridad emocional que rodea a estas niñas en su aislamiento.

Por el momento, el grupo ha optado por pausar la función después de Cleo responder «Abrázame fuerte» y hablarle al público directamente, describiendo nuestra correspondencia con las jóvenes refugiadas, y luego anunciando que leeremos las palabras escritas por una refugiada de verdad. En voz alta, en inglés y en español, leemos la carta de Dolores transcrita en este capítulo. El público suele llorar, sobre todo durante la lectura, pero siempre cuando Dolores dice: «Disfrute de todo corazón de los momentos que pasa con su familia».

Colocar un objeto original, exento de artificio, dentro del marco de una narración artística tiene un poder inherente.

Es bien sabido en el mundo del teatro, por ejemplo, que nada puede competir con la presencia de un animal en el escenario. Recuerdo una puesta en escena de la obra de Shakespeare, *Como gustéis*, en la que aparecía una jaula llena de gallinas en el escenario. Los actores, que eran brillantes y enunciaban los hermosos versos como un violín canta a Bach, nunca pudieron captar del todo nuestra atención. No podían competir con el pavoneo y cacareo de las aves. El público estaba hipnotizado ante la viva y pura realidad.

Pero la carta de Dolores aporta mucho más que su poder inherente para transmitir la cruda realidad. Dolores articula sus penas al apoyarlas sobre una estructura retórica en la que casi cada oración empieza con «y», además de repetir y variar las descripciones de su tristeza: «me siento muy débil, sin fuerzas, siento que no puedo más» y «lo que llevo dentro de mí es amargura, tristeza, mi alma está llena de lágrimas». Los sonidos y ritmos de estas frases, al leerse en voz alta, cantan con urgencia creciente, como los latidos desesperados de un corazón.

Dolores halló oro: un rayo luminoso de puro sentimiento que logró traspasar la dureza oscura de su angustia y, con sus destrezas artísticas, hizo de él un rezo. En nuestra obra ambulante, nuestro buque narrativo, transportamos este tesoro de costa en costa.

Una joven refugiada llamada Agnes le escribe a «una amiga», a cualquiera de los Kid Quixotes que le responda:

«Desde muy niña tengo el sueño de servirle a mi Diosito a través de las personas más pobres, las que no tienen qué comer o con qué vestirse y ayudar a los niños que no tienen padre ni madre».

Agnes pudo haber articulado muchas otras metas, como reunirse con su familia o llevar una vida próspera en esta tierra de oportunidades, en donde los dueños del centro en el que se encuentra detenida ahora generan dinero con su encarcelamiento, pero ella elige, o desea, servir. Si hay alguien pobre y necesitado es precisamente Agnes, aislada en una jaula por el mismo país a donde llegó buscando asilo de la pobreza y violencia de Guatemala, su país de origen.

Una diferencia notable entre los sueños de don Quijote y los de Agnes es que él espera que sus actos heroicos le otorguen gloria y preeminencia. Cuando se comporta como un héroe de los libros de caballería que nutren sus delirios, casi siempre manda a los vencidos o rescatados a llevar la noticia de su logro a Dulcinea, su amada ficticia. Se enfurece y se pone violento si no obedecen. Con frecuencia se presenta como «famoso» que, en la novela, no lo es. Intenta dominar toda situación que él percibe como problemática. Y Sancho lo acompaña, dejándose seducir por la promesa de una «ínsula», o «isla», un territorio que ganarán en una batalla, y del que él será rey.

A pesar de que su compañerismo se torna en amor y su deseo de hacer el bien es auténtico y duradero, también desean ser recompensados con algún tipo de poder. Cuando los papeles son representados por niños, la ambición de los amigos por ser héroes es tan inocente (del latín «sin daño») como lo serían los juegos de aventuras en la vida real de Sarah y Wendy, y son abatidos por su inocencia. Pero la ambición original de los héroes de la novela sigue en pie, a pesar de lo justas y adorables que sean las niñas. Ellas no están haciendo de voluntarias en un comedor de beneficencia, sino embarcándose en aventuras de conquista violenta en un mundo violento. Agnes, en cambio, desde su detención anónima, sólo pide ayudar a los necesitados.

———

Después de una sesión de composición para la canción de la escena de los galeotes, «La canción de las necesidades básicas», Sarah me explica sus dibujos más recientes. En página tras página de su *Don Quijote*, los márgenes están llenos de dibujos de niños, los que ella está rescatando. Ella los abraza a todos, y luego les pide que crean lo que les dice y que se metan por el agujero en el dibujo de la hielera y, uno por uno, todos lo hacen.

—¿Cuánto tiempo toma rescatarlos a todos? —pregunto.

—Cinco años —contesta, y me dice los nombres que les ha dado. Reconozco los nombres de las jóvenes refugiadas en el centro de detención: nuestras amigas por correspondencia, Dolores, Agnes, Gloria.

Después de que todos los niños se han marchado, le pregunto a Sarah dónde están.

—Cayeron justo fuera de la cárcel y aterrizaron sobre el lomo del tigre.

—¿El mismo tigre que trajo a tu madre a Brooklyn?

—Sí, y el tigre le habló a cada niño y le dijo: «Abrázame fuerte y cierra los ojos; vas a estar a salvo». El tigre camina y lleva a cada niño; a pesar de tener los ojos cerrados, los niños saben, porque lo sienten, cuando el tigre camina sobre tierra y cuando camina sobre asfalto. El tigre les dice que abran los ojos y los niños pueden ver que están en un campo justo al lado de una verja y del otro lado pueden ver a sus mamis con manzanos alrededor, están paradas en la grama y saludan con la mano a sus hijos.

—¿Hace cuánto que las madres están esperando?

—Desde siempre —dice Sarah—. Siempre están esperando.

Después de una pausa, pregunto:

—¿Y qué pasa después?

—El tigre se agacha, hace una reverencia muy baja hacia el suelo, y la verja se abre.

—¿La verja se abre sola?

—El tigre la abre al hacer la reverencia.

—¿No podría saltarla?

—Es demasiado alta.

—¿Cómo es que logra abrirla con la reverencia?

—Tiene que mostrar respeto y humildad. No puede asustar a la verja porque si la asusta, permanecerá cerrada.

—¿Y entonces qué pasa?

—El tigre entra y dice «Bienvenidos al Paraíso» y se acuesta para que el niño pueda bajarse de su lomo e ir donde su madre. Entonces el tigre vuelve a la cárcel a buscar a otro niño y todo se repite.

—¿Las mamás y sus hijos atraviesan la verja?

—No, porque es demasiado peligroso afuera.

———

En clase leemos el periódico y hablamos del peligro constante que amenaza a los refugiados e inmigrantes en este país mientras comentamos la relación entre esas historias y las aventuras de nuestra Kid Quixote. En el centro de nuestra mesa de trabajo tenemos un letrero con un titular que reza «DESESPERACIÓN», acompañado de una foto de miles de personas cruzando un puente de México a los Estados Unidos, gente que arriesga la vida tirándose al río para atravesarlo nadando. Otro titular que siempre está visible en nuestra mesa dice sencillamente «AYUDA» y muestra una imagen de las manos de un niño aferrado a una cerca de alambre. Después hay una foto de primera plana que muestra a una niña llorando al ser separada de su madre en la frontera.

Los niños están bien informados sobre las injusticias gracias a las noticias, a sus padres y a los detalles de sus propias vidas, las que comparan con las vidas ajenas que entrevén en la tele, o en el aburguesamiento de su barrio, o en las casas de nuestros amigos en donde representamos la obra. Decirles que Dios está en el Cielo y que todo está bien en el mundo sería una mentira y lo sabrían. Son inteligentes y pueden ver por sí mismos la injusticia que los rodea.

Al acercarse a los galeotes, nuestro Sancho le dice a Kid Quixote:

—Esta es una cadena de galeotes, gente forzada por el rey a ir a las galeras.

—¿A qué te refieres con «forzada»? —pregunta Kid Quixote—. ¿Puede el rey forzar a alguien?

—No digo eso —responde Sancho—, es gente que por sus delitos va condenada a servir al rey en las galeras a la fuerza.

—En resumen —responde Kid Quixote—, que por alguna razón, a esta gente la llevan a la fuerza, y no por su propia voluntad.

—Así es —dice Sancho.

—Pues, en ese caso —dice Kid Quixote—, aquí encaja mi oficio a la perfección. ¡Vengo a socorrer a los miserables!

Después de hablar con cada galeote y preguntarle a cada uno cómo llegó a serlo, Kid Quixote resume:

—De todo lo que me han dicho, queridos hermanos y hermanas, entiendo que, aunque los han castigado por sus culpas, las penas que van a sufrir no les dan mucho gusto, y que van a ellas muy de mala gana porque la justicia no está de su parte.

Kid Quixote repite que su misión es ayudar a los oprimidos:

—Porque es difícil hacer esclavos a los que Dios y la naturaleza hicieron libres.

Luego les pide a los guardias liberar a los galeotes, diciendo que éstos:

—No han cometido nada contra ustedes.

La lógica es ingenua, y creer en la bondad intrínseca del prójimo es generoso, de la misma manera en que los niños son generosos no porque ignoran el mal —no son ignorantes— sino porque están dispuestos a tomar en cuenta otra perspectiva: «La justicia no está de su parte» y «no han cometido nada contra ustedes». Están dispuestos a ofrecer una segunda oportunidad, la que ellos mismos piden después de haber hecho algo malo en casa o en la escuela. Es una cuestión de justicia recíproca, un diálogo moral, de tratar a los demás como se pide que lo traten a uno, y no una cuestión de desinformación o ignorancia.

El razonamiento dialéctico, que forma parte de la educación de Cervantes, aparece también en esta escena en la que don Quijote y Sancho dialogan:

Tesis: A los galeotes los llevan a la fuerza.
Antítesis: Esta captura es injusta.
Síntesis: Lo correcto sería liberar a los galeotes.

Al principio de nuestra gira, los niños estaban tan emocionados con los aplausos que a veces ofrecían respuestas poco serias a las preguntas que algunos espectadores les hacían después de la función. Una de las más populares era: «¿Cuál es tu parte favorita de la obra?» y, típicamente, cada uno respondía que la parte que le gustaba más era el momento en que protagonizaba, sea cantando un solo, o diciendo o fingiendo golpear a un compañero. En estos momentos me recordaban a los gorriones que llegan al comedero que tenemos en la escalera de incendio de casa, aleteando y piando mientras intentan llegar a las semillas, una respuesta delirante ante la comida. Entiendo la necesidad de atención —la atención como alimento— pero después de que haya ocurrido dos veces, les pido a los niños que se detengan y piensen un poco.

—Al público le interesa lo que ustedes piensan —les dije—. Normalmente, cuando termina una función, el público se va a casa y de camino quizás comenta sobre lo que vio y escuchó. Pero nosotros presentamos nuestra obra como si fuera un diálogo entre nosotros y el público, el principio de una conversación que nos permite conocernos los unos a los otros. Si con cada respuesta están diciendo «¡Fíjense en mí!», la conversación termina, porque no tiene adónde ir. Recuerden que esta obra es el resultado de la cooperación de todos. Está bien decir: «Me encanta toda la atención positiva que recibo», pero la verdad es que no recibirían la atención sin sus compañeros. Piensen en lo que sucede entre ustedes. Allí es donde está el amor.

Después de esta lección, los niños empiezan a contestarle al público describiendo momentos de cooperación, como, por ejemplo, la manera en que Cleo ha ido floreciendo. Cuando empezó a hacer el papel de la niña refugiada encarcelada, Cleo cantaba tan bajito que no se le oía nada, incluso dentro de nuestro pequeño salón. No funcionó presionarla, ni insistir en que fuera valiente y cantara más alto. Entonces Kim encontró una solución al pedirles a los demás niños que apoyaran a Cleo cantando con ella en voz baja. Ya no estaba sola al cantar, y el volumen de su voz empezó a aumentar con cada función hasta que un día Cleo anunció que ya no necesitaba las otras voces: estaba lista para su solo. Todos quedamos atónitos al oír su voz llenar el salón en ese momento de la obra. Después de la función, Cleo ahora le dice al público que la parte que más le gusta de la obra es su solo, no porque sea genial (aunque lo es), sino porque todos la ayudaron a ser valiente.

Percy ofrece otra respuesta a la pregunta sobre su parte favorita. Ahora que tiene diez años, ha estado con *Las aventuras ambulantes* desde su inicio, con siete años recién cumplidos. A su mente inquieta siempre le han costado los ensayos, ya que repetimos cada escena múltiples veces; por eso le permito leer en el escenario, sé que lo tranquiliza. También le permito corretear y jugar al fútbol con una bola de papel antes de ensayar y durante los descansos. Percy le decía al público que estos juegos extracurriculares eran lo que más le gustaba del proyecto. Si fuera por él, no haría más que leer y corretear.

A lo largo de los años, sus exabruptos en clase: «¡Estoy aburrido!», «¿Qué hora es?», se han hecho menos frecuentes a medida que se ha concientizado de sus alrededores y de las necesidades de los demás. Antes, me lanzaba una mirada de ira cuando le pedía guardar el libro para que pudiéramos ensayar su escena, o gritaba «¡Ay, por favor!» cuando le pedía que dejara de jugar al fútbol porque la clase estaba por empezar. «¡Ay, por favor!» incluso ha llegado a ser una línea en la obra, un homenaje a Percy, cuando Sarah les ordena a los niños a no seguir a Marcela y ellos protestan al verse restringidos.

Ahora Percy cede apaciblemente; entiende que estamos intercambiando una actividad por otra, que todas son valiosas y que lo necesitamos. Cuando le hacen la pregunta «¿Cuál es tu parte favorita de la obra?», su respuesta ahora es: «Cuando leemos las cartas de las niñas refugiadas, porque nos necesitan».

Sarah dice que las escenas con Sancho son las que le gustan más porque ella y Wendy son mejores amigas también en la vida real. Cuando la felicitan por su actuación, mira al piso, callada.

Todos los años, cuando la primavera empieza a alentar a las flores a brotar, aun en las profundidades artificiales y asfaltadas de la ciudad de Nueva York, los niños que asisten a escuelas públicas se enferman. Es la temporada de exámenes estandarizados y estatales en todas las materias académicas. Los exámenes duran semanas y, para prepararse para ellos, los estudiantes toman incesantes exámenes de práctica todos los días a lo largo del año. Los niños llegan a Still Waters con ojeras y las espaldas encorvadas, y sin sus carcajadas y sonrisas habituales. Algunos, tan jóvenes como de ocho años, han vomitado o se han retirado al sofá, encogidos por las náuseas, dolores de estómago o de cabeza. He perdido la cuenta de las lágrimas derramadas.

Hace cinco años, hubo un informe sobre un aumento dramático en las tasas de suicidio de estudiantes de escuelas primarias públicas en la ciudad de Nueva York durante la temporada de exámenes. La canciller del Departamento de

Educación hizo públicas las estadísticas, pero, un día después, se negó a hablar del tema. La noticia se silenció rápidamente. Los agentes gubernamentales no comentaron y los periodistas abandonaron el problema.

He visto la angustia que los niños experimentan al tomar exámenes; lo veo aquí cuando buscan refugio en Still Waters y lo veía cuando administraba los exámenes estandarizados en Bushwick High. Creo que la angustia deriva, principalmente, de una falta de diálogo abierto. Hay preguntas y respuestas, pero no es una persona real quien pregunta, y el estudiante sólo tiene una oportunidad de contestar correctamente antes de que culmine el intercambio. Días después, el estudiante sólo recibe como respuesta una nota, una cifra. No existe la oportunidad de aprender nada ni de saber lo que uno hizo bien o mal. No se puede hacer preguntas con el fin de entender la materia porque de la misma manera que el estudiante nunca conoce al autor del examen, tampoco conoce al que lo califica, que también es anónimo. Los estudiantes no pueden hacerle preguntas al supervisor del examen (que funciona de sustituto del autor del examen) y, si un estudiante pide ayuda, al supervisor no se le permite contestarle. Los destinos del estudiante y del maestro dependen de las calificaciones, pero se les prohíbe cooperar por interés mutuo.

Durante las funciones de *Las aventuras ambulantes*, si a un actor se le olvida su línea, él o ella pide ayuda y uno de los miembros del grupo le provee la respuesta; la historia continúa. La gente del público ha comentado muchas veces que le encanta este aspecto de la obra, una cooperación real y en directo. También comentan sobre la soltura y la confianza que demuestran los niños en nada menos que un espectáculo público, una situación que aterraría a muchos. Los niños están tranquilos porque saben que no están solos.

Y al estar tranquilos, son capaces de recibir y responder a sus propios impulsos. De la misma manera que Angelo puede hilar rimas callejeras e improvisadas a partir de una palabra o frase, el carácter juguetón que Sarah revela en el escenario ha brindado momentos geniales, como cuando finge quedarse dormida al empezar a roncar sobre el hombro de su madre, o cuando sus dedos caminan por el suelo para recuperar su adorado libro, a pesar de las reglas de su madre. Si se estuviera adhiriendo estrictamente al guión, estos detalles, el alma de la función, jamás se materializarían.

Durante los días que Sarah pasa separada de su madre, Magui me pregunta si puede venir a la escuelita, un lugar seguro, para encontrarse con Sarah y Cleo, y digo que sí. Magui también invita a Mónica, la voluntaria bilingüe que es ahora su única amiga, porque quiere que yo entienda bien lo que me quiere decir. Magui y sus hijas se abrazan durante un largo rato y se enjugan las lágrimas las unas a las otras. Magui, sin saber lo que le guarda el futuro, les dice a sus hijas que hay una historia que quiere contarles, y quiere que yo también lo cuente en mi libro, con tal de que le cambie el nombre, cosa que he hecho. Las niñas y yo nos sentamos a escuchar mientras Magui habla y Mónica traduce.

Cuando tenía tu edad, Sarah, no teníamos zapatos, pero uno puede ser feliz en el campo sin zapatos con tal de tener comida. Lo único que teníamos de comer, la mayoría de las veces, eran dos tortillas por cada miembro de la familia. Las hacíamos nosotros mismos en una piedra sobre una hoguera fuera de la casa, y nunca nos enfermábamos. Todo el día, todos los días, cosechábamos maíz y papas y todo lo que podíamos encontrar en el campo alrededor de nuestra casa. La casa sólo tenía una habitación, con el suelo de tierra, y éramos nueve niños y dos padres compartiendo esa habitación. No había electricidad.

Un día una vecina pasó por casa y dijo:

—Puedo conseguirte un trabajo en la Ciudad de México y podrás tener dinero para comprar comida para tu familia.

Mis padres estaban de acuerdo, y entonces mi vecina y yo caminamos durante cuatro horas antes de subirnos a un autobús. Yo no llevaba nada porque no tenía nada.

—No te preocupes —dijo mi vecina—, la señora para la que trabajo tiene nietas y puede darte su ropa.

Cuando llegamos a la casa de la señora rica, una mujer muy buena, una mujer blanca, me miró de arriba a abajo y dijo:

—¡Pero si es una niña!

—¿Acaso vino del campo, o la sacaste de la tierra? —le preguntó a mi vecina porque mis pies descalzos estaban cubiertos de tierra, como papas.

El primer día, la señora le dijo al esposo:

—Es sólo una niña, dale una semana a ver si puede aprender.

Me dio jabón y me dejó bañarme y luego me puse la ropa
limpia y los zapatos de su nieta y me quedaron muy
bien. Estaba nerviosa de recibir estas cosas porque
mis padres siempre me habían dicho: «Sobre todo,
humildad y respeto. Nunca tomes nada sin permiso. Si
quieres algo, pide y di "por favor", pero nunca tomes
nada sin pedir. Cuando recibes algo, di "gracias"».
Le dije «Gracias» a la señora.
Durante una semana hice todas las camas de la casa,
desempolvé los muebles y lavé los pisos y los inodoros.
Un día, me senté en el sofá de la sala. Mi vecina me vio y
dijo:
—No se nos permite sentarnos aquí.
—¿Por qué no? —pregunté.
—Porque somos pobres.
—Pero somos todos iguales —dije—. Todos
terminaremos en el mismo lugar y polvo seremos.
Después de esa primera semana estaban contentos con mi
trabajo y me quedé.
Un día el hombre me pidió que le buscara un refresco
Gatorade de la nevera. No sabía leer, y entonces
adiviné lo que sería, pero adiviné mal.
—¿No sabes leer? —me preguntó.
—No.
—Tienes que aprender.
Entonces la señora me enseñó a leer. Era profesora en la
universidad. Primero, me dio un lápiz y me enseñó
a escribir mi nombre y me dijo que copiara lo que
había escrito. Tenía miedo porque no sabía agarrar
bien el lápiz. Una vez, mi madre encontró un lápiz en
el pueblo y me lo dio a escondidas, pero mi padre no

me permitía ir a la escuela y cuando descubrió el lápiz, me lo quitó. Yo tenía muchas ganas de estudiar, pero él dijo que no, que tenía que trabajar en el campo, cavando. Todas las niñas tenían que cavar, pero los niños sí podían ir a la escuela.

Copié mi nombre.

Después de trabajar ahí un mes me dieron la tarea de servir el desayuno.

Mi vecina me dijo:

—¡Tus padres no te van a reconocer!

Ahora que lo pasaba dentro de la casa, tenía la piel más clara. En el campo, no tenemos crema solar y la piel se quema y se agrieta y sangra y se pone muy oscura. Pero teníamos que cosechar la comida.

Copiaba todas las letras del abecedario y las leía en voz alta.

—Tú nos importas —dijo la señora—. Podríamos vender tus órganos o prostituirte; vales mucho dinero, pero nos importas. ¿Ves esa alacena llena de comida? Puedes comer todo lo que comemos nosotros: yogur, pollo, pan. De ahora en adelante, la otra muchacha servirá el desayuno y tú y yo estudiaremos lectura y escritura.

Después de dos meses, sabía leer y escribir.

—Ahora vas a aprender a cocinar —dijo—. Eres inteligente.

Le dije que extrañaba el campo porque ahí podía correr y saltar y ver pájaros; estaba feliz como un animal. Sólo pensaba en conseguir comida, y por eso no podía pensar en otras cosas.

Respondió:

—Pero ahora tienes comida, y puedes pensar en otras cosas.

Me quedé con esa familia durante seis años.

Cociné más y más y empecé a experimentar con el arroz, añadiéndole coco, zanahorias y chiles. El señor dijo:

—¿Quién está cambiándome el arroz? ¡He comido el mismo arroz toda la vida!

Estaba muy contento. Cuando inventaba un plato nuevo, la señora me daba regalos, como perfume y joyas.

Mi vecina se puso celosa.

Un día mi vecina me dijo:

—Tu padre ha golpeado a tu madre y ella está escondiéndose en el campo; él toma y le pega. ¡Debes volver a casa! ¡No le digas nada a la señora, vete nomás!

Entonces se robó unos anillos de oro de la habitación de la señora, y los escondió en la mía. Yo era la única que tenía permiso para entrar a la habitación de la señora, aparte de su esposo. Cuando la señora le preguntó a la vecina si había visto los anillos, dijo:

—No, Magui es la única persona permitida en el segundo piso.

En ese momento, estaba en casa visitando a mi familia. Les llevé el dinero que me había ganado. Mi madre me usó como un escudo para protegerse de mi padre, que estaba borracho, pero él nos separó y le lanzó piedras.

—¡Ésta es mi tierra! —gritó.

La señora encontró sus anillos debajo de mi almohada y me preguntó por qué estaban ahí. Le dije que no sabía y que siempre devuelvo las cosas a su sitio. Me creyó y mi vecina se fue para nunca más volver.

La primera vez que intenté cruzar la frontera a los
Estados Unidos lo hice porque mi padre me obligó
a acompañarlo. No tenía opción. Él había tomado
prestado el dinero para pagarle al coyote. Pensé que si
iba con él, que quizás él cambiaría.

Nos encontramos con un grupo grande, como unas
sesenta personas, en el aeropuerto de la Ciudad de
México. Reconocí a unos cuantos del pueblo. Todos
llevábamos ropa oscura, pantalón largo y botas cerradas
y pesadas para poder escondernos en el desierto por
la noche y protegernos de las serpientes. El coyote
nos dijo que si nos preguntaban adónde íbamos, que
dijéramos que íbamos a Tijuana para la cosecha de
uvas.

Me emocionó mucho estar en un avión por primera vez,
flotando sobre las nubes. Me hizo olvidar un poco la
tristeza.

Al aterrizar, tuvimos que andar. El coyote nos dijo que
no nos comunicáramos con él, y que ni siquiera lo
miráramos a los ojos, hasta que estuviera a dos cuadras
por delante de nosotros. Entonces sí podíamos empezar
a seguirlo.

—No hablen con desconocidos —dijo —. Intentan
llevarse a las muchachas migrantes y las prostituyen.

Anduvimos en la oscuridad durante más de una hora hasta
llegar a un grupo de camionetas y nos amontonamos
todos adentro. Después de un largo recorrido por
calles oscuras, llegamos a una casa vieja, sombría y
dilapidada. El coyote nos advirtió que no hiciéramos
ruido al entrar. Pudimos ver que el otro extremo de la

casa era magnífico, hasta tenía piscina y jardín. Pero dentro no había muebles, y tuvimos que dormir en el piso. Había centenares de personas durmiendo allí. El coyote nos dio de comer perros calientes y sopa instantánea.

Nos despertamos y subimos a las camionetas. En un lugar llamado Piedras Negras, la policía mexicana nos dijo que camináramos rápidamente para así llegar a la frontera a las cinco de la mañana, para el cambio de turno, justo antes del amanecer. Unos pandilleros nos cachearon antes de cruzar; hasta se llevaron dinero que algunas mujeres y muchachas habían escondido en la vagina. Tuvimos que quitarnos los zapatos para mostrarles que no llevábamos dinero ahí. Las pandillas conocían al coyote. Si gritas o corres, te golpean.

En la frontera, nos arrastramos por debajo de la cerca de alambre de púas, levantándola despacito para no causar vibraciones que se sentirían a lo largo de la malla, delatándonos. De nuevo nos tocó caminar en la oscuridad a través del desierto. En la tierra, vimos los restos de reses y de aquellos que habían cruzado antes de nosotros. Oíamos a los búhos. Las espinas de cactus se nos clavaban en las manos. Algunos no resistieron el miedo, y se volvieron.

—Sólo nos queda andar unos diez minutos más —dijo el coyote—. Las camionetas nos están esperando.

Cuando llegamos, resulta que quienes nos esperaban eran oficiales de ICE en helicópteros, autos y motocicletas; tenían perros. Nos detuvieron a todos. Nos esposaron

y encadenaron y nos dieron agua. Ninguno le dijo el
nombre del coyote. «No sé», dijimos. Cuando llegamos
al lado mexicano de la frontera, nos metieron en un
autobús grande.

De vuelta en la casa grande y vacía, vimos al coyote.
Ahora llevaba ropa elegante, e incluso se había
arreglado el pelo rubio teñido, por el que lo llamaban
«El Rubio».

—Hicieron bien —nos dijo, y nos contó que mientras nos
detenían, pudieron pasar un cargamento de drogas.

Alguien preguntó:

—¿Cómo sabemos quiénes trabajan para usted?

Sonrió y respondió:

—Todos trabajan para mí.

A la mañana siguiente, de nuevo a las cinco, cruzamos
otra vez. Íbamos en autos detrás de las camionetas de
vigilancia. Pero al conductor le fallaron las baterías del
transmisor-receptor portátil, y no le llegó la noticia
de que ICE nos seguía. Cuando vio los helicópteros,
aumentó la velocidad, pero tuvo que detenerse de
inmediato porque las camionetas que iban adelante
habían chocado.

El mismo oficial se dirigió a nosotros. Alguien preguntó:

—¿Usted de nuevo?

Nos mantuvo al aire libre en una jaula, y hacía mucho
frío a esa hora. Luego volvimos al autobús y cruzamos
la frontera a México.

—Esta vez —dijo El Rubio la noche siguiente— será más
difícil.

Íbamos a pasar por un túnel que se usaba para traficar
drogas y armas.

—No toquen nada, no miren nada, no digan nada
—dijo—. Y usen mi nombre.

Estábamos en una cabaña grande en la montaña llena de
hombres armados; nos tenían maniatados.

—No nos fiamos de nadie —explicó el encargado—.
Ahora caminaremos por tres horas y les aseguro que
esta vez, podrán cruzar a salvo.

Nos dieron burritos y alitas de pollo de Taco Bell, pero,
aunque estábamos muertos de hambre, nos negamos a
probar esa comida asquerosa.

Después de caminar tres horas con las manos atadas, y
después de pasar por el túnel por debajo de la frontera,
allí estaba ICE, esperándonos.

—¿Tienen miedo? —preguntó el jefe.

—No —dijimos.

—¿Vienen de parte de Rubio?

—Sí.

—No corran. Están a salvo.

Esta vez cruzamos. Una camioneta llevó a catorce de
nosotros hasta Nueva York, a Bushwick. Mi padrino y
mis primos ya estaban allí.

Mi padre consiguió trabajo en un lavado de automóviles
en la avenida Knickerbocker y yo me puse a limpiar
casas para gente judía. Una de las señoras me dijo que
me pusiera de rodillas para fregar el suelo.

—No —le dije—. Yo valgo más que eso.

Después, conseguí trabajo en una fábrica de tortillas aquí
cerca. Aprendí a operar las máquinas y a agarrar las
tortillas.

Le caía bien a la jefa. Se sentó conmigo, me dio comida y
me dijo:

—Estate aquí a las seis de la mañana. Prepara el café y
barre toda la fábrica.

Ayudé a la hija de la jefa a cargar bolsas del supermercado
y cuidé a sus hijos, que jugaban en la fábrica. Yo
siempre quería ayudar.

—¡Sigue aprendiendo! —decía la jefa.

Aprendí a hacer de todo, incluso cómo embolsar las
tortillas, cocinar y servir comida en el pequeño
restaurante que tenían en la calle.

Durante una semana, hice todo esto todos los días y al
final de la semana, la jefa me dio un sombrero y un
delantal y me dijo:

—¡Bienvenida! ¡Tienes trabajo! ¡Sigue trabajando duro!
¡Tengo fe en ti!

Pensé que no me iba a pagar todavía, pero me pagó y dijo:

—No te metas en problemas; cero amigas; cero cigarros,
bebidas ni bailes; ponte a estudiar, vales mucho.

Cuando me dio el dinero, pensé que serían veinte dólares,
pero resultaron ser seiscientos cincuenta dólares.

Mi padre me dio la espalda. Me preguntó:

—¿A dónde fuiste a putear?

En México, un hombre había llegado a nuestra casa a
cobrar el primer pago del préstamo que pedimos para
cruzar la frontera. Le transferí quinientos dólares a mi
madre en el pueblo. Cuanto más trabajaba, más saldaba
la deuda de la familia. Pero durante un año entero, mi
padre no me dirigía la palabra.

Entonces un día me dijo:

—Nos volvemos a casa.

Yo no quería volver todavía, pero él dijo:

—Tú te callas. Silencio.

Me di por vencida.

La jefa de la fábrica de tortillas me dijo:

—¡Vuelve! ¡No cambies! ¡No tomes!

Mi padre volvió a enojarse y a ponerse violento. Le
    pegaba a mi madre y me daba latigazos. Por eso es que
    la escena de *Don Quijote* me disgusta tanto, aquella
    en donde el patrón azota a la niña y ella tiene que
    olvidarlo y seguir andando. Lo he vivido, sé lo que es.

—Déjelo —le decía a mi madre, pero no decía nada y se
    quedó con él.

Magui pausó un momento.

—Sarah, Cleo, hijas, no dejen nunca que nadie les haga
eso. Prométanmelo.

Sarah y Cleo se lo prometen.

Empecé a pensar en Bushwick.

—Voy a regresarme, mamá —dije—. No llore, por favor.

Magui se pone a llorar.

Se repite el mismo proceso en este viaje, excepto que
    mis hermanos vinieron conmigo en vez de mi padre.
    Caminamos en la oscuridad, nos subimos a camionetas
    y dormimos en el cauce de un río seco. En un mes,
    cruzamos seis veces, y seis veces ICE nos detuvo y nos
    devolvió. El coyote nos llevaba a diferentes lugares
    cada vez para desorientarnos y para que no pudiéramos

identificar a la gente con la que nos encontrábamos.
Una vez vimos a los de ICE y a los narcotraficantes, los
narcopandilleros, charlando juntos en la frontera, como
si fueran amigos.

Por fin pudimos pasar al dinamitar una de las barreras
hechas de tuberías, piezas de metal y otra basurilla.

Durante dos semanas, caminamos por el desierto y vimos
coyotes de verdad comiendo restos humanos. Nos
sorprendieron unas serpientes de cascabel que por poco
nos muerden. Una vez vimos serpientes comiéndose
un ternero. Extraíamos agua de los cactus con una
piedra chata que usábamos de cuchillo. Sólo teníamos
tres latas de atún, una botella de Pedialyte, frijoles y
una lata de sardinas. Cuando se nos terminó, pasamos
mucha hambre y muchísima sed.

Nuestro guía se perdió. Jamás había tenido tanta sed. Sólo
pensaba en beber agua. Encontramos algunas botellas
de agua en algunos lugares en donde los migrantes
habían tenido que dejarlas al subir a las camionetas,
y también había voluntarios que dejaban agua por el
camino. Pero teníamos que tener cuidado, porque ICE
las usaba como trampas.

Un día, un indígena norteamericano se nos acercó. Estaba
montado a caballo y tenía trenzas largas y un collar de
cuentas coloridas.

Nos dio *pretzels* y agua y nos preguntó:

—¿Por qué vienen a esta tierra? Son aztecas. Tienen una
tierra hermosa.

Luego nos contó cómo los europeos destruyeron a su
gente, dándoles mantas infectadas con viruela. Su

gente confió demasiado en ellos. Y los barcos europeos trajeron ratas.

—Antes, no había ratas aquí.

Sus manos eran del color de la corteza de un árbol, pero eran muy suaves. Mientras nos daba la mano, una mujer dijo que era Jesús, nuestro milagro en el desierto.

—Recuerden a sus familias —dijo—. Que Dios los bendiga a todos.

Durante el largo viaje en automóvil de Arizona a Bushwick, comía galletitas de animales y bebía agua. La mujer que conducía tomaba tequila y se jactaba de que llevaba treinta años transportando gente, drogas y armas de contrabando sin ser aprehendida.

—Sólo se vive una vez —dijo—, así que hay que aprender todo lo posible y no mirar hacia atrás; no convivas con los muertos, sigue adelante.


Magui termina su relato.

—Sarah y Cleo, prométanme, por favor, que si no estoy aquí, que les enseñarán a sus hermanitas a leer.

Se lo prometen.

Hacia la mitad del relato de Magui, dejé de escuchar el inglés de Mónica y escuchaba sólo el español de Magui. Sabía lo que estaba diciendo sin la traducción, sin la de Mónica, ni la que surgía de mis propios esfuerzos, una revelación súbita y bendita de que estar vivo es una experiencia más inclusiva de lo que había creído inicialmente.

—¿Qué pasa contigo después de que todos los refugiados se han ido? —le pregunto a Sarah el día después de escuchar el relato de su madre.

Esta vez no hay dibujos.

—El tigre vuelve por mí —dice, mirando a lo lejos aturdida—. Salto por el agujero en el dibujo, aterrizo sobre su lomo y me dice que cierre los ojos y que lo abrace muy fuerte.

—Entonces, ¿también vas al lugar de la tierra blanda?

—No, le pido que me lleve a casa. Mi mami está en casa.

—¿En Brooklyn?

—Sí, tengo que volver a casa.

—¿Tienes que rezar para llegar, como rezaste para llegar a la nevera?

—No, porque el tigre quiere ir primero al Zoológico del Bronx para visitar a sus primos. Y yo quiero ver lo que hay por el camino.

—¿Y qué hay por el camino?

—No lo sé. Nunca he estado ahí. Probablemente haya montañas y ríos y otras ciudades, y también osos.

—¿Qué sucede en el zoológico?

—El tigre tiene que hacerse invisible para que no lo agarren y metan en una jaula. Intenta hablar con sus primos, pero todos se echan a llorar y no pueden dejar de llorar. Así que nos vamos a casa.

—¿Sigue siendo invisible?

—Sí, porque le tiene miedo al Control de Animales y la policía puede dispararle.

—¿Y él entra a tu casa?

—Sí, se queda con nosotros para protegernos.

—¿Sale afuera?

—Sí, lo paseo todos los días. Nadie me cree porque ninguno puede verlo, pero yo me siento a salvo.

# — 5 —

# El show

En abril de 2019, al terminar la primera gira y ya por la mitad de los cinco años que nos tomará el proyecto de traducir *Don Quijote*, representamos la obra en la escuelita para las familias de los Kid Quixotes. Los padres le dicen a la obra «El *show*», adoptando y adaptando el sustantivo inglés *show* (espectáculo) con el artículo definido en español.

Hay todo tipo de comida casera preparada por las madres colocada en las mesas frente a las ventanas en grandes bandejas de aluminio: tacos, tamales, empanadas, pasta, arroz y habichuelas, pernil, ensalada y fruta fresca. Los padres empiezan a servir la comida enseguida para que todos coman bien antes de la función.

Después de comer, los niños se congregan alrededor del

piano para calentar sus voces mientras Kim toca acordes que los llevan a ascender y descender escalas. El ejercicio que más les gusta es cantar «Miii–iiii—aaaa—uuu» en arpegios que ascienden y descienden, y luego maullar como gatos. Lo hacen antes de cada función, y siempre se ríen.

Después del ejercicio, les pido a los niños que se acerquen y les pregunto cuál es su tarea.

—Contar nuestra historia —responde Sarah, quien empezó este proceso hace casi tres años, cuando tenía apenas siete años y no hablaba.

—Hablar fuerte y claramente —dice Paulo, cuyo trabajo con los títeres de mano le ha ayudado a articular mejor y a empoderarse.

—Escucharnos los unos a los otros —dice Percy, quien al principio del proyecto era maleducado y siempre andaba distraído. Ahora es un caballero paciente.

—Ser valientes —dice Cleo. Por medio del canto, esta hija del medio ha encontrado la manera de hacerse oír de manera positiva, muy lejos de su comportamiento rebelde en casa y su falta de cooperación en la escuela.

—Pasarlo bien —dice Joshua. Gracias a Dios que la adolescencia no le ha extinguido el espíritu juguetón. Recuerdo un viaje que hicimos al Central Park hace ocho años cuando Joshua tenía siete años. Encontró la cáscara vacía de una chicharra. La levantó al sol y dijo: «La elegante chicharra prefiere llevar atuendos transparentados».

—Muy bien —les digo—. Todo eso me parece muy bien.

—Tengo miedo —dice Talia, quien, ahora con ocho años,

cree que las niñas también pueden enojarse, y que el enojo puede ser positivo.

—¿Por qué? —pregunto.

—Porque mi mamá va a ver la función.

—Pero ella ya te ha visto hacer esto, ¿verdad?

—Sí, pero ahora es diferente.

—¿Por qué es diferente?

—Estará mirándome directamente.

—¡Y escuchándome! —dice Roxana, la hermanita de Talia.

Muchos padres ya han visto esta fase de *Las aventuras ambulantes y seriadas de Kid Quixote* durante la gira; algunos la han visto múltiples veces, sentados o de pie en la periferia del público, a veces con bebés o niños pequeños en brazos. Han acompañado a sus hijos en autobuses y trenes más allá de nuestra calle, del barrio, de la ciudad, por más de dos años. Igual que la novela y nuestra obra, esta gira es la historia de unas aventuras ambulantes. A lo largo del viaje, los padres han sido testigos de las felicitaciones que han recibido los niños.

Hoy regresamos a nuestro hogar al presentar la obra en Still Waters. La función de hoy es sólo para las familias.

Los niños se reúnen y definen el perímetro del escenario con sus cuerpos. Los padres se sientan en tres lados del área, y no hay nadie entre ellos y sus hijos, excepto quizás los hermanitos de los actores en las faldas de sus madres.

Los niños no fingen ser otros; son quienes son mientras cuentan la historia, la suya. No son actores, cantantes ni bailarines profesionales; son niños que actúan, cantan y bailan. No hay máscaras ni disfraces, iluminación ni decorado, nada que pueda desviar nuestra atención de la verdad pura de los niños. Cuando Magui ve a Sarah actuar, no ve a una niña que finge ser un viejo en España en el siglo XVII, ve a su hija, Sarah, de nueve años, valiente, ingeniosa y dedicada a mejorar el mundo. Los padres de Wendy ven a su hija ser una buena y fiel amiga. La madre de Percy es testigo de cómo su hijo se ha vuelto más paciente y atento con respecto a los demás. Después de la función, la madre de Paulo se arrodillará y lo abrazará con lágrimas en los ojos porque lo vio interceder por su vecina indefensa.

Cuando todos están listos y en su lugar, el único lugar desocupado que queda es el espacio del escenario, unos dos metros y medio cuadrados. El salón está atestado de familias. Tengo que pasar entre los niños, evitando pisarlos, para agradecerles a los padres.

—Es un honor trabajar con sus niños y niñas, muchas gracias.

Es lo único que digo. Lo demás lo hacen los niños.

La función comienza.

Sarah se sienta en medio del escenario de piernas cruzadas. El libro *Don Quijote de la Mancha* está abierto en el suelo delante de ella. El salón está silencioso. Hasta los niños pequeños y los bebés están callados, esperando.

Sarah le da vuelta a una página.

Y luego a otra.

Y luego a otra más.

Su madre, cuyo papel hace Tabitha, entra y dice:

—Sarah, es hora de dormir.

Tabitha ha remplazado a Lily, a quien Sarah adora, y quien creó el papel y trabajó con Sarah con mucha paciencia y constancia. Cuando aparecían juntas en el escenario, se percibía el amor genuino entre las dos. Cuando Tabitha empezó a hacer el papel de Mami, la relación entre ella y Sarah resultaba algo incómoda. Tabitha hablaba rápido y casi no se le podía oír. Durante los ensayos, le pedía que hablara más despacio y que articulara cada palabra mostrando así la paciencia que ella, como madre, tiene. Empezó a relajarse, a hablar más despacio y a tomarse su tiempo al hablar y tratar con su hija. Sarah, a su vez, también empezó a relajarse. Sus andanzas las han unido y la exquisita ternura de Tabitha le ha ganado la confianza de Sarah. Hoy, cuando Tabitha llegó a ensayar, Sarah fue corriendo hacia ella para abrazarla. Ahora, cuando hacen una escena juntas, la niña más pequeña busca el abrazo de la mayor. Esto también es amor auténtico.

Cuando Tabitha y Sarah cantan «Los pollitos dicen pío, pío, pío», todas las madres sonríen. La escena refleja la intimidad que comparten con sus hijos en casa. Sus hijos les están indicando lo importante que son estos momentos.

La pequeña finge dormir, y, después de irse Mami, Sarah saca una linterna y la prende. Sigue leyendo a la luz de la linterna hasta que Percy emite el cacareo del gallo madrugador.

En clase hemos hablado de la devoción, una pasión religiosa, y aquí la tenemos.

Sarah carga con su ejemplar de *Don Quijote* a lo largo de la obra. Es un libro grande y pesado para una niña tan diminuta, y lo emplea como escudo, arma y almohada. Mientras su madre la prepara para la escuela, trenzándole el pelo y poniéndole el uniforme y la mochila, Sarah lucha por seguir leyendo. Esta devoción a la lectura es lo que los padres quieren para sus hijos.

Hasta este momento, el diálogo se ha expresado en español y por medio de gestos, y por ende los padres se han metido de lleno en la representación.

Cuando Sarah ya está sola y ha descartado su falda para llevar pantalones, la obra se torna bilingüe. Los niños, que están más cómodos hablando inglés, han incluido el español en la obra pensando en este momento, en el día en que sus padres vieran la función. La meta es que todos puedan entender la historia.

—¡Yo soy don Quijote! —declara Sarah, levantando el enorme libro sobre la cabeza. Este anuncio les indica a todos los presentes que lo que sigue es una historia de autodeterminación. Los padres están viendo a sus hijos decidir quiénes son.

Algunas líneas se repiten en inglés y en español, como cuando Sarah dice: «¿Hay alguien que necesita mi ayuda? *Hello? Is anybody in distress?*». En clase, los niños querían asegurarse de que este momento fundamental al principio de la obra, cuando Sarah forja su propio camino, lo entendieran todos. Querían que la premisa de que nuestro héroe está convirtiéndose en héroe ahora mismo al buscar oportunidades para ayudar a los demás, resultara clarísimo para todos. Al mismo tiempo, los niños pudieron justificar el uso de ambos idiomas en esta escena al decir que Kid Quixote está ofreciendo su ayuda a quien la necesite, en cualquier idioma, de la misma manera que el muchacho pastor pide ayuda de quien sea al gritar: «*Help!* ¡Auxilio!».

⸻

Cuando Mami lee del libro para tranquilizar a Kid Quixote después del ataque de los acosadores, leyendo el mismísimo pasaje que el público acaba de ver escenificado y la historia del rescate presente, la niña repite y afirma su autodefinición diciendo: «¡Esa soy yo, Mami» y «¡Yo soy don Quijote!». Cuando su madre la corrige suavemente, diciéndole: «No digas esas ridiculeces. Eres mi hija. Eres Sarah», la lucha continúa. La niña insiste, cambiando ahora al inglés para articular su declaración más autodesafiante: «Yo sé quien soy, Mami. Sé quien soy y sé quien puedo ser».

Al final de la escena, cuando Sarah parece estar dormida, Mami le dice «Dulces sueños, don Quijote» muy cariñosamente, acariciando la cabeza de su hija. Tiene que ayudarla a ser razonable, pero también respeta la imaginación de la niña. Esto se puede decir de todas las madres presentes.

Los públicos anglófonos pueden percibir la intimidad entre madre e hija, oír la interrupción del inglés y experimentarla como una ventana al mundo bilingüe y privado del otro, mientras que para los padres de Still Waters, este lazo afectivo y esta brecha lingüística son propias de su experiencia.

Tanto la lectura en voz alta que hace Mami del mismo pasaje de la novela que se está representando mientras lee y el hecho de frenar la acción dramática para leer una carta de una niña refugiada real son ejemplos del aspecto metafícticio fundamental de la novela. Al lector se le recuerda explícitamente que los personajes viven en una ficción. Don Quijote se refiere al autor que está escribiendo sobre sus aventuras como una especie de creador divino que toma decisiones sobre el destino del héroe a medida que avanza la acción, y el narrador se encuentra con múltiples narradores. Esta multiplicidad invita al lector, y al público de nuestra función, a contemplar lo que es real y a quién, en realidad, le pertenece la historia. Al estar conscientes de los personajes como constructos, también estamos más conscientes de que los niños en la obra, como autores y actores de su propia historia, están construyendo y revisándose a sí mismos.

El próximo paso en el viaje de Alex, el más aterrador, es cantar «Dueña de mí misma», su canción sobre sí misma, delante de sus padres.

El único diálogo que tuvieron Alex y sus padres con respecto a su identidad tuvo lugar hace apenas unas semanas, cuando su madre se fijó en que Alex estaba pasando mucho tiempo con una chica. Le preguntó si eran pareja. Alex respondió «sí», y ahí se terminó el diálogo.

Alex llegó tarde hoy porque ella y Ruth se estaban arreglando el pelo, maquillándose y ensayando la canción en casa de Ruth. Alex está quieta y callada; su mirada parece traspasar las paredes del salón. Espera sentada, con su ukulele sobre el regazo.

Cuando le toca a Alex cantar, con Ruth cantando discretamente a su lado, observo la reacción de sus padres. Es la primera vez que han visto la obra. Cuando Alex canta «Un jardín de flores de todos los amores», su madre se echa a llorar.

Después de la función, su padre, a quien casi no he oído hablar durante ocho años, abraza a Alex y le dice, en inglés, en su segundo idioma: «Estoy orgulloso de ti», y su madre le dice: «Gracias». Le está dando las gracias por permitirles comprender. Alex ha trabajado muy duro durante este proceso de escritura bilingüe y durante los ensayos y en las giras, más de dos años en total, desde los catorce a los dieciséis años, para asegurarse de que sus padres puedan entender la obra y su himno, su declaración sobre su orientación sexual y madurez. Su diálogo con una novela antigua ha potenciado el diálogo con sus padres.

—

Hacia el final de la obra llegamos a Cleo, que representa a los niños refugiados encarcelados y separados de sus familias, a los que se les prohíbe abrazar. El diálogo musical entre Sarah y su hermana tiene sólo un verso en español, la respuesta que da Cleo a la pregunta de Sarah «¿Quién es tu familia?»: «El aroma de los tamales que mamá me hizo para mí». Las madres empiezan a llorar al oír este verso, un verso que se pierde el público anglófono. Dos de las madres han hecho tamales para el banquete de hoy.

Lloran también cuando Cleo canta «*I lost my mommy's*

*hand*» (Me solté de la mano de mi mami). *Mommy* en inglés y «mami» suenan casi igual.

Magui, la madre de Sarah y Cleo, está a salvo aquí, tiene a sus dos hijas más pequeñas en el regazo.

---

Durante los ensayos, Sarah y Wendy han decidido continuar el juego de la fantasía escénica —el que las ha hecho cruzar del mundo de la imaginación al de la realidad dura y dolorosa, y donde han sido abatidas de nuevo— más allá de los confines de la novela. Kid Quixote le enseñará a Sancho a leer, algo que no sucede en el libro de Cervantes. Ruth sugirió esto diciendo que, hasta ahora, nuestra obra se ha nutrido de lo que hemos leído, o de lo que Sarah ha leído en la obra, y que es el momento de buscar nuevas aventuras. Para que Sancho, cuyo papel hace Wendy, la hermanita de Ruth, sea de ayuda en esta búsqueda, tiene que saber leer.

—¿Recuerdas? —dice Sarah, en la obra, acostada—. En el libro Sancho no sabe leer.

Wendy, en el papel de Sancho, a pesar de haberse quejado de los dolores que dice tener por todo el cuerpo, accede:

—Está bien, está bien, lo haré.

—¡Bieeeeen! —exclama Sarah, sentada, habiéndose repuesto una vez más—. Repite conmigo.

Kid Quixote entonces le enseña a Sancho la canción del ABC. Nadia, de tres años, la hermanita de Percy, también canta y, mientras tanto, entra al escenario y se sienta en el suelo al lado de Sarah, quien dice «Hola, Nadia», y sigue cantando el ABC. La canción es en inglés, pero todos saben lo que dice.

—¡Enhorabuena, Sancho! —dice Sarah inmediatamente después de terminar de cantar—. ¡Ya sabes leer!

El chiste provoca la risa entre todos los presentes. El saber leer inglés es una necesidad básica en este país, tanto para los padres como para los hijos y, a los padres que luchan con este segundo idioma y hacen todo lo posible para asegurar que sus hijos lean bien el inglés, les resulta graciosísima esta bendición repentina de Sarah.

———

Felicity, que ha faltado a toda la gira, está presente para saludar al público. Hoy ha participado como miembro del Coro, cantando las partes corales de las canciones. Su madre, Dorothy, la miraba, sonriendo con ternura y admiración. Luego Dorothy me dice que Felicity tiene permiso para participar en la próxima gira.

———

Inmediatamente después de la función, conversamos con el público, como acostumbramos hacer. Cuento con los niños para servir de intérpretes. Es la primera vez en la gira que yo, como anglófono, formo parte de la minoría lingüística.

Repito lo que siempre digo, lo que dije en la introducción, antes de comenzar la función: «Es un honor trabajar con sus niñas y niños».

Magui, que ha asistido a aproximadamente la mitad de las

funciones, aunque a veces la han distraído sus hijas más pequeñas, levanta la mano y dice, en español, que luego traduce Mónica:

—La obra me ha conmovido, porque cuando golpean a la niña, pues, es algo que yo he vivido, cuando la golpean y tiene que olvidarlo y seguir. Perdónenme —está llorando—. Perdónenme. Sarah se siente bien aquí, y cuando regresa de la escuela, cuando el autobús llega tarde, me dice: «No voy a comer, quiero ir a Still Waters». Y cada día viene aquí emocionada y llena de esperanza. Yo le digo: «Vamos a casa para que comas algo» y dice «No», y viene a la escuelita.

Mientras llora, las madres a su alrededor la abrazan. Sarah, sentada en el piso, mira hacia abajo y se cubre la cara con la mano.

Los padres y sus hijos no saben, a no ser que lo adivinen, que me han salvado del abismo, día tras día. Me han aceptado y rodeado de amor.

—Somos familia —digo.

—Somos familia —dicen.

Somos familia.

Días después de terminar la gira, me entero de que una de nuestras amigas autoras ha escrito sobre Still Waters en su libro nuevo. Dice que visitarnos ha alterado su relación con sus propios hijos. Ahora los ve como «pares intelectuales» y «compañeros de vida en conversación». Les leo el pasaje a los Kid Quixotes y les pregunto qué opinan sobre ello.

—Es verdad —dice Alex—: aquí somos compañeros.

—¿Qué significa para ti «compañeros»? —pregunto.

—Que nos escuchamos los unos a los otros y que nos amamos —responde.

—¿Algo más?

—Que creamos cosas juntos —dice Percy.

—¿Algo más?

Sarah levanta la mano.

—Sarah, dinos.

—Que cuando nos caemos, nos levantamos los unos a los otros.

# Agradecimientos

He sido inmensamente afortunado, más de lo merecido. Nací en el seno de la clase media en una esquina del mundo en donde no había violencia pública. Me crie en paz. Ahora tengo acceso a los medicamentos que han preservado tanto mi salud mental como mi vida durante mi guerra continua contra la depresión bipolar. Mi diploma de Yale hechiza a quienes oyen el nombre, y este hechizo no deja de ofrecerme reiteradas oportunidades tras cada caída. Nado todas las mañanas para mantener mi salud física y paz mental. Mi familia tiene un apartamento que está a nuestro alcance; siempre hay comida en casa, a diferencia de lo que sucede con algunas de las familias con las que trabajo, que han sobrevivido a base de café, tostadas y kétchup. Y tengo tiempo para dormir, leer, pensar, jugar con mis hijos, solicitar subvenciones, organizar eventos para recaudar fondos y escribir este libro. La oportunidad de hacerlo surgió porque Valeria Luiselli escribió sobre los Kid Quixotes en el *New York Times*. Gracias, Valeria, por ello y por todo lo demás que has hecho.

Todas las oportunidades que he tenido para alcanzar la felicidad se las debo a la generosidad de los demás.

Hay miles de personas a las que debo agradecer: Real People Theater, los dedicados voluntarios de Still Waters in a Storm, nuestros mecenas, nuestros anfitriones durante la gira y los escritores, académicos y artistas que han compartido su tiempo y talento con los niños en Bushwick.

Gracias a la genial traductora Edith Grossman por su ejemplo y su bendición.

Gracias a George Walker por enseñarme sobre «la elocuencia de los pobres».

El 52nd Street Project, que me dio la oportunidad de trabajar con niños, una oportunidad que lo cambiaría todo.

Sin ti, Amber Sibley, la obra carecería de títeres de mano.

Marc Cantone: al grabar tu documental, te convertiste en el espejo que nos iba mostrando que éramos interesantes, día tras día, durante tres años. Como también hiciste tú, Peter Gordon; que en paz descanses.

Dan Halpern: gracias por los ejemplares de la traducción de Edith Grossman de *Don Quijote*. Los niños los atesorarán, siempre.

John Lawhead: gracias por la lección sobre la historia de Bushwick, y gracias a Victor Mikheev por educar a los Kid Quixotes sobre los molinos de viento y los aerogeneradores.

Amanda Palmer y Rosanne Cash nos brindaron su genio y su elegancia durante la composición de las canciones.

Por medio de la Southlands Foundation pudimos conocer a los caballos y la tierra.

Gracias a la profesora Diana Conchado de Hunter College, al profesor William Egginton de Johns Hopkins University y al profesor Rogelio Miñana de Drexel University por impartir su conocimiento sobre Cervantes no sólo a los niños, sino también a este libro, y gracias en especial a Diana por servir de intérprete de español e inglés durante mis entrevistas con los padres de los Kid Quixotes.

Gracias a Jeremy Tinker de New York University por contribuir con su pericia en física a nuestra clase.

Nuestros amigos en The Paideia Institute, dirigida por Jason Pedicone, especialmente Elizabeth Butterworth y Nicole Andranovich, que han iluminado las vidas de mis estudiantes al brindarles la sabiduría de los antiguos y proporcionar ayuda indispensable con los pasajes en latín que he citado aquí.

Rick Martin, por crear un espacio desde donde podemos ver y ser vistos.

Jeremy Ratchford, Kathryn Morris y Peter Carey, todos ellos Quijotes que tuvieron fe en lo que vieron y se movilizaron.

Sara Goodman, que nos dio nuestro primer hogar artístico lejos de nuestro hogar.

Gracias a mi hermano, Kevin, por hablar de cosas de las que no quería hablar, y por hacerlo sólo por mí.

Gracias a mis amigos de infancia cuyo perdón me salvó del aislamiento.

Kim Sherman no sólo es una compositora brillante, sino que también es una colaboradora brillante que respeta al máximo el genio de los niños.

Gracias a Teresa Toro por organizar el caos.

Este libro no existiría sin la fe activa y la inmensa sabiduría de Johanna Castillo, mi agente en Writers House, cuyo amor por la comunidad de Still Waters es fuerte y constante, y su asistente brillante y serena, Wendolyne Sabrozo. Han cuidado mucho de mí.

Elaine Colchie, a quien también llamo «Mi bendición», ofreció su sabiduría y entusiasmo a lo largo de múltiples lecturas y revisiones del manuscrito y me persuadió de que era capaz de hacer esto.

Tom Schneider, que rescató mi computadora cuando pensé haberlo perdido todo.

Gracias a todos en HarperOne. Juan Milà, mi editor, que me ha ayudado mucho al ser a la vez entusiasta y estricto. Él y su asistente perspicaz, Alice Min, me empujaron a hacer de este libro algo mejor de lo que había imaginado en un primer momento. Noël Chrisman, fue a la vez correctora y profesora de redacción. Y a Judith Curr, mil gracias por escucharme a mí y a Sarah y decirnos que sí.

Mi profunda gratitud a Anne Sikora y Joan Caruana, mi terapeuta y enfermera facultativa psiquiátrica aquí en Nueva York, quienes son los guardianes pro bono de mi salud mental.

A las familias de Still Waters in a Storm: gracias infinitas por el honor de trabajar con ustedes y sus hijos.

No estaría aquí si no fuera por mis padres, quienes me dieron a luz dos veces.

A mis hijos: gracias por su paciencia con papá. Los quiero mucho.

Poco después de enamorarme de mi esposa, Tina, había algo que tenía que contarle. Sus hijos estaban dormidos en sus camas y ella y yo estábamos sentados en el sofá.

—Tengo una enfermedad mental seria. Sufro de depresión bipolar.

No hizo más que sonreír.

—Estoy medicado y en terapia, pero aún así tengo problemas.

De nuevo, sonrió sin decir nada.

—Soy un poco aburrido; tengo que dormir ocho horas y acostarme a la misma hora todas las noches y levantarme a la misma hora por la mañana.

—Sí —respondió.

—Y los medicamentos entorpecen mi pensamiento.

—¿Eso es todo?

—Una vez intenté suicidarme.

Me tomó de la mano y dijo:

—Te amo.

Todos los días me esfuerzo por ser digno de su amor y dejar que su ejemplo me guíe.